MTA优秀教学案例系列

首届MTA 优秀教学案例集

主编◎林　轶　周武生　◆

中国旅游出版社

本书编委会

编委会主任

林　轶　周武生

编委会成员（排名不分先后）

刘民坤　郭　峦　胡明明　苏　振　黄爱莲

凌常荣　陈文捷　赵　赞　程胜龙

前　言

中国特色社会主义已进入新时代，研究生教育在培养创新人才、提高创新能力、服务经济社会发展、推进国家治理体系和治理能力现代化方面具有重要作用。随着旅游业的高质量发展和研究生教育教学改革的深入推进，我国的 MTA 教育进入一个新的历史时期，对教学方法也提出了新要求。师生共同参与、共同研讨、共同编制、共同分享的沉浸式案例教学法则是新时代、新要求背景下的一种新尝试。该方法以提升 MTA 学生素质为核心，以实际案例为载体，以共建共享为手段，要求教师与学生一起，共同参与实际案例的调研、编写、讨论、分析与总结。与传统的课堂讲授相比，更注重学生学习的主动性和参与性，突出科教融合和产教融合，凸显 MTA 教育的特色，是一种培育学生团队精神和提升学生创新创业能力、战略思维能力、独立解决问题能力的有效方法。

广西大学 MTA 专业学位点是全国首批旅游管理硕士专业学位授权点，自2011 年开始招生以来，致力于培养具备高尚道德情操和职业素养，旅游专业基础和管理知识扎实，熟悉旅游业务实际，具有创新精神和开阔国际视野的高层次、高质量的文旅行业应用型专业人才。本学位点高度重视学生的培养质量，积极进行教学改革与探索，在课程建设方面，全过程推进实践教学和沉浸式案例教学法。除了每门课实行案例教学外，还鼓励学生参与到教学案例的开发过程中来，真正做到师生全员参加、全程参与。本学位点的教学案例开发以师生团队为主体，以旅游企业或者旅游目的地为对象，通过教师带领准备充分的学生团队深入产业一线进行实地调研，邀请企业中高层管理人员或者地方文旅部门行政管理人员给团队做报告，实现产学研互动；通过对问题的深入研讨，运用旅游管理相关理论与方法分析案例对象，实现理论与实践的有机结合；通过分工合作对案例报告进行撰写及反复修改，再将成果反馈给企业或相关部门，实现校企、校政的良性互动和深度融合。

本书是广西大学 MTA 专业学位点教学案例开发的部分成果，9 个案例涵盖旅行社、旅游景区、乡村旅游、汽车（房车）露营地、特色小镇、历史文化街区等多个旅游领域，关注新冠疫情背景下旅游业的发展、非物质文化遗产与旅游、乡村旅游与乡村振兴、旅游与夜间经济等当下热点问题。每个案例分为正文和使用说明两部分，可供相关课程的案例教学使用。

本专业学位点所在的广西大学也高度重视课程教学在研究生培养中的作用，开展广西大学研究生案例库和在线课程建设的申报立项工作，本书的出版获得广西大学研究生案例库建设项目资助。

编者

2023.8

目　录

疫情之下的求生与重生：G旅行社集团的战略抉择与价值重构^①

摘 要： 2022年是新冠疫情的第3年，3年间，疫情重创旅游业尤其是旅行社行业。G旅行社集团作为广西唯一一家国有传统旅行社企业，与其他同行一样，面临收入的极度萎缩、市场的高度不确定性和跨行业公司对有限市场的极限争夺。旅游市场显然正逐渐回暖，然而G旅行社集团采取的种种措施，效果却并不尽如人意。在人们需求日新月异的今天，人们的旅游需求也在逐步转变，而疫情无疑是这种转变的加速器。在这种情形下，传统旅行社如何求生？其存在价值如何？G旅行社集团如何制定重生的发展战略？需要怎样的价值重构？本案例将抽丝剥茧，展开探讨。

关键词： 旅行社发展战略；旅行社价值重构；旅游市场；旅游产品

Survival and Rebirth under the Epidemic Situation of COVID–19：Strategic Choice and Value Reconstruction of G Travel Agency Group

Abstract： The year 2022 is the third year of the epidemic in COVID–19. In the past three years, the epidemic has severely damaged the tourism industry, especially the travel agency industry. As the only state-owned traditional travel agency enterprise in Guangxi, G Travel Agency Group, like other peers, is faced with extremely shrinking income, high market uncertainty and extreme

---

① 1.本案例由广西大学工商管理学院刘民坤、凌克、李梦莹、白旭静撰写，作者拥有著作权中的署名权、修改权、改编权。

2.案例来源：中国管理案例共享中心，并经该中心授权引用。

3.由于企业保密要求，本案例中对有关名称、数据等已做必要的掩饰性处理。

4.本案例只供课堂讨论之用，并无意暗示或说明某种管理行为是否有效。

competition for limited market by cross-industry companies. Obviously, the tourist market is gradually warming up. However, the effects of various measures offered by G Travel Agency Group are not satisfactory. Nowadays, people's needs are changing, and people's tourism demands are gradually changing, and the epidemic situation is undoubtedly the accelerator of these changes. In this case, how do traditional travel agencies survive? What is its existence value? How does G Travel Agency Group formulate the development strategy of rebirth? What kind of value reconstruction is needed? This case will be discussed.

Key words: travel agency development strategy; value reconstruction of travel agency; tourist market; tourism product

1 引言

早上 8 点 15 分，谢书记已经坐在办公桌前，清明已过，但天气并未晴朗。望着窗外略显阴郁的天气，谢书记陷入了沉思。疫情 3 年以来，各行各业都受到了或多或少的冲击，旅游行业可谓重灾区，而旅行社，又可谓是处在重灾区的核心。疫情以来，在自己的带领下，G 旅行社集团有限公司（以下称"G 旅行社集团"）虽说不上成绩亮眼，但也是群策群力，克服了重重困难。再过十多分钟，由上级集团 G 旅游发展集团有限公司（以下称"广旅集团"）外部兼职董事刘董带领的调研队即将到达。关于此次调研会议，通知没有透露太多的信息。刘董是集团兼职外部董事，也是研究旅游行业的专家，其此行有什么目的？

疫情以来，在 G 旅行社集团的工作中，谢书记自己也感觉到了一些莫名的困扰：旅游市场是有需求的，但游客对旅行社的需求却大大减少，一些节假日火爆的出游情况，甚至与旅行社的关系不大了；之前灵验的一些市场营销策略现在似乎都失效了；大部分的旅行社都在亏损，但有些却逆势上扬；有的旅行社关门大吉，有的公司却跨界入行。还有 G 旅行社集团的内部改革，已到了"深水区"，却还没有一个很好的抓手再进一步突破……

还没等谢书记梳理太多的思绪，刘董一行已经到了，调研会议马上就要开始。

2 疫情下的旅游市场与旅行社业

2.1 疫情下的旅游市场

2.1.1 停摆、波动的旅游市场

受疫情及疫情防控影响，我国出入境旅游处于中断、停摆状态。国内旅游呈波动不稳定状态，在疫情防控之下，旅行团随时都有被喊停的可能。

根据国家统计局统计数据（图 1），2017—2019 年疫情之前，我国国内旅游总花费、城镇居民国内旅游总花费和农村居民国内旅游总花费均呈逐年上升趋势。受疫情影响，我国国内旅游在 2020 年严重收缩，虽在 2021 年有所回升，但也远未达到疫情前的水平。根据数据，2021 年我国国内旅游总人次为 32.5 亿，比上年同期增长 12.89%，国内旅游收入（旅游总花费）29191 亿元，比上年同期增长 30.98%；其中城镇居民国内旅游总花费和农村居民国内旅游总花费分别为 23644 亿元和 5547 亿元，比上年皆略有增长。

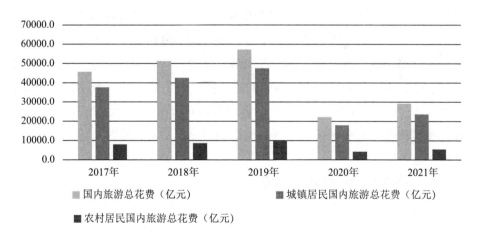

图 1　2017—2021 年国内旅游花费统计[①]

---

① 数据来源：国家统计局。

2.1.2 竞争激烈的国内旅游市场

疫情前，传统旅行社的主营业务集中在出入境和国内跨省长线游，占各公司 80% 以上的份额，而疫情之下，传统旅行社只能全部扎堆单一的国内市场，大大加剧了整个行业的竞争，使得各个传统旅行社的业务量及盈利空间十分有限，行业亏损不可避免。

2.1.3 游客出游出现重大转变

综合中国社会科学院旅游研究中心发布的《2021—2022 年中国旅游发展分析与预测绿皮书》及 G 旅行社集团的游客接待数据，人们对旅游和旅行社的需求正逐步改变，而疫情无疑加速了这种需求的改变。

游客出游的转变。从出游心理看，游客更加注重疫情防控需要，对健康、卫生更加注重；从出游半径看，游客出游以周边游为主，半径在 90 公里以内的占 45%；从停留时间看，以一日游为主，比重为 50%；从出游形式看，主要以亲子家庭、闺蜜组团的小团体出行为主，占比 70%。

对旅行社需求的转变。疫情进入到第三年，旅游团呈明显的"少、短、少"特点，即单位统一安排出游的次数明显减少，机关团队组团由疫情前的 36% 下降为疫情期间的 5%；出游天数缩短，疫情前出游 4~8 日的占 80%，疫情期间 1~2 日游占 50%；长线游减少，疫情前后的出游半径可谓相反：疫情前出游以出国游、跨省游为主，占 42%，疫情后转变为周边游，出游半径在 150 公里以内的占 80%。疫情期间的旅行团以分散式的团队为主，组团人数为 10 人以内的占 70%，对旅行社的诉求多为酒店预订、门票预订等碎片化服务，旅行社传统的观光长线游产品与市场明显不适应，游客对传统旅行社的依赖度越来越低。

2.2 疫情下的我国旅行社行业

2.2.1 国内旅游持续复苏，但传统旅行社总体经营效果不佳

根据文化和旅游部统计，全国旅行社 2019 年营业收入 7103.38 亿元、营业成本 6512.90 亿元、营业利润 32.10 亿元、利润总额 43.28 亿元。2020 年，在疫情重创之下，全国旅行社营业收入 2389.69 亿元、营业成本 2280.86 亿元、营业利润为 -69.15 亿元、利润总额为 -71.77 亿元，与 2019 年的数据形成鲜明对比。目前，国内旅游总人次和国内旅游总花费正逐步增长，但旅行社总

体经营效果却不佳。

"哀鸿遍野"之下，同程旅行、中青旅却逆流而上。据同程旅行财务报告，2021 年同程旅行营业收入 75.38 亿元，同比上涨 27.10%，净利润 12.96 亿元，同比上涨 35.90%。同程旅行 2021 年的收入甚至超过 2019 年 73.93 亿的营业收入，这得益于其抓住疫情期间短途旅游和本地消费的机遇，为旅游者提供更多产品和服务组合。另据《2021—2022 年中国旅游发展分析与预测绿皮书》，中青旅 2021 年上半年实现营收 35.20 亿元，实现扭亏为盈。中青旅业绩扭转的重要原因是多元化经营，其业务除旅行社，还涉及营销、景区、酒店等多个业务板块。

2.2.2 关闭离开和跨界入局同在

在业务极度萎缩的情况下，部分旅行社关闭门店，采取休眠的模式度过困难期，也有旅行社陆续退出行业经营。根据企查查数据，从 2020 年 2 月开始，已注销的旅行社相关企业有 11.4 万家，占总注册量的 40%；已吊销经营的旅行社相关企业有 2 万家，占总注册量的 7%。

截至 2021 年 12 月 31 日，全国旅行社总数为 42432 家，旅行社企业数量仍呈现逐年增长态势，但增速连续多年放缓（图 2）。

图 2　2017—2021 年旅行社数量及增长率 [①]

---

① 数据来源：国家统计局旅行社数量统计（2017年、2018年），文化和旅游部（2019—2021年）。

由于"无团可带",旅行社从业人员大幅减少。根据《文化和旅游部2020年度全国旅行社统计调查报告》,2020年度全国旅行社直接从业人员322497人,比2019年减少93444人,流失率约29%。大批从业人员离开了旅行社行业。

与此同时,疫情发生后,很多跨界企业进入旅行社行业,如拼多多上线机票业务,进军在线旅游市场;滴滴成立旅行社,加码布局旅游业。

2.2.3 国家到地方的扶持与纾困

疫情以来,从国家到地方陆续下发各项针对旅行社行业的纾困政策。2022年2月,国家发展改革委、文化和旅游部等十四部门联合印发《关于促进服务业领域困难行业恢复发展的若干政策》,将旅游业(含旅行社)作为重点帮扶行业,给予有力政策支持。文化和旅游部先后印发《文化和旅游部关于加强政策扶持进一步支持旅行社发展的通知》《关于暂退部分旅游服务质量保证金支持旅行社应对经营困难的通知》、下发《关于积极应对疫情影响保持导游队伍稳定相关工作事项的通知》等政策、文件。广西壮族自治区文化和旅游厅在深入贯彻国家、部门政策的基础上,积极开展消费助企惠民活动,提振文化和旅游消费市场,并编写《广西旅游行业疫情防控背景下的法律问题88项问答》,为广西旅游企业应对疫情、复工复产提供法律咨询。

3 砥砺前行:G旅行社集团的搏击与求生

3.1 疫情之下,困境重重

G旅行社集团作为广西唯一一家国有传统旅行社企业,但在疫情和改革的双重压力下,也面临不少困境。首先,集团"盘子大",有6家子公司、180多家门店,日常开支庞大。其次,疫情之下集团收入大大减少,现金流也大幅度降低,与供应商之间形成的"三角债"压力巨大。再次,G旅行社集团正在进行内部改革,管理层级比较多,决策慢、决策不灵活;公司刚成立不久,各公司集中而来的人员之间、部门之间不协调、难协调等问题依然存在。最后,业务的降低导致员工收入降低,人员流失问题凸显。

3.2 坚定信心，搏击求生

3.2.1 聚焦资源，强化核心竞争力

G 旅行社集团是广旅集团旗下二级子公司，成立于 2019 年年初，总资产 4.1 亿元。G 旅行社集团是广西唯一一家具备出入境营业资格执照、会奖、租赁、节庆组织活动等资质齐全的公司，下属有两家旅行社均有超过 30 年的辉煌历史，拥有较强的营销能力和客户维护能力，积累了机关、跨国公司、大型企业等众多优质客户，汽车租赁有限公司基于多年的中国—东盟博览会商务用车服务，积累了较好的服务经验和口碑。

2019 年以来，G 旅行社集团开展自上而下的改革：将原来 4 家旅行社 4 块牌子、4 套人马合并为 1 套，4 个法人减少为 1 个，避免多头管理。开展全员竞聘上岗，实行"能者上，庸者下"机制。精简机构设置，提高工作效率，由原来多个后勤部门精简为 3 个职能部门，新设 4 个业务部门。建立健全市场化薪酬分配、劳动用工等 40 多项管理制度。通过改革，G 旅行社集团形成了焕然一新的企业文化：企业使命——为幸福旅程提供优质服务；企业愿景——打造区域性知名旅行综合服务运营商；企业核心价值观——担当者进，创效者赢。

围绕国有企业平台、集团企业文化和出入境、会奖、节庆执照等优势，G 旅行社集团先后采购精品线路上的部分景区、酒店；加大收购线下优秀门店；积极对接粤港澳大湾区旅游客源市场，深耕广东市场；除一般的出境组团旅游产品和国内长线旅游组团产品外，G 旅行社集团还积极发展研学和培训业务、会议会展业务、铁路航空业务、汽车租赁业务等。

3.2.2 初心不改，搏击求生

疫情之下，G 旅行社集团进行了一系列的"求生"探索。

清理不良资产，降低经营成本。清理长期业绩不佳、成效不高的门店；清理集团的不良资产，最大程度降低风险。此外，还将一部分门店撤回集团总部办公，降低经营成本。

研发新产品，打造品牌产品。其一是研发城市微度假、帐篷营地和城市剧本杀等产品，包括以酒店为目的地的沉浸式"宅酒店"度假、亲子家庭度假；面向"Z 世代"消费者的"剧本杀"市场爆点。其二是持续推进广西人

游广西系列产品，特别是强化培育"八桂青年游广西""金秋银发乐享游"两个自主品牌和合作品牌"走读广西"。

下沉市场，精准开发。首先，下沉市场，与相关县、市开展战略合作，重点进行旅游节庆、游客引流合作；其次，精准开发优质市场，例如金发银发老年市场，利用优质服务"圈粉"，通过"圈粉"，精准推送延伸的服务、其他特色产品，将市场做优做精。最后，利用国有企业的优势，联系总工会，开拓职工疗休养市场。

多条腿走路，多元化经营。持续推进线上广西特色商品销售，利用导游的流量，朋友圈带货、直播卖货，包括粽子、月饼、沙田柚、芒果、预制菜、海鲜等；结合"一键游广西"分销系统，对新产品进行线上宣传和营销；承接文旅推介会，包括自治区、各市县的文旅推介会；继续开展与广西旅发南国体育投资集团有限公司的体育赛事服务合作；主动服务广西全域旅游示范区、特色旅游名县，开展引客入县区行动，招徕游客到广西全域旅游示范区、特色旅游名县参观游览。

3.3 收效甚微，向何而生

G 旅行社集团坚持疫情应对与改革同步推进，在清理企业不良资产的基础上，通过收缩门店、合并重组部门、应聘上岗等形式，降低经营成本；通过开发新产品、下沉市场、多元化经营等形式，在疫情期间"见缝插针"，多管齐下，逐渐适应市场，开辟新的营收模式，企业运营情况有所好转，但远未达到疫情前水平。G 旅行社集团如何在疫情之下脱困求生，仍然是横亘在眼前的难题。

据悉，G 旅行社集团净利润 2019 年为 9540.0 万元，2020 年、2021 年分别为 –423 万元、–220 万元。2021 年虽同比减亏 48%，但仍处于严重亏损状态。其中，城市微度假产品收入增幅最高，达 35%，其次为特色商品买卖收入，增长 32%；广西人游广西系列产品收入最高，占全年营收的 38%，其次为引客入县区，占全年营收的 26%。G 旅行社集团近 3 年营业收入及净利润概况详见图 3。

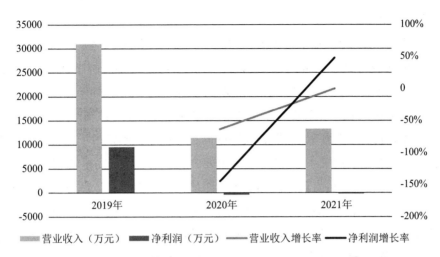

图 3　G 旅行社集团近 3 年营业收入及净利润概况 [①]

4　疫情之下，如何从求生到重生

4.1　旅行社价值的转变与战略抉择

4.1.1　价值的转变

"大家早上好！受广旅集团的委托，今天来进行内部调研。疫情以来，G 旅行社集团做了很多工作和努力，这两年的工作报告我都认真地阅览过，但目前来看，还是有较大的提升空间。今天来，我们就想了解目前我们遇到的困难、存在的难点，探讨今后怎么发展、怎么走的问题。之所以通知没有说明调研的目的，就是想听大家的心里话、真心话，通过'头脑风暴'式的讨论，为整个集团更好地发展集思广益。"刘董做了简单的介绍，会议就开始了。

"这两年疫情下，旅行社业整体生存艰难，传统旅行社难上加难"，陈总经理率先发言，"疫情以来我们收入直线下降，大家非常难受。但是我始终相信旅游行业是阳光行业、幸福产业，我们就是要开启幸福旅程！"他顿了一下，提高声音继续说道："因此，只要这个疫情结束，旅游就会快速恢复，我相信阳光总在风雨后！当然现在市场和行业都在变化，特别是疫情加速了游客消费理念的转变，加速了市场变化。我们如何跟上变化做出适应和改变，

---

①　数据来源：G 旅行社集团办公室提供。

这是要考虑的。"

"旅游市场的竞争越来越激烈，利润空间进一步压缩，途牛、携程等线上旅游对传统旅行社经营冲击越来越大，分流了部分客源。加上反复的疫情，动态清零的不仅是病毒感染群体，伴随的还有人们对旅游需求的减弱，对旅行社需求依赖的减少。我们接到的电话不是旅游线路咨询、出游，而是购买早茶、烤乳猪。'三月三'假期，火爆的周边游市场和露营市场，目前看与传统旅行社没有太大的关系。"商务平台也发表了自己对市场需求转变的看法。

"传统旅行社的特点就是组团引客，组团出去引客进来，就像抽水机抽水一样，只要有水，抽水机就能不断地抽水扬水。未来旅行社，应该是线上线下结合的，线上负责营销、招徕，线下负责服务。线上的发展还是要落到线下，而线下的比拼，应该是拼服务品质。"陈总经理补充说道。

"疫情虽然减少了人们的出行，但反而使旅游回归到了旅游本身。以往为了竞争压缩成本，低价产品、低层次产品成为市场的主流，使游客体验下降，不信任旅行社，导致游客流向价格相对透明的 OTA（线上旅行社），最终受害的是传统旅行社。因此，回归旅游本身的品质旅行，是今后游客的追求所在。相应地，为游客提供高品质产品，是今后旅行社的价值所在。好的旅行社，应该是让游客为它所提供的优质产品、优质服务买单的旅行社。"产品研发部经理也谈了自己对旅行社价值转变的理解。

"G 旅行社集团在疫情的形势下做了很多努力，并且大家精气神还在，对未来充满信心，我觉得这也是难能可贵的，令人高兴欣慰。"

集团外部董事刘董也加入了发言之中。

纵观这 3 年，疫情是不以我们的意志为转移的，目前还很难判定，疫情未来是什么走势。因此，我们在保持信心的同时，更要做一些长远的打算，做好两手准备：一是疫情结束，旅游市场向好的准备；二是做好最坏打算的准备。

"从近来的研究看，我看到一些微妙的信号，一个是旅游消费在降级，二是旅游者的需求逐渐被'去旅行社'的氛围消解。刚才大家提到的帐篷露营，目前看这个市场完全不需要旅行社的介入，但是这部分的游客，钱花了，假期也过了。以后类似情况，是不是越来越多？传统的旅行社是不是越来越无用武之地？刚才陈总对传统旅行社的比喻很形象，'像抽水机一样'，只要市场规模足够，盈利低一点，但'抽水机'还是转得动。随着线上旅行社的出现，早在几年前，就已经有过'传统旅行社是否还有存在的价值'的讨论，传统旅行社的盈利模式或者说价值，更多的是利用掌握的价格差和信息差得以实现。但是，随着网络的发展，信息越来越透明，加上目前的疫情，传统的'抽水扬水'一下子举步维艰。传统旅行社利用传统模式盈利的时代，似乎已经回不去了，将来利用信息差、价格差实现盈利也越来越难。可见，传统旅行社的价值已经转变了。基于这个认识，我们想听听大家从长远的眼光、战略的高度，探讨我们下一步该怎么走。"

4.1.2　战略抉择

陈总经理率先发言："关于战略的思考，我个人认为首先是加快团队建设和人才培养。利用疫情期间，进一步梳理集团的人才结构，一要稳住优秀人才，留住集团优秀导游、优秀计调、优秀中层管理者；二是加快淘汰不适应人员，同时，加快引进优秀人才、并购优秀团队。"

"其次，在目前疫情反复、市场收缩的情况下，应采取现金为王、缩紧成本、以静制动的战略。集团应该进一步盘活存量、做优增量，收缩成本，控制好现金流。在目前的市场环境下，以静制动，保持适当的现金流是非常重要的。"

"这里我们有点不同意见"，商务服务部经理似乎有不同看法，"我认为我们不能等，要动起来。首先是持续推进多元化经营，下沉到产业链中，利用优势，形成集团的产业链闭环。中青旅就是通过多元化经营实现逆袭盈利的典型例子。"

"我是非常赞同目前集团在酝酿的两件事：一是根据既有的中国—东盟博览会，结合广西正在推进的世界级旅游目的地、桂林世界级旅游城市的建设，筹备成立航空产业服务公司。二是与铁路局合作，开通'八桂文旅高铁'专列，高铁也是旅行社大交通的重要一环。"

"我们也认为应该主动出击，利用集团独家的赴台资质，会展资质，寻找新市场，开发新产品。"

"我认为利用疫情期间旅游空档，应加快集团内部的数字化建设，加快培养团队的数字化能力，摸索出电商第二条增长曲线。"

各部门纷纷给出了自己的看法。

"好，大家都发表了很多很好的想法，我也谈谈自己关于发展战略这个层面的观点"，谢书记接过话题，"疫情之前市场大好，大家都忙着业务的开展，而忽略了对市场、对行业的分析与总结，导致疫情一到来，大家都措手不及，业务和营收断崖式下降。造成这种局面，客观原因是疫情凶猛，但主观原因，应该是我们缺乏一个长期发展的机制、战略。因此，我是非常认同制定集团的中长期发展战略的。我在重点思考，我们是不是可以结合集团正在进行的深化改革，依托现代科技，构建智慧旅行社？我把疑问抛出来，供大家一起商讨。"

"看来谢书记对旅行社集团的一些中长期的发展，是早有考虑的，只不过今天是借了我的口说出来了。"刘董接过谢书记的话。

"哈哈哈哈……"刘董话音刚落，会场就发出了一片笑声。

"接着谢书记的话题，我也谈几点个人看法：首先，是依托优质资源，做一些品牌发展方面的文章，以做特做强产品体系，形成壁垒。这里面包括旅游产品品牌和服务产品品牌。例如新开发的微度假、周边短线游的产品；构建汽车服务品牌、导游服务品牌、金牌服务窗口品牌等优质品牌体系，强化集团的核心竞争力。"

"说到产品品牌，我插一句"，谢书记也来了兴致，说道，"过去我们多着眼于'诗和远方'，但是身边的美、身边的文化却往往被忽略。因此，我最近想依托城市的文化，开发一系列品味城市文化的品牌产品。就是依托首府南宁，研发'老友寻邕记'，深入挖掘南宁市的历史文化、城市文化。如果成功，这个形式还可以在桂林、柳州等城市进行策划推广。下一步我们就着手推进，还希望集团和刘董这边多支持。"

"这是个很好的思路，集团应该大力支持"，刘董接过话题，继续往下讲，"第二个方面，就是产业化发展，要构建形成自身'吃住行游购娱'六要素的产业链闭环，充分利用旅行社集团自身的优势，结合广旅集团的资源，逐步研发，慢慢形成产业链。"

"再一点，是面向国际发展。G 旅行社集团应该发挥自身最大的优势，打造世界级的旅行社集团，面向国际发展。其中就包含一系列国际视野的发展定位、发展思路、企业文化、战略投资、企业管理等。如果品牌打造能落实好、产业链慢慢形成，下一步我们就有机会面向国际发展。目前，桂林正在建设世界级旅游城市、广西正在建设世界旅游目的地，广西的旅游业急需国际化的旅游企业，特别是本土的国际化旅游企业。

"前面的讨论，本人主要是从当下疫情的现实出发，结合理论，探讨解决当前疫情及今后一段时期发展的一些问题，供大家参考。此外，通过一段时期以来的关注和研究，在旅行社价值转变的基础上，我在思考一个问题：旅行社是不是到了价值重构的节点？这个问题，我也想听听在座各位的意见。"

"刘董一语点醒梦中人，可谓振聋发聩。刘董从行业的视角、理论的高度，指出了传统旅行社疫情以来面临的林林总总的困难的根本原因：传统旅行社的价值已经改变了，它的价值已经到了要重构的节点。疫情前的旅游市场就一直在改变，疫情无疑加速了它的改变。正如大家提到的，游客不那么依赖甚至不信任传统旅行社了。下面暂时休息30分钟，大家也利用这30分钟的时间，消化、体会刘董的观点。休息回来，我们重点探讨传统旅行社价值重构的问题，重新找准我们传统旅行社的价值所在，找准未来的出路。"

刘董的发言，似乎触动了谢书记这段时间一直以来的疑惑，因此谢书记暂停了会议，给大家休息和思考的时间，自己也理一理思路。

4.2 求生到重生的嬗变：价值重构到创造新未来

4.2.1 旅行社价值重构

"目前我们面对的是'Z世代'、新老年群体、高净值人群以及大型企业等市场。在市场的转变和疫情的冲击之下，我认为，游客和旅行社之间的矛盾在于游客日益增长的品质旅游产品需求，疫情期间可理解为周边品质旅游产品需求和旅行社提供的无差别旅游产品之间的矛盾。从这个方面看，我们要进行供给侧改革，而这个改革，是不是可以理解为旅行社价值重构？因为供给侧改革，首先涉及产品体系改革，产品体系改革又引发业务流程改革、组织架构改革，甚至整个产品线、整个供应链，都要进行改革。这是不是刘董讲的重构的概念？"结束了30分钟的休息，谢书记率先分析了旅游供需间的矛盾，阐述了其理解的旅行社价值重构。

"我认为我们目前面临的是散客化、消费方式个性化、服务需求碎片化、购买行为临时化的需求，面对这种需求，我们之前的组织形式显然是不适应的，这就需要重新调整我们的内部组织以适应这种需求，这个过程是不是也可以理解为一种重构？就是组织重构？"综合部从组织的角度发表了自己的看法。

"很好！事实上大家都有自己独特的理解。之所以讨论价值重构的问题，是基于 G 旅行社集团是广西唯一国有的旅行社集团公司，有其他同类公司不具备的优势资源、特色产品。在疫情期间整个行业都比较低迷的情况下，我认为恰好可以利用这个时间，来思考传统旅行社是不是到了需要进行价值重构以及如何进行价值重构的问题。"刘董再次接过话题。

4.2.2 价值重构：重生，创造新未来

"在市场变化及疫情影响之下，要主动出击，充分总结我们 G 旅行社集团的优势和核心竞争力，在新的市场环境之下，重新审视自身在价值链上的定位，找准自己可以创造价值的切入点，与市场共同创造出行业新的价值，在疫情之下和未来之中，开创一个新的旅游局面。"刘董继续发言。

"在互联网、大数据、人工智能等数字技术和场景技术的支撑下，旅游价值和产业链正加速升级和重构。以往以旅行社企业为核心的旅游运行，将转变为以平台组织为中心的新旅游运行形态。在新旅游运行形态下，旅游市场上的产品信息、价格都是透明的。而价值重构后的传统旅行社价值，应该是来自与游客的价值共创；旅行社的盈利，通过与游客的价值共创得以实现。进一步讲，旅行社以后就是代表游客、代表游客的利益，按照游客要求，将产品（包括酒店预订、出行车辆、特色餐饮等）设计好之后，与其他旅行社、景区、酒店进行谈判合作，将价格和产品做到最优。而旅行社的价值或者说盈利模式，则通过抽取佣金的形式得以实现。因此，以后传统旅行社想要得到更多的盈利，就要提供更好的产品和服务。"

"如何进行价值重构？首先，就是综合部刚才提到的组织和运作方面的重构；其次是旅行社服务形象重构；再次，借鉴目前电商平台的运作模式，建立新型的旅游综合服务平台。具体如何进行这些方面的重构，还有赖于大家的下一步商讨决议。事实上，传统旅行社的价值重构和前面讨论的发展战略，

是相互联系、相辅相成的，好的战略更好地指导价值重构，好的价值重构反哺好的发展战略。"

"最后，我认为今天的调研收获满满、非常成功！希望大家好好总结，用于指导下一步的工作。同志们，元宇宙的大门已打开，未来已来！2021 年被称为'元宇宙元年'，这也许是未来一种全新的生产生活形式，未来的'旅行服务'，是否也会被这个新的'宇宙'彻底重构？因此，我们应该在新的使命和目标的指引下，在担当中奋进，去探索创造属于我们旅行社人的新价值！新未来！"

5　结语

欢送走刘董一行，谢书记回到办公室，困惑自己已久的谜团似乎已经解开。但是，新的问题又来了：大家在会上对选择何种战略，似乎并未形成共识，且会上的发言仅仅是大家短时间考虑的结果，G 旅行社集团今后该选择怎样的发展战略？再者，如果疫情很快结束，传统旅行社是否还需要价值重构？

然而，时间不等人，乍暖还寒的春天即将结束，盛夏即将到来，G 旅行社集团下属的子公司和 180 多家门店正嗷嗷待哺。想到这里，谢书记拿起手中的电话，让综合部立即安排下午开展市区文化旅游景点的调研工作，尽快落实"老友寻邕记"新产品开发事宜。

清明已过，谷雨在望，万物终将茁壮成长。风景在路上，或许在深入市场的调研中，谢书记会有一些意想不到的收获。

案例使用说明

一、教学目的与用途

1. 案例适用说明

本案例适用于 MBA 战略管理课程，可与课程中"商业模式创新""运营战略""营销战略"等章节和主题配套使用，也可用于课程结束时的综合考察案例。

2. 教学目的

本案例教学目的意在加深学员对战略管理理论、价值理论相关知识点的认识和理解，引导学员思考分析企业内外部环境、企业竞争优劣势、企业核心竞争力、企业价值等与企业发展紧密关联的要素，通过分析、讨论、总结，深刻理解战略决策背后的逻辑和要点，理解企业的价值和价值转变路径，在实践中为企业做出适当的战略选择及谋划。

二、启发思考题

（1）在疫情的影响下，旅游市场及其需求出现了哪些变化？这些变化促使传统旅行社需要怎样的价值转变？

（2）案例的会议讨论中，大家对 G 旅行社集团建议的战略类型包括哪些？如果你是谢书记，如何进行 G 旅行社集团下一步的战略选择和规划？

（3）当下，你认为旅行社是否有必要进行价值重构？如果需要，如何进行？结合案例，请谈谈你的具体想法。

三、分析思路

案例建议以课堂问答模式展开，以学员所了解的疫情下的旅游业或旅行社行业情况为讨论切入点，活跃课堂气氛、引发思考，进而带入启发思考题（1）。在讨论旅行社价值转变过程中，从当前旅行社行业发展背景及概况，为传统旅行社战略转变及价值重构埋下伏笔。最后，在进一步分析 G 旅行社内部条件、核心竞争力、企业文化等的基础上，开展启发思考题（1）、（2）的讨论。

教师也可根据自身的教学安排灵活使用本案例。案例的具体分析思路如下：

首先，介绍疫情之下的旅游市场需求转变、旅行社行业发展现状，说明传统旅行社所面临的严峻的外部环境。

其次，介绍 G 旅行社概况、内部运营环境、企业文化、企业核心竞争力等，以及在严峻的外部环境和内部改革困扰之下的艰难搏击求生，但收效甚微的运营之困，引出传统旅行社价值转变的思考。

再次，从运营之困和传统旅行社价值转变的思考，引出传统旅行社战略转变的思考和讨论。

最后，从"市场需求转变—价值转变—战略转变"的递进式启发和思考过程中，引发传统旅行社价值重构与否的讨论。

案例分析思路与步骤如图 4 所示：

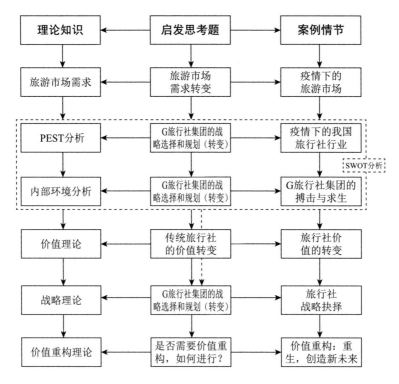

图 4　案例分析思路与步骤

四、理论依据及分析

问题 1：在疫情的影响下，旅游市场及其需求出现了哪些变化？这些变化促使传统旅行社需要怎样的价值转变？

知识点 1：旅游市场及其需求

［理论］

旅游市场有狭义和广义之分。狭义的旅游市场，是指在一定时间、一定地区和相关条件下，对旅游产品具有需求和消费能力的旅游者群体，也就是一般所说的旅游需求市场或旅游客源市场；其通常主要由旅游者、旅游购买力、旅游购买欲望和旅游权利所构成。广义的旅游市场，是指在旅游产品交换过程中所反映出来的旅游者与旅游经营者之间各种经济行为和经济关系的总和。

　　旅游市场需求，是指由旅游客源市场所决定的旅游需求类型和变化趋势。随着经济社会发展和人们生活水平不断改善和提高，旅游市场需求不断发展和完善，促进了旅游市场的日益扩大和发展，主要表现为：从出游目的看，人们的旅游需求正从单一的观光旅游、文化旅游进一步扩展到度假旅游、商务旅游、特种旅游等综合性旅游；从消费水平看，人们的旅游消费正从经济型消费向中高档消费，乃至豪华型消费发展；从组织形式看，人们的旅游需求正从传统单一的团队旅游形式，逐渐向散客自助旅游等多样性旅游市场发展。随着旅游市场需求的不断发展，不仅促进了旅游市场的发展和壮大，也为旅游市场体系的完善奠定了前提和基础。

　　［案例分析］

　　从案例给出的材料看，在疫情的背景下，旅游市场主要呈现两个大的变动：

　　其一，整个旅游市场处于停摆、波动的状态。我国出入境旅游处于中断、停摆状态。国内旅游呈波动不稳定状态，旅行团随时都有被喊停的可能。其二，国内旅游市场竞争激烈。疫情之下，传统旅行社全部扎堆单一的国内市场，大大加剧了整个行业的竞争。

　　旅游市场需求的转变主要表现为游客出游心理、出游半径和停留时间、出游组团形式等方面的转变。在对旅行社需求的转变上，主要表现为依托旅行社组团的次数减少、出游天数减少、半径缩短、对旅行社的需求为碎片化的服务需求，游客出游对旅行社的依赖进一步降低。

　　此外，还可结合当今的"Z世代"和科技发展，适当展开旅游市场需求的变化及发展趋势讨论。

　　知识点2：价值理论

　　［理论］

　　价值是社会事物之间价值关系的运动与变化规律的科学，是人们对客观世界各种事物对人类的生存和发展的意义的判断和认识，即价值的判断和认识。价值在人们的日常生活中无处不在，人的行为、思想、意志以及情感等都受到某种利益或价值的驱使，不同的人往往有不同的价值思维和价值取向，而这些价值思维和取向往往影响人的思想和行为。人们进行一项工作时，总是要判断和权衡，该项工作是否有意义、是否值得，即是否有价值。从经济视角看，价值是经济物品和经济服务在交往中所具有的意义，相当于价格或其他任何一种等价物，换言之，价值就是价格。

传统旅行社的基本经营活动包括为消费者提供咨询业务、产品设计、计调活动、营销活动、服务接待、单项业务等。传统旅行社的价值实质是将旅游交通、酒店、餐饮、景区、娱乐等产品或服务进行组合，并没有改变单个产品的物理形态，可见其创造价值的基本活动过程指向单一，目的都在于增加客源，从而实现批量购买降低成本，每个环节的价值创造能力不高，可替代性很强。

［案例分析］

案例将传统旅行社的价值比喻为"抽水机"，其价值模式是组团引客，只要有游客这个"水"，"抽水机"就能不断地抽水扬水。换言之，传统旅行社是为游客提供报价或单项的旅游产品或服务，通过提供产品或服务过程中的信息差实现其价值。其中的信息差包括两个方面：一个是因传统旅行社拥有专业化的信息资源而形成的对游客的信息差；另一个是因传统旅行社的规模购买形成的议价能力而形成的信息差。

案例指出，传统旅行社要取得价格优势，就不得不把大部分精力放在增加客源上。但是这样即使勉强招徕游客，价格竞争却也越来越激烈，导致价格越来越低，产品和服务的质量也随之降低，最终导致传统旅行社效益无法提高且游客对其产品和服务越来越不满意。在无疫情暴发的情况下，这种传统的"抽水扬水"本就处于勉强维持的状况，而随着疫情的发生和线上旅行社的竞争，这种价值模式无疑要面临极大的生存考验。可见，传统旅行社的价值在疫情"加速器"的作用下正加速贬值。

因此，要改变疫情下旅行社的困境和考验，关键在于突破传统旅行社思维，转变旅行社价值。案例认为，传统旅行社的价值转变主要通过与游客进行共创实现新的价值，即顺应今后游客的追求，让旅游回归本身的品质旅行，为游客提供或与游客共创具有高品质的符合游客需求的产品。此外，结合旅行社经营活动的特点，还可延伸到对传统"食住行游购娱"供应链进行改造的角度，实现运营全过程中的价值转变和价值增值。

问题 2：案例的会议讨论中，大家对 G 旅行社集团建议的战略类型包括哪些？如果你是谢书记，如何进行 G 旅行社集团下一步的战略选择和规划？

知识点：战略管理理论

[理论]

1）战略管理的概念和常见的战略类型

战略管理是企业高层管理者为保证企业的持续生存和发展，通过对企业外部环境与内部条件的分析，对企业全部经营活动所进行的根本性和长远性的规划与指导。战略管理的本质是把"公司战略"当作对象和功能来进行系统的管理。战略类型总体划分为发展型战略、稳定型战略、紧缩型战略和组合型战略。旅游企业通用的战略类型一般有一体化战略、多元化战略、国际化战略等，不同的战略类型又划分为子战略类型，详见表 1。

表 1　常见战略类型表

总体类型（公司层面）	子类型（部门实施层面）
发展型战略	多元化战略：集中多元化、水平多元化、复合多元化
	一体化战略
	整合战略：向下整合、向上整合、水平整合
	密集型战略
	平台化战略
	成本领先战略
	差异化战略
	国际化战略（全球化战略）
	电子商务战略
	虚拟经营战略
收缩型战略	转变战略
	合资战略
	放弃战略
	清算战略

续表

总体类型（公司层面）	子类型（部门实施层面）
稳定型战略	暂停战略
	无变化战略
	维持利润战略
	谨慎前进战略

一体化战略——市场中的企业，为了获取特定的规模经济，可能会采取横向一体化的行为；而出于效率或非效率的考虑，无论在进行购买还是在生产的决策中，可能会选择纵向一体化行为；如果出于分散风险的考虑，往往会采取混合一体化行为。横向一体化战略指获得与本企业竞争企业的所有权或加强对其控制，以促进企业实现更高程度的规模经济和迅速发展的一种战略。纵向一体化战略指将企业的活动范围后向扩展到供应源或者前向扩展到最终产品。

多元化战略——指企业为获得最大的经济效益和长期稳定经营，开发有发展潜力的产品或者丰富充实产品组合结构，在多个相关或不相关的产业领域同时经营多项不同业务的战略。

国际化战略——指旅游企业对于一切与国外市场有关的、一般意义上的业务的战略。

虚拟经营战略——指以信息技术为基础，由多个具有独立市场利益的企业集团通过非资本纽带媒介生成的一种相对稳定的或者临时性的产品生产、销售和服务的分工协作关系，包括智慧旅行社、网络战略合作协议与战略联盟。

2）战略决策和规划的常用分析方法

外部环境分析：外部环境分析分为宏观环境和微观环境。宏观环境用 PEST 分析方法，目的是要确定宏观环境中影响行业和企业的关键因素，预测这些关键因素未来的变化，以及这些变化对企业影响的程度和性质、机遇与威胁。微观环境（行业 / 产业及竞争环境）用波特（M.E.Porter）的"五力模型"进行分析。微观环境分析主要分析行业竞争结构的 5 种因素的变化，分析产业的营利性和产业的吸引力，在此基础上确认企业所面临的直接竞争机会与威胁。PEST 分析方法的具体内容详见表 2。

表 2　PEST 分析的具体内容

宏观环境类型	具体内容
政治（Political Factors）	制约和影响企业的政治因素；法律体系、法律及法律环境
经济（Economical Factors）	经济结构、经济增长率、财政与货币政策、能源和运输成本；消费倾向与可支配收入、失业率、通货膨胀与紧缩、利率、汇率等
社会（Social Factors）	教育水平、生活方式、社会价值观与习俗、消费习惯、就业情况等；人口、土地、资源、气候、生态、交通、基础设施、环境保护等
技术（Technological Factors）	创新机制、科技投入、技术总体水平、技术开发应用速度及寿命周期、企业竞争对手的研发投入、社会技术人才的素质水平和待遇成本

内外环境结合分析：企业内部和外部环境的分析通常采用 SWOT 分析法。该方法是系统确认组织面临的内部优势、劣势和外部环境中的机会、威胁因素，并据此选择适宜外部环境变化和内部资源条件的满意战略组合的一种分析工具。SWOT 矩形分析方法详见表 3。

表 3　SWOT 矩形分析法

项目	优势（Strengths）	劣势（Weaknesses）
机会（Opportunities）	SO 战略——增长性战略（进攻策略，最大限度地利用机会）	WO 战略——扭转型战略（调整策略，战略转型）
威胁（Threats）	ST 战略——多种经营战略（调整策略，多种经营）	WT 战略——防御型战略（生存策略，严密监控竞争对手动向）

企业核心竞争力。战略必须建立在核心竞争力的基础上。核心竞争力是一个企业能够长期获得竞争优势的能力。企业核心竞争力有两个来源：一是所拥有的资源，二是企业的能力。

企业所拥有的资源又可分为有形资源和无形资源：有形资源包括土地、建筑物、已购买的办公场所、工厂、设备等；无形资源包括商标、专利、知识产权、合同协议、商业秘密、声誉、技术或市场营销诀窍、商业交易网络、企业文化等。企业能力是指公司协调资源并使其发挥生产作用的技能。这些技能存在于公司做决策和管理其内部过程以达到公司目标的方式中。企业能力是企业组织结构和控制系统的产物，这些系统规定了在公司内部如何作出决策，在哪个环节做决策、公司奖惩制度以及公司追求的价值和文化等。企业的能力也是企业的无形资源，但它不存在于公司单个员工身上，而是体现在公司内部个人之间的相互配合、相互作用和作出决策的方式上。

企业资源或企业能力要成为核心竞争力，则其必须满足是否具有独特的价值、是否为稀有的能力、是否难以模仿以及是否不可替代。

[案例分析]

1）案例中涉及的战略类型分析

根据案例材料，在 G 旅行社集团会议上，大家对今后旅行社发展的战略涉及发展型、收缩型两大类战略。发展型战略包括人才战略、多元化战略、数字化战略、整合战略和国际化战略等，收缩型战略包括清算战略和放弃战略。其中，多元化战略又包含针对优质市场开展优质服务的集中多元化战略和开展品牌旅游产品建设和品牌服务建设的品牌化战略；数字化战略主要为结合电子商务平台，开展集团内部的数字化建设；整合战略又包括向上整合战略（成立航空公司）、水平整合战略（开发礼品、美食）、向下整合战略（控股景区、酒店、文化表演）；国际化战略主要为面向国际视野的发展定位、发展思路、企业文化、战略投资、企业管理等。清算战略为清算不良资产，放弃战略主要为放弃不良门店、子公司。具体战略类型，详见图 5。

2）下一步的战略选择和规划

（1）前期的战略分析

要进行战略选择和规划，首先要进行战略分析，包括 SWOT 分析（含 PEST 分析）和企业核心竞争力分析。

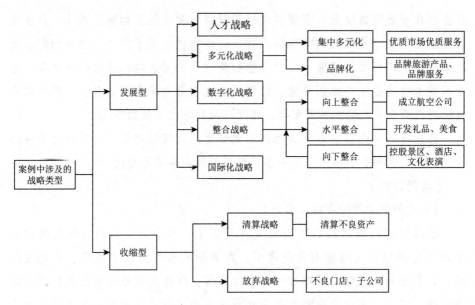

图 5　案例中涉及的战略类型图示

SWOT 分析。从案例给出的材料看，G 旅行社集团的优势（Strengths）包括：平台优势——国有企业；资质优势——广西唯一具备出入境营业资格执照、会奖、租赁、节庆组织活动等齐全资质的公司；经营优势——有两家超过 30 年辉煌历史的旅行社，有一批优秀门店，拥有较强的营销能力和客户维护能力；客户优势——积累了机关、跨国公司、大型企业等众多优质客户；品牌优势——旅行社及汽车租赁有限公司积累了较好的服务经验和口碑；产业链优势——经营有景区、酒店等。劣势（Weaknesses）主要表现为：资金压力——集团"盘子大"，日常开支庞大，疫情期间收入大大减少，现金流大幅度降低，债务压力大；管理不畅——集团管理层级较多，决策慢、决策不灵活，人员之间、部门之间不协调、难协调；人才流失——疫情导致的人员流失。机会（Opportunities）主要有：国家及地方的纾困——从国家到地方陆续下发各项对于旅行社行业的纾困政策；广西特色旅游品牌创建——广西全域旅游示范区、特色旅游名县的创建行动、桂林建设世界级旅游城市、广西建设世界级旅游目的地；旅游市场需求——旺盛的城市周边、短途休闲旅游需求。威胁（Threats）主要有：疫情带来的威胁，其一是疫情防控直接阻断跨境旅游，其二是给国内跨省游带来很大的不确定性，其三是疫情的长期性及不确定性，疫情结束无时间表，疫情防控存在诸多不确定性，将可能长期影响旅游业的恢复；此外，存在的威胁还包括线上、线下旅行社对仅有的国内旅游市场的激烈竞争。在 SWOT 分析中，对机会和威胁的分析，也是企业外部环境的分析，即 PEST 分析。G 旅行社集团的 SWOT 矩形分析如表 4。

表 4　G 旅行社集团的 SWOT 矩形分析

内部能力 外部因素	优势（S）： 平台优势；资质优势； 品牌优势； 经营及客户优势； 产业链优势； 内部改革增效	劣势（W）： 资金压力； 管理不畅； 人才流失
机会（O）	SO—集中多元化、品牌战略、整合战略	WO—数字化战略、人才战略
国家及地方的纾困、广西特色旅游品牌创建、旅游市场需求	依托国有企业平台，助力广西建设世界旅游目的地等的建设； 依托优质客户大力开发城市周边游旅游产品	缩减成本，开源节流； 依托平台优势，适当让利，留住优秀员工； 深化改革，智慧化发展、运营
威胁（T）	ST—整合战略、多元化战略	WT—收缩战略
疫情暴发； 同行竞争	依托国有企业平台，发挥行业担当，共同做大市场； 依托资质开展多元经营	清算不良资产、门店； 放弃不良子公司

　　总体看，G 旅行社集团优势大于劣势、机会和威胁共存，且疫情是目前最大的威胁因素，线上、线下竞争是长期的威胁因素。

　　G 旅行社集团核心竞争力分析。从具有独特的价值、是否是稀有的能力、是否难以模仿以及是否不可替代四个方面分析，G 旅行社集团核心竞争力为是国有企业、是广西唯一具备出入境营业资格执照、会奖、租赁、节庆组织活动等齐全资质的公司；积累了机关、跨国公司、大型企业等众多优质客户三个方面。

（2）G旅行社集团的战略选择和规划

①战略选择

通过SWOT分析、PEST分析，综合G旅行社集团的核心竞争力以及疫情下的应对效果，建议总体上采用发展型战略，包括SO增长型战略和ST多种经营战略，即应充分发挥G旅行社集团的优势，抓住短途休闲旅游市场需求和广西特色旅游品牌创建的机会，主动对接市场、适应市场，充分做精做优存量市场，积极开发新兴市场。近期可采用人才战略、集中多元化战略、水平整合战略以及适当的向下整合战略，远期采用多元化战略中的品牌战略、数字化战略、向上整合战略、国际化战略。此外，在目前疫情肆虐的情况下，为保持良好的经营状况，也可适当地采用WT防御性战略，收缩、清算部分不良资产。

在实际操作中，为了应对一些复杂和突发的情况，战略的运用应不是唯一的、绝对的，而是多种类型综合和交叉运用。

②战略规划

人才战略。加快团队建设和人才培养。利用疫情期间，进一步梳理集团的人才结构，一要稳住优秀人才，留住集团优秀导游、优秀计调、优秀中层管理者；二是加快淘汰不适应人员，同时，加快引进优秀人才、并购优秀团队。下沉桂林、北海这些市场，寻找优质的人才团队。抓住桂林市正在建设世界级旅游城市的契机，布局优秀的在地运营团队。

多元化战略。一是集中多元化战略：首先是开发的微度假、周边短线游产品，要做特做强，形成壁垒；其次是利用集团独家的赴台资质，做优赴台会议，实现效益与形象双赢；再次是会展产品，结合广西大健康产业，与博览集团洽谈承办中国广西大健康和文旅产业博览会，同时下沉到市、县一级市场，开展主题展销会、特色消费集市等。二是品牌化战略：依托已有的市场口碑，进一步塑造优质服务形象，打造"广旅服务品牌"构建汽车服务品牌、导游服务品牌、金牌服务窗口品牌等优质品牌体系；依托城市文化，开发一系列品味城市文化的品牌产品，如"老友寻邕记"品牌，之后进行其他城市的品牌推广。

数字化战略。结合广旅集团的数字化建设以及集团内部改革，部门之间衔接效率的问题，以数字化为抓手，推进集团深化改革，构建智慧旅行社。面对市场一端，包括海量的市场数据收集与分析、针对性的市场营销、创新性的产品开发、精准的产品推送；内部利用端，包括精确的数据结果、高效的部门衔接、优质的服务提供；另外，针对产业闭环，还应包括产业链分析，为是否对某一产品进行链条式开发，或者前端、后端链条开发，提供准确的决策依据。

整合战略。充分利用自身的优势，结合广旅集团的资源，整合形成自身"吃、住、行、游、购、娱"六要素产业链闭环，包括向上整合战略、水平整合战略和向下整合战略。一是向上整合战略：首先是成立航空公司，根据既有的中国—东盟博览会，结合广西正在推进的世界级旅游目的地、桂林世界级旅游城市的建设，筹备成立航空产业服务公司，把握交通大动脉，形成产业链的重要一环。依托航空公司，可以把全国各地、世界各地的游客更加方便地招徕广西旅游、消费，这也是广西建设世界级旅游目的地、桂林建设世界级旅游城市的"广旅贡献""广旅担当"。其次是与铁路局合作，开通"八桂文旅高铁"专列，形成大交通平台。二是水平整合战略：开发自身特色美食、礼品等。三是向下整合战略：收购或开发自身的精品酒店、运营的景区、精品文化表演项目。

国际化发展战略。桂林正在建设世界级旅游城市、广西正在建设世界旅游目的地，广西旅游业急需本土的国际化旅游企业。G旅行社集团应该发挥自身的最大优势，打造世界级的旅行社集团。国际化发展战略，包含系列国际化的发展定位、发展思路、企业文化、战略投资、企业管理等。

收缩战略。进一步盘活存量、做优增量，收缩成本，控制好现金流。清退经营不良的门店、子公司，分散在各地的办事处撤回总部办公。

问题3：当下，你认为旅行社是否有必要进行价值重构？如果需要，如何进行？结合案例，请谈谈你的具体想法。

知识点：价值重构理论

[理论]

价值重构的概念。价值重构，就是以不同于过去的新逻辑，构建新的合作与分工关系，促进生产力的增长和生产关系（利益关系）的转变，实现土地、资本、劳动力、劳动关系、数据等各类要素的重构，最终实现该行业价值体系的更新升级和迭代。价值重构是通过实现利益相关者的价值来实现企业自身价值，达到主观为自我，客观为他人的效果。在价值重构过程中，不仅是简单地、被动地承担社会责任，而是强调企业主动地、积极地担负社会责任，从而积极有效地改进利益相关者的状况，促进自身价值的增长，实现双赢。

价值重构的必要性。价值重构是企业积极适应内外新环境和新形势的客观需要，是企业对自身的重新定位。不实施价值重构，企业将步履维艰。首先，是企业外部市场环境的客观要求。在经济全球化及网络信息化条件下，企业竞争方式发生了演变，即从竞争到合作竞争，从竞争到超越竞争，从竞争创新到价值创新。因此，企业面临着环境的巨大挑战。如若继续采用传统的竞争战略，企业将被诱入发展误区。其次是企业自身的压力。企业基本生存价值在于向社会提供产品和服务，在充分满足市场需求的同时，自身利益追逐也会得到满足，即企业的经营切入点应该是处于企业生态价值网络中的利益相关者。然而，企业仍然将竞争的焦点积聚在顾客身上。在现代经济条件下，消费者的需求水平呈多元化和追求新价值、高品质的趋势。一方面，若企业一味地按照传统的价值观念和战略运营，则满足不了市场需求变化，满足不了顾客新的价值追求，使企业在多变的市场环境中处于劣势地位。另一方面，企业的产品和服务价值若未及时跟上顾客新的价值追求，也将会失去市场，面临被淘汰的威胁。企业迫于"内忧外患"，不得不进行价值重构。

价值重构的路径。其一是从长链价值传递到短链价值传递。在传统旅行社模式中，旅游产品从分散的景点到游客组团游览的线路需要沿着"景区景点经营者—当地旅行社—游客所在地旅行社—游客"的长链条才能实现价值传递，整个过程包含了诸多主体和环节，流通的物理成本和交易成本较高，信息分散且容易失真。短链条价值链，就是通过转变旅游产品的供给模式，将传统模式的长链条变更为"旅行社—游客"的短链条价值传递的方式，提升价值传递的准确度和效率。其二是从单一价值输出到多元价值输出。在传统旅行社模式中，由于市场竞争和成本压缩，向游客供给的旅游产品往往价值含量较低，价值形式单一，即单纯的初级旅游产品。当今，游客需求呈现多元化，游客对旅游产品的需求已超越产品本身的实用性功能价值，更加重视文化价值、情感价值和精神价值。旅游产品本身具有多功能性，不单是观光游览价值，还有知识传播价值、文化传承价值、教育启蒙价值、养生价值、生态价值等。因此，可通过营造互动性强、体验丰富、情感嵌入、有温度、符号化、沉浸式的服务场景和氛围，满足顾客产品、娱乐、休闲、社交、学习、咨询、体验、情感等多元化、深层次需求。对旅游产品的消费可能会达到饱和状态，而具有情感体验的精神消费的市场则是无限的。其三，从单向价值独创到多方价值共创。在传统旅行社模式中，旅游产品都是根据旅行社的采购整合之后，单向向游客售卖，是自旅行社到游客的长链单向流动，体现的是一种企业根据经验和想法单向价值创造的思维过程。这种形式缺乏与游客的充分沟通和互动，容易生产大量的同质旅游产品。因此，可通过与游客进行共同开发旅游产品的形式，形成旅行社与游客的价值共创，从而实现价值重构。

[案例分析]

1）如果回答"有必要进行价值重构"

根据案例信息，从发展的观点和战略的眼光看，传统旅行社需要进行价值重构，以适应变化的市场和未来的发展趋势，原因有三。其一，游客需求和旅行社供给之间的矛盾已经改变。目前的市场是"Z 世代"、新老年群体、高净值人群以及大型企业等，在市场的转变和疫情的冲击之下，游客需求和旅行社供给之间的矛盾转变为游客日益增长的品质旅游产品需求和旅行社供给的无差别旅游产品之间的矛盾。供求矛盾的转变促使传统旅行社的价值转变，因此有必要进行价值重构。其二，传统旅行社的传统盈利模式越来越困难。随着网络的发展，信息越来越透明，且受疫情的影响，传统旅行社利用信息差、价格差实现盈利的传统模式将越来越难。其三，旅游市场需求出现重大改变。目前的旅游需求以散客化、消费方式个性化、服务需求碎片化、购买行为临时化为主，基本与传统的大团队出游、包价式旅游产品和服务需求相反，传统的产品供给和服务组织也不能满足市场需求的转变。

如何进行价值重构？首先，重塑旅行社服务形象，让旅行社回归服务本身，提供品质服务，让消费者愿意为服务买单，将产品价值从原来单一的价值输出转变为多元的高品质价值输出。其次是从单向价值独创到多方价值共创，邀请游客参与旅游产品开发，与游客共创旅游产品，让旅行社原本提供的单一"组团旅游"转变成为"定制品"甚至"奢侈品"，使旅游产品价值多元化提高。再次是顺应时代，建立新型的旅游综合服务平台。通过大力整合 G 旅行社集团以及区域性的资源、产品，围绕服务，整合线上营销、预订、购买以及线下产品、服务、游览、导游等，搭建区域型的"一键出游"平台、"一站服务"平台，缩短供应链，实现区域出游平台化办理、规范化运行。在服务好游客的同时，整合优势资源，共同做大做强区域旅游市场。最后是建立新的旅行社组织结构和新的运作模式，价值重构促使产品重构、服务重构，必然促使旅行社内部组织结构和运作模式重构，以提高旅行社内部运行效率，适应新的发展要求，这也是缩短价值链传递的形式之一。

当然，重构的过程并不是立即完全实现，立即完全放弃原有价值，而是一个逐渐过渡的过程。传统旅行社的价值重构和发展战略是相互联系、相辅相成的，好的战略更好地指导价值重构，好的价值重构反哺好的发展战略。例如数字化发展战略，通过数字助力、科技赋能，将可以较好地指导建立信息旅游综合服务平台和建立新的旅行社组织结构和运作模式。

2）如果回答"没有必要进行价值重构"

该观点具有一定的合理性，但也存在片面性和局限性。合理性在于：首先，案例提到，随着乡村振兴，广大乡镇居民的富裕，将成为较大的新兴市场，则对于该部分市场仍适用"抽水扬水"的传统旅行社价值及运作；其次，若疫情很快结束，市场及时、全面开放，则传统旅行社的价值及运作也将逐步得到恢复。片面性和局限性表现为：首先，该观点只注意到了乡镇居民这个新兴市场，这个市场只是庞大的游客市场中的一个组成部分，而忽略了其他众多的旅游市场；其次，该观点未能以发展的眼光看问题，虽然疫情恢复，传统旅行社的运作也得到一定程度的恢复，其传统价值也仍然发挥作用，但受社会的发展和疫情的影响，旅游市场需求已经转变，这些转变是不可逆转的，传统旅行社的价值终将逐渐失去，这就要求传统旅行社要以发展的眼光看问题，从长远的发展谋全局，主动适应发展的需求，进行价值重构。

五、背景信息

1.G 旅行社集团有限公司及广旅集团概况

G 旅行社集团有限公司是广旅集团旗下二级子公司。G 旅行社集团成立于 2019 年年初，总资产 4.1 亿元；旗下拥有 G 中国国际旅行社有限公司、G 中国旅行社有限公司、G 海外旅行社有限公司、G 中国青年旅行社有限责任公司 4 家旅行社及汽车租赁有限公司、会展有限公司 2 家全资子公司；此外，还有研学旅行有限公司及红学培训公司、壮美优品公司 3 家参股子公司。疫情前该公司主要业务以出境游为主，包括赴欧美、南非、大洋洲等长线业务以及赴东南亚、我国港澳台等短线业务。疫情期间，业务转变为组织区内游、会展游以及线上售卖广西特色旅游商品等。

广旅集团是 2014 年由 G 城建投资集团和 G 旅游投资集团合并重组成立的广西人民政府直属大型国有独资企业。

公司主要任务是"进一步整合广西旅游资源，做大做强广西旅游产业"。主营业务包括：旅游及相关产业投资、运营及管理；基础设施建设及房地产开发；康养产业投资、运营和管理（简称：旅游、城建、康养三大主业）。截至 2021 年年底集团资产总额超过 638 亿元，拥有二级子公司 22 家、三级子公司 69 家，涵盖"旅游、城建、健康、科技、文体、金融、实业"七大业务板块，是广西旅游行业中，旅游业态覆盖最完整、产业链条最长、资本实力最雄厚的大型国有旅游企业。公司成立以来，在南宁、柳州、桂林、北海、防城港、河池等旅游资源丰富的市县规划建设了一批影响力大、带动性强的重大旅游基础设施和旅游产业项目。其中，占地 5 平方公里的南宁五象新区自治区重大项目片区基本建成，广西规划馆、广西美术馆等项目成为广西对外宣传的重要窗口；北海冠岭山庄、南宁饭店、凤凰宾馆、巴马赐福湖君澜度假酒店、三江福禄山好旅酒店和北海涠洲岛好旅海景大酒店等，以及桂林猫儿山、百色靖西通灵大峡谷、崇左大新德天老木棉、桂平西山·大藤峡·龙潭旅游度假区、三江程阳八寨景区和三江月也侗寨、三江斗牛场、侗乡鸟巢《坐妹·三江》实景演出剧目、贺州紫云仙境景区等相继投入运营。旗下拥有广西国旅、广西海外旅等 4 家国有旅行社，以及混凝土厂、汽车租赁公司、文化传媒集团、物业管理公司、工艺美术研究院、南国体投集团等。

"十四五"期间，公司将围绕实现广西党委、政府"打造文化旅游强区""把大健康和文旅产业培育成战略性支柱产业"的战略目标，以"开拓幸福旅程"为企业使命，弘扬"担当者进 创效者赢"的企业核心价值观，坚持"做强旅游、做活城建、做专健康、做精文体、倍增提速、稳定保量"的发展思路，加快整合文旅康养资源，打造新时代"康养引领者，文旅新标杆"的现代国有企业，力争"十四五"末进入全国旅游业企业 20 强，进入全国旅游企业先进行列。

2. 新冠疫情下我国旅游业概况

1）旅游收入

根据文化和旅游部数据，2020 年受新冠疫情影响，我国国内旅游人次及旅游收入大幅下滑，2020 年国内旅游收入为 2.23 万亿元。2021 年国内旅游收入（旅游总消费）约 2.92 万亿元，比上年同期增加 0.69 万亿元，增长 31.0%（恢复到 2019 年的 51.0%。）。其中，城镇居民旅游消费 2.36 万亿元，增长 31.6%；农村居民旅游消费 0.55 万亿元，增长 28.4%。

2）旅游人次

2021 年，国内旅游总人次 32.46 亿，比上年同期增加 3.67 亿，增长 12.8%（恢复到 2019 年的 54.0%）。其中，城镇居民 23.42 亿人次，增长 13.4%；农村居民 9.04 亿人次，增长 11.1%。主要由于跨省游、学生出行受到限制较多，省内周边短途游占比上升，人均支出也随之下降。整体看，旅游出行复苏程度不及年初预期，主要由于疫情反复／复杂程度超出市场预期。

就旅游人次结构而言，城镇居民相对农村居民可支配收入较高，且对于旅游需求的认可程度更高，我国国内旅游人次中主要以城镇居民为主。

3）人均旅游消费

人均旅游消费情况呈逐步回暖趋势。2021 年人均每次旅游消费 899.28 元，比上年同期增加 125.14 元，增长 16.2%。其中，城镇居民人均每次旅游消费 1009.57 元，增长 16.0%；农村居民人均每次旅游消费 613.56 元，增长 15.7%。

4）节假日旅游状况

根据文化和旅游部节假日数据，2021 年旅游行业的恢复进程要缓于此前预期，2021 年五一、端午、中秋、国庆接待国内旅游人次分别恢复至疫前的 103.2%、98.7%、87.2%、70.1%。五一假期是客流恢复程度的阶段高点，此后客流恢复程度回落，收入恢复亦较平淡。核心原因在于，当前疫情在局部地区时有反复（出现本土疫情的地区将暂停旅行社跨省游业务），且疫情管控整体仍较严格（例如部分地区受学校管理规定影响，学生假期出游主要集中于本地周边），中远程旅游需求未得到充分释放。

5）入境旅游

国家统计局数据显示，我国入境游客数量自 2015 年起继续增长，到 2019 年我国入境游客数量达到 14530 万人次，同比 2018 年上升 2.9%。

2019 年全年入境旅游人数 1.45 亿人次，比上年同期增长 2.9%。其中：外国人 3188 万人次，增长 4.4%，占比 21.9%；中国香港同胞 8050 万人次，增长 1.4%，占比 55.4%；中国澳门同胞 2679 万人次，增长 6.5%，占比 18.4%；中国台湾同胞 613 万人次，与上年同期基本持平，占比 4.2%。

2020 年至 2022 年 5 月期间，我国未开放入境旅游市场。

6）线下旅行社现状

根据文化和旅游部数据显示，受旅游产业整体需求增长推动，我国旅行社接待人次和组织人次在 2015—2019 年逐年增长，接待人次和组织人次分别达到 18472.66 万人次和 17666.29 万人次，转化率一度达到 95.63%。2020 年疫情导致全国旅游大幅度萎缩，转化率仅为 76.81%，2021 年有所回升，达到 81.27%。

7）线上旅游现状

受疫情影响，线上旅游规模同样萎缩近一半，2020 年在线旅游和 OTA 交易规模分别为 9874.6 亿元和 5728.8 亿元，比 2019 年下降 45.4% 和 47.3%。2021 年国外疫情形势依旧严峻，短期内出境游恢复较难；国内疫情总体可控，但零星散发病例出现时当地出行、旅游等活动通常会紧急叫停，对旅游业恢复的节奏造成一定影响；年内极端恶劣天气频发，景区的运营、游客的出行等均受影响。

3. 疫情前后 G 旅行社集团游客接待特征

1）2019 年（疫情前）G 旅行社集团游客接待特征（表 5~ 表 16）

表 5　游客人口学特征

指标	性别构成		年龄构成（岁）				
	男性	女性	≤ 14	15~24	25~44	45~65	> 65
比例（%）	60%	40%	6%	20%	35%	35%	4%

表 6　团队人数组成特征

人数（人）	≤ 5	6~10	11~20	21~30	31~45	46~55	≥ 56
占比（%）	25%	3%	15%	5%	46%	4%	2%

表 7　旅游组团类型

类型	家庭组团	机关单位组团	私人企业组团	社会组织组团	散客组团	其他
占比（%）	18%	36%	5%	3%	38%	0

表 8　国内客源分布

区域	广西区内				广东	北京	上海	西南地区	东北地区	其他
	南宁	柳州	北海	其他地区						
占比（%）	10%	20%	5%	14%	10%	9%	12%	15%	3%	2%

表 9　广西区内客源分布

区域	南宁	柳州	桂林	北海	玉林	梧州	百色	其他市
占比（%）	20%	40%	5%	10%	15%	5%	3%	2%

表 10 入境客源分布

区域	东盟国家				港澳台地区	欧美地区	日本、韩国	俄罗斯	南美、南非	其他国家、地区
	越南	老挝	柬埔寨	其他地区						
占比	8%	1%	12%	4%	10%	28%	15%	9%	9%	4%

表 11 团队出游目的地

类型	国内游团队	港澳台游团队	东盟国家游团队	欧北美游团队	南美、南非游团队	其他
占比（%）	40%	20%	24%	8%	5%	3%

表 12 游客职业构成

职业	机关公务人员	专业技术人员	商务、服务人员	离退休人员	学生	个体经营者	其他
占比（%）	28%	8%	9%	30%	3%	18%	4%

表 13 游客出游时间

月份（月）	1~3	4~5	6~8	9~10	11~12
占比（%）	5%	5%	45%	40%	5%

表 14 游客出游天数

出游天数（天）	1~2	3~5	6~8	9~15	＞15
占比（%）	10%	40%	44%	5%	1%

表 15 游客出游里程

出游里程（公里）	＜90	90~150	151~250	251~300	＞300
占比（%）	3%	8%	12%	35%	42%

表 16　游客出游目的

目的类型	游览观光	探亲访友	休闲度假	会议	公务、商务	其他
占比（%）	25%	8%	30%	20%	15%	2%

2）2021 年（疫情期间）G 旅行社游客接待特征（表 17~表 27）

表 17　游客人口学特征

指标	性别构成		年龄构成（岁）				
	男性	女性	≤14	15~24	25~44	45~65	>65
比例（%）	40%	60%	2%	3%	38%	40%	17%

表 18　团队人数组成

人数（人）	≤5	6~10	11~20	21~30	31~45	46~55	≥56
占比（%）	30%	40%	30%	—	—	—	—

表 19　团队出游目的地

类型	国内游团队	港澳台游团队	东盟国家游团队	欧北美游团队	南美、南非游团队	其他
占比（%）	98%	—	—	—	—	2%

表 20　旅游组团类型

类型	家庭组团	机关单位组团	私人企业组团	社会组织组团	散客组团	其他
占比（%）	45%	5%	17%	29%	3%	1%

表 21　国内客源分布

区域	广西区内				广东	北京	上海	西南地区	东北地区	其他
	南宁	柳州	北海	其他地区						
占比（%）	15%	20%	5%	8%	8%	10%	5%	18%	10%	1%

表 22　广西区内客源分布

区域	南宁	柳州	桂林	北海	玉林	梧州	百色	其他市
占比（%）	25%	28%	2%	35%	3%	2%	1%	4%

表 23　游客职业构成

职业	机关公务人员	专业技术人员	商务、服务人员	离退休人员	学生	个体经营者	其他
占比（%）	3%	8%	12%	40%	2%	5%	30%

表 24　游客出游时间

月份（月）	1~3	4~5	6~8	9~10	11~12
占比（%）	2%	28%	38%	29%	3%

表 25　游客出游天数

出游天数（天）	1~2	3~5	6~8	9~15	> 15
占比（%）	50%	25%	25%	—	—

表 26　游客出游里程

出游里程（公里）	< 90	90~150	151~250	251~300	> 300
占比（%）	45%	35%	16%	3%	1%

表 27　游客出游目的

目的类型	游览观光	探亲访友	休闲度假	会议	公务、商务	其他
占比（%）	43%	6%	18%	26%	4%	3%

3）疫情前后 G 旅行社游客接待特征对比

（1）从游客出游心理看，疫情之前游客出游目的大多为休闲、度假、商务、探亲、会议等，受疫情的影响，疫情之后游客出游更多考虑安全和健康因素。

（2）从游客出游范围看，疫情前游客的远距离出行较多，如出国行，跨省游，疫情之后，因为疫情的不可抗力，周边游占比大幅度上升，90公里之内的周边游占比约45%，出游半径在150公里以内的占80%。

（3）从游客的出游时间看，疫情之后游客的出行时间大幅度缩减，与出游范围成正相关，一日游的占比约50%，占出行总数的一半。

（4）从出游形式看，疫情前组团游备受大家青睐，疫情之后，多为小团体出行，例如家庭游，闺蜜游等，人数基本在3~5人，小于10人的出行团体占总出行团体的70%。

（5）从出游诉求看，疫情之前游客对旅行社的诉求多为路线咨询，报名组团等，疫情之后，本地消费和短途旅行的盛行，旅行社业务呈现碎片化，例如酒店、门票等业务较多。

六、关键要点

（1）掌握新冠疫情下，旅游市场环境与游客需求的变化；

（2）掌握新冠疫情下，可开发的适宜的旅游产品；

（3）新冠疫情下传统旅行社的SWOT、PEST分析；

（4）在传统旅行社的核心竞争力、SWOT、PEST分析等的基础上，进行战略选择和规划；

（5）传统旅行社的价值所在，传统旅行社价值重构的触发点、落脚点。

七、课堂安排建议

1. 时间计划

本案例建议和相关教学内容结合使用，如下是按照时间进度提供的课堂计划建议，仅供参考。整个案例讨论与课堂时间控制在90分钟。

课前计划：向学员提供案例内容进行阅读，了解案例及背景，以节约课堂时间，并将案例启发思考题提供给学生进行初步思考，同时鼓励学员提出其他思考题，共同理解案例材料，帮助学员分析案例。

课中计划：课堂引言。为使大家更容易进入课堂环境和氛围，课堂开场可以提问学员在疫情之前近两年对旅游行业的一些认知与感受，或近来有旅游经历的感受，进而引出案例。通过案例前文，介绍疫情下的旅游市场现状，

我国的旅行社行业现状，供学员更好的理解案例中设计的问题以及教学内容。（10分钟）

思考题布置及小组分组讨论。将启发思考问题通过投影或板书展示，根据学员人数，分成若干个4~5人的小组讨论分析问题，最终形成小组的统一观点，教师可以在过程中到各小组观察提示。（20分钟）

小组成果展示，教师点评。每个小组派出一名代表，阐释本小组观点，并提出本小组在案例中的其他问题，由其他小组成员或者教师进行解答。最终教师进行点评并引导学生进行深入思考，并在过程中穿插讲解相关教学知识点。重点在传统旅行社的核心竞争力、SWOT、PEST 分析等的基础上，进行战略选择和规划，价值重构等内容。（40分钟）

案例回顾，归纳总结。通过提问互动等形式引导学员进行案例关键点回顾，在此过程中梳理教学知识点，随后进行总结，对学员提出掌握要求与课堂任务。（10分钟）

教学内容巩固。通过案例教学使学员对于教学内容有一个整体的认识和了解，在此基础上，对于课本知识点进行系统教学，与案例内容进行融会贯通，使学员加深印象。（5分钟）

课后计划：要求学员对于案例中提到的企业价值转变及战略决策、价值重构等逻辑进行梳理，并利用课余时间对相关案例进行横向类比分析，加深对相关知识点的理解，进一步掌握运用理论分析实际的能力。

2.课堂提问逻辑

课堂提问环节，首先以疫情下大家感受和观察到的旅游现象为切入点，由生活中发生的现象转入第一个启发思考题中对旅游市场变化的专业问题的思考，形成由现象到专业理论的引入过程，也启发学员不仅要善于观察生活中的现象，还要善于从现象看到其背后的专业知识及理论。其次由旅游市场转变到对传统旅行社价值转变的思考，进而展开由传统旅行社价值转变到战略转变的选择和规划的讨论。最后，在前面的铺垫和讨论下，引导学员进行传统旅行社价值重构与否的思考与讨论。

3. 课堂板书设计（图 6）

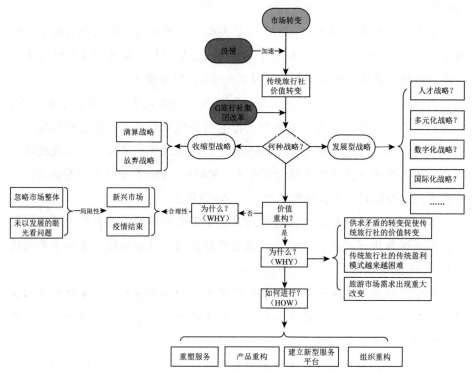

图 6 课堂板书设计

八、附录

1. 广旅集团企业文化

1）发展使命：开拓幸福旅程

为客户创造幸福的体验，为员工搭建幸福的平台，为广西大健康文旅行业的升级发展贡献旅发力量。

"开拓幸福旅程"企业使命包含的重要意义。

创造游客幸福快乐的旅行。不断创造更具体验感和幸福感的产品，提供定制化、差异化的服务，拓宽游客对幸福旅程的想象，超越游客的期待，让每一次旅行都找到幸福和快乐的意义。

服务客户健康幸福的人生。抢抓大健康行业发展机遇，整合医疗资源，培养健康管理核心人才，打造专业能力突出、服务水平领先的团队，不断开拓居住康养新空间，奉献幸福产品，服务健康生活，提升人生旅程的品质。

拓宽员工职业成长的路径。员工是开启幸福旅程的主体，是企业发展的第一资源。尊重人、信任人、支持人、成就人，让员工在工作上有作为，发展中有成就，与企业共同创造卓越价值，成就员工幸福的职业生涯。

推动广西文旅行业的升级。紧密围绕广西建设世界旅游目的地，构建"三地两带一中心"旅游新格局战略，提升专业能力，整合与布局旅游资源，做强、做优、做大广西大健康文旅产业，促进行业健康可持续发展。

实现国资保值增值的需求。实施品牌发展战略，扩大品牌影响力，不断完善公司治理，强化企业管理，创新盈利模式，提升经营业绩，防范经营风险，以良好的经营业绩实现国有资本的保值增值。

促进社会和谐幸福的发展。关注企业发展的社会效益，履行企业公民义务，增加国家税收，促进地域经济发展。保护生态环境，实施绿色生态发展战略，做资源节约型和环境友好型的企业，追求企业、环境、社会和谐统一。

2）发展愿景：康养引领者，文旅新标杆

打造一批具备先进性和示范性的标杆项目，探索形成大健康产业的广西旅发方案，创造推动文旅行业发展的新标准和新模式。

"引领者"和"新标杆"有 8 个方面的具体表现。

品牌知名：从战略的高度系统构建品牌形象，打造知名的大健康文旅企业品牌和最受欢迎的项目品牌。

人才辈出：构建人才辈出的晋升和选拔机制，优化人才结构，培育一批有担当、有情怀、有追求、有业绩的明星企业家。

思想开放：勤于学习，善于转变，牢固树立主动发展意识、开放合作意识、改革创新意识。

管理先进：搭建更具活力、更有效率、以市场化为导向的现代企业管理体系，打造卓越的集团管控能力、战略转化能力和风险管理能力。

专业领先：项目策划与运营能力突出，掌握医养核心技术，建成先进的智慧旅发系统，引领大健康文旅行业发展趋势。

产业完整：做优业态布局，建立完整的大健康文旅产业链，形成以市场化为纽带的协同合作机制，为客户提供一站式综合服务。

效益显著：市场竞争力强，投资管理能力突出，经营效益显著，营业收入不断提高，发展质量与发展效益同步领先。

和谐幸福：不断提升文化软实力和企业凝聚力，让广大员工拥有幸福感、获得感，共享企业改革发展成果。

3）核心价值观：担当者进　创效者赢

敢于担当的组织才能不断前进，追求效益的企业才能赢得市场；给勇于担当者进步的机会，给创造效益者发展的平台。

2. 改革及疫情前后，G 旅行社集团机构变动情况

改革及疫情前，G 旅行社集团旗下拥有 G 中国青年旅行社有限责任公司、G 海外旅行社有限公司、G 中国国际旅行社有限公司、G 中国旅行社有限公司 4 家旅行社 4 个法人。

改革后疫情期间，G 旅行社集团将 4 个旅行社法人变更为 1 个，将办公室、计调部合并为综合部，将大客户服务部、市场部合并为商务服务部。此外，广旅集团旗下的 G 旅游汽车租赁有限公司、G 会展有限公司 2 家全资子公司，G 研学旅行有限公司、G 红学培训公司、G 航空产业服务有限公司 3 家参股子公司划拨 G 旅行社集团。相关图示如图 7、图 8。

3.“一键游广西”

2021 年 10 月 26 日，在年度广西文化旅游发展大会集中会议上，“一键游广西”项目正式上线启动。“一键游广西”项目是由广西壮族自治区文化和旅游厅牵头，广西旅游发展集团、数字广西集团共同负责具体实施建设，以打造旅游经济互联网共享模式为目的，以大数据、区块链、人工智能等数字科技为支撑，将建设成为整合广西文化旅游行业“吃、住、行、游、购、娱”六要素的智慧旅游项目。

今后，在广西旅游的游客，只需微信搜索“一键游广西”小程序，即可轻松享受“扫码即达”的游玩体验。

4."走读广西"

"走读广西"是 2020 年广西壮族自治区文化和旅游厅全新打造的一项文旅融合品牌，活动以公共图书馆为依托，通过整合馆藏资源和地方旅游资源，结合自驾游、研学游、户外讲座直播、展览等多种形式开展内容丰富的线上线下阅读推广活动，让"知"与"行"合二为一，让"诗"与"远方"交融并行，让人们在旅游中"读万卷书"，在"行万里路"中"读万卷书"，让人们在旅游中"感悟中华文化、增强文化自信"。

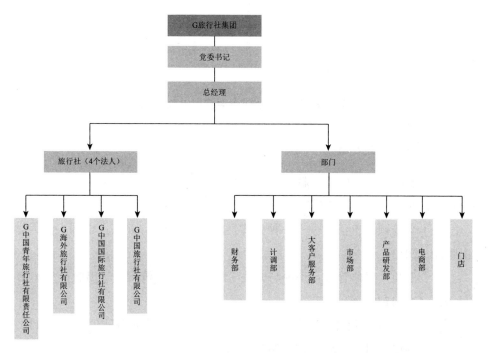

图 7　改革及疫情前，G 旅行社集团组织架构图

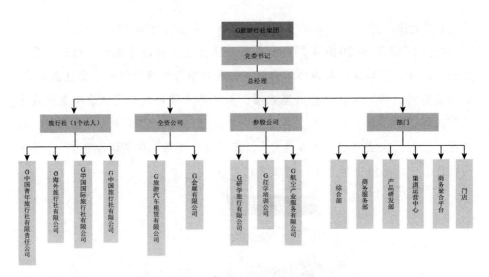

图8 改革后，G旅行社集团组织架构图示

本案例参考文献

［1］罗明义，朱晓辉，赵书虹.旅游经济学［M］.北京：北京师范大学出版社，2020.

［2］李德顺.价值论———一种主体性的研究［M］.北京：中国人民大学出版社，2013.

［3］王昶.战略管理：理论与方法［M］.北京：清华大学出版社，2010：79-91，121-123，161-183.

［4］王方华，陈继祥.战略管理［M］.上海：上海交通大学出版社，2003：113-124，152-155，177-242.

［5］王友明.基于价值链理论的旅行社核心竞争力培育途径研究［J］.旅游论坛，2011，4（6）：76-79.

［6］李志强.基于价值重构的企业变革研究［D］.复旦大学，2004.

［7］吴丽.基于价值链理论的网络旅行社发展策略研究［D］.四川师范大学，2014.

［8］曾亿武，马长江，李丽莉，郭红东.直播电商与农产品上行价值重构：机理与实现路径［J］.农业经济问题，2022，（2）：108-117.

老南宁·三街两巷历史文化街区夜间经济打造之路①

摘　要： 本案例描述了老南宁·三街两巷通过发展夜间经济繁荣历史文化街区的商业活动，丰富夜间旅游消费内容的过程。老南宁·三街两巷引进广西多个"老字号"商铺，打造具有南宁特色的"夜食"文化街区；引进各类商品零售店，增加商铺外摆区，流动摊点夜摆区，激发游客"夜购"动力；为提高夜间游客的"夜景"体验，三街两巷实施了景观亮化和美化工程，在墙体、树木、招牌等街区可视环境中，以夜间亮化美化为标准，大力营造夜间亮化美化氛围，推动停车场、休息设施、标识标牌等设施具备夜间亮化功能，保证街区夜间游览及消费环境的最佳体验；积极举办各类夜间文娱活动，整合多方资源，丰富"夜娱"生活。经过精心打造，老南宁·三街两巷夜间经济日臻繁荣，成功打造夜间经济示范街区，并于 2021 年 10 月入选国家文化和旅游部公布的第一批国家级夜间文化和旅游消费集聚区名单。

关键词： 老南宁·三街两巷；夜间经济；业态创新

The Road of Night Economy Developing in the Historical and Cultural Block
——Old Nanning Sanjie Liangxiang

Abstract： This case describes the process of enriching night tourism consumption

---

① 　1.本案例由广西大学工商管理学院郭峦、韦英花、屈银木撰写。作者拥有著作权中的署名权、修改权、改编权。

2.由于企业保密要求，本案例中对有关名称、数据等已做必要的掩饰性处理。

3.本案例为案例项目《百年繁华·文化承启：三街两巷历史文化街区的创新发展之路》的子项目，并已获得案例企业授权。

4.本案例只供课堂讨论之用，并无意暗示或说明某种管理行为是否有效。

by developing commercial activities in historical and cultural blocks with economic prosperity at night. The old Nanning Sanjie Liangxiang absorbed many "old shops" in Guangxi to create a "night food" cultural block with Nanning characteristics；Introduce all kinds of commodity retail stores, increase the area outside the shops, and set up the mobile stalls at night to stimulate tourists' "night shopping" motivation；In order to improve the "night scene" experience of tourists at night, the landscape lighting and beautification project has been implemented in Sanjie Liangxiang. In the visual environment of blocks such as walls, trees and signboards, the lighting and beautification at night is taken as the standard, and the lighting and beautification atmosphere at night is vigorously created, so that parking lots, rest facilities, signs and other facilities can have the lighting function at night to ensure the best experience of night sightseeing and consumption environment in the blocks. The operating Company hold all kinds of night entertainment activities actively, integrate various resources, to enrich the "night entertainment" life. After careful construction, the night economy of the old Nanning Sanjie Liangxiang prospered day by day, and the night economy demonstration block was successfully developed. In October 2021, it was selected into the list of "the First batch of national night culture and tourism consumption clusters" published by the Ministry of Culture and Tourism.

Keywords：old Nanning Sanjie Liangxiang；night economy；business innovation

1 引言

每当夜幕降临时，南宁市中心有个灯火璀璨、人流如梭，尽显旧时邕城繁华之韵的地方，这就是老南宁·三街两巷历史文化街区（以下简称三街两巷）。每当走进三街两巷，"南宁城市人文会客厅，邕州故地传承老字号""邕城地标，岭南风韵""金狮古巷，雅韵流香""千年古城，百年商埠"等标语赫然展示在眼前，向市民和游客传达着它的历史文化底蕴和形象定位。在年轻人眼中，三街两巷是南宁市旅游休闲的网红打卡地；在"老南宁"人眼中，三街两巷是故地旧城、老友集会、承载记忆的老地方；在文人墨客眼中，三街两巷是南宁市街坊巷道文化传承的活样板。近年来，在南宁市旧城改造、城市更新等多重政策推动下，三街两巷焕然一新，充满活力。这个集邕城市井体验、南宁传统粤剧和现代歌舞表演、文化社交休闲等于一体的文化旅游街区俨然成了南宁文旅的新名片和新亮点。自 2018 年 12 月 23 日正式开街以来，三街两巷屡获殊荣，既是国家级夜间文化和旅游消费集聚区、自治区级历史文化街区，又是广西文化产业示范园区、自治区级步行街、广西十佳夜游文化街区、广西旅游休闲街区，同时也是第一批入选南宁市历史建筑的街区。截至 2022 年 1 月，三街两巷累计接待游客超过 900 万人次。

然而，声名远扬，荣誉傍身的三街两巷也曾经历困难和挑战。2020 年年初，新冠疫情暴发，街区被迫暂停一切营销和推广活动，市民游客响应国家管控减少出行，街区客流锐减，商户停工歇业，经营难以维持。如何提振商家经营信心，提升街区商业氛围，让街区恢复往日生机，实现长期稳定发展成为三街两巷面临的一大难题。在综合国内外经济发展形势，政府经济发展提振政策和三街两巷项目自身发展处境等多重因素的影响下，一个发展"夜间经济"的计划应运而生……

2 案例背景

2.1 夜间经济是经济繁荣发展的新产物

夜间经济是城市经济发展到一定程度后的产物，是人民生活水平提升和多样化消费需求升级的结果，是城市能级和社会经济发展水平的具体反映，是衡量城市在居住、就业和旅游等方面的风向标。"夜间经济"学名始于英国，当时为了缓解部分城市中心空巢现象而提出，此后在世界各地流传开来。夜间经济与常规的夜间市场有所不同，它是现代化城市的一种商业形式，是以服务业为主体的城市经济借助时间划分进行的时空延展，以夜购、夜游、夜宴、夜演、夜学等一系列新业态为支撑，对精神文化消费比较重视且符合文旅产业融合发展的总体要求，是城市经济增长的一个重要空间，有助于拉动消费、增加就业、繁荣城市经济和文化、提高城市吸引力和竞争力等，对城市社会经济健康发展有重要意义。由此，夜间经济成为许多城市竞争和发展的焦点，而历史文化街区、商场、夜市等是一个地方或城市夜间经济活动的主要场所。

2.2 疫情过后夜间经济更显活力

夜间经济真正释放活力是在新冠疫情得到控制以后，各大城市经历新冠疫情的洗礼，经济发展呈走低态势，甚至呈现负增长的趋势，城市经济亟需找到新的推力。此种情况下，"夜间经济"临危受命，正式成为各大城市经济发展的"新宠儿"。国内各大城市纷纷推出发展夜间经济的相关政策，允许占道经营、鼓励地摊经济的措施层出不穷，"城管叫你来摆摊""网红带你吃美食"等网络新闻屡见不鲜。同时，各地也开始注重夜间经济发展的品质，力图持续发挥夜间经济的活力，推动城市经济的发展。据相关报告显示，2020年我国夜间经济规模达到 30 亿。得益于夜间经济对国家和城市的推动作用，我国也成为疫情之后第一个经济正增长的国家。

2.3 国家及地方政府高度重视夜间经济发展

随着国际发展格局变化和全球经济萎靡，我国庞大的消费市场展现巨大活力，国内消费成为推动我国经济持续发展的新引擎。党的十九届五中全会提出"构建以国内大循环为主体、国内国际双循环相互促进的新发展格局"，这一发展战略的提出为夜间经济的蓬勃发展提供了契机。夜间经济的优势很早就有城市关注和重视，并先后出台了相关政策促进夜间经济发展，比如青岛市财政局办公室出台《关于加快发展我市市区夜间经济的实施意见》（青政办发〔2004〕38 号）开启了我国夜间经济专项政策文件的先河。随着我国社会经济发展和人民生活水平的不断提升，人民对夜间消费的需求越来越大，夜间经济成为各界人士关注的焦点。为顺应文旅消费提质升级的需求，国务院办公厅于 2019 年相继出台《关于进一步激发文化和旅游消费潜力的意见》（国办发〔2019〕41 号）和《关于加快发展流通促进商业消费的意见》（国办发〔2019〕42 号）等文件，对我国夜间经济发展、环境优化等方面作出重要指示，并明确提出"要大力发展夜间经济，到 2022 年建设 200 个以上国家级夜间文旅消费集聚区"，而后北上广深等一线城市和重庆、天津、南京、桂林、南宁等热门旅游城市也纷纷出台促进夜间经济发展的政策措施，试图在夜间经济领域开辟一片新蓝海。例如，广西出台的《关于加快发展广西夜间经济的指导意见》中，明确指出将三街两巷等街区打造成为南宁市夜间经济示范街区;《关于进一步促进广西夜间经济发展的建议》，提出要"因地制宜精心谋划夜间消费活动，丰富夜间经济业态";《广西经济体制改革"十四五"规划》指出，要进一步完善促进消费的政策措施，引导商业特色街区发展夜间经济，打造品质夜市，发展"月光经济"。

近年来，城市"夜间经济"繁荣，南宁也越来越重视夜游产品的开发，从规划到政策建议纷纷对夜间经济发展提供方向思路和推进措施。《南宁市全域旅游总体规划（2017 年—2025 年）》提出通过整合南宁邕江两岸的旅游资源，加强景观绿化美化和亮化工程，打造全时段夜游体验产品。随后为了加快夜间经济发展，激发城市经济活力，2020 年南宁市政府出台《南宁市关于加快发展夜经济的实施意见》，提出要依托特色商业街区、大众美食区、旅游景区等 6 个类别的场所拓展夜间消费空间，并规划于 2022 年建成 8 个高品质的夜经济集聚区，建设 10 个夜经济示范项目，促推南宁市夜间经济快速发展，为市民和游客提供美好的夜间消费体验。

3　主题内容

3.1　三街两巷历史沿革

3.1.1　一城繁华，千年坊巷

三街两巷，"三街"指兴宁路、民生路和解放路 3 条老街，"两巷"指金狮巷和银狮巷 2 条宋元明清时期的古巷。三街两巷，毗邻邕江码头，其优越的地理位置，自古以来便是南宁市重要的政治、经济和文化中心。"两巷"中的银狮巷和金狮巷是南宁市现存最古老的坊巷。银狮巷和金狮巷的历史可以追溯到宋代，是当时邕州城池所在地，自然是邕城达官贵人聚居地和商贸区。历经多朝更替，这些坊巷也几经变迁，逐渐形成今天所见的银狮巷和金狮巷建筑格局，建筑风格主要为宋元明清时期的青砖青瓦房风格。民国时期，往来于两广的商人聚居于金狮巷，使得金银首饰和打金打银工艺在此盛行。时至今日，仍然有不少南宁市民前往金狮巷的金银店铺，为自己或家人或朋友订制传统手工艺的金银首饰。"三街"里的兴宁路，指从新华街至民族大道段，建于 1929 年;民生路则为当阳街到兴宁路段，始建于 1928 年;解放路，

原名为德邻路，于 1932 年建成。兴宁路、民生路和解放路 3 条老街初建风格为 20 世纪 30 年代岭南盛行的骑楼建筑风格。随着历史变迁，有些骑楼建筑已经被现代化的高楼大厦所取代，而兴宁路和民生路则十分难得地保留了南宁市最为完整的骑楼建筑群。2001 年，南宁市政府将民生路和兴宁路改造为商业步行街，保留其原有的传统街区形态和骑楼建筑风格。独特的骑楼建筑景观，让这条商业步行街展现出南宁独特的历史文化特色，是南宁最为繁华和受欢迎的商业步行街之一。

"两巷"的宋元明清青砖青瓦建筑风格和坊巷格局以及"三街"呈现的民国时期岭南骑楼建筑风格和格局，见证了南宁市这座千年古城的历史发展与变迁，是十分宝贵的历史文化街区遗存，应当获得重视和保护。

3.1.2 修缮改造，旧城复兴

为加强对南宁市历史文化街区的保护和改造，实现保护文物、旧城复兴及改善民生，南宁市于 2012 年启动实施"三街两巷"项目，稳步有序推进老街区的保护、修缮和改造。这期间许多专家学者来到三街两巷考察研究，积极出谋献策。袁磊（2017）认为，南宁市"三街两巷"历史文化街区更新策略可为"重塑街区结构、再现历史空间格局，营造多元复合体验场所、打造有温度有故事的街区，打造真实骑楼景观、再现可以阅读的建筑，优化道路交通体系、塑造可以漫步的街区"，让有效的更新手法成为历史文化街区得以存在并获得发展的动力。全峰梅、蔡响和许建和等（2018）则认为"在（三街两巷）保护与利用规划中，严格遵循以下原则：修旧如旧以存其真；建新如故，以复其貌；文化旅游与商贸结合；经济效益与社会效益并举；历史文化街区不仅是历史文化的载体，更是现实生活的场所；有效的更新策划是历史文化街区得以保护并获得发展的动力，既能提升街区的活力，促进街区的发展，又能传承、延续地域文化特色，构建和强化街区认同感"。张伟（2019）认为"在保证建筑遗产本体不受破坏、不改变建筑风貌的原则下，可以结合社会民生实际需求进行"有机更新"；更多地从人、历史文化、经济社会发展的角度出发，多维探讨历史文化遗产的保护及可持续发展；在考证法式恢复原真、甄别类型分类保护、规范建筑基础档案等方面均工作到位，才能持续做好对历史文化街区的保护与利用"。

3.2　三街两巷项发展夜间经济之优势

3.2.1　地理位置优越

三街两巷地处南宁人流、物流、车流最为密集的区域——朝阳商圈，占据得天独厚的区位优势。朝阳商圈是南宁五大市级商圈之一，也是南宁市最早、最传统、最繁华又最成熟的老商业中心区，历史悠久、市民认知度高，汇集大大小小的商场、店铺、餐饮、休闲和娱乐场地，其城市核心地位毋庸置疑。朝阳商圈以朝阳路为中心，向四周辐射，以民生路、新华街、人民路、解放路等道路串联成环形，以南宁百货大楼、印象城、金朝阳商场、和平商场、交易场等区域为核心，覆盖面积广阔。朝阳商圈临近南宁火车站，是地铁1、2号线换乘站、多路公交车停靠站的汇集处，交通便利，车流、客流量庞大。商圈内商业体逾20个，商业面积超过70万平方米，包括新朝阳商业广场、悦荟广场、西南商都、国贸购物中心、南宁百货、裕丰商场、万隆百货、民族商场、和平商场、向阳百货、交易场、银河商场等商业体，以年轻潮流时尚为市场定位，适合大众消费。商圈年产生经济效益占兴宁区全部商贸业经济比重62%，占全市商业经济比重约15%，被称为"广西第一商圈"。为了更好推进传统商贸转型升级，南宁市兴宁区政府立足于朝阳商圈的历史文化底蕴和区位优势，有序推进朝阳商圈的改造升级，致力打造"智慧商圈"，使其与时代共发展，持续焕发勃勃生机。因此，"三街两巷"项目在朝阳商圈发展夜间经济，地理位置得天独厚。

3.2.2　文化底蕴深厚

"三街两巷"历史文化街区，历史文化资源丰富，文化底蕴深厚。是南宁市城市历史文化传承的重要载体，这里会聚了许多文物保护单位、名人纪念馆和故居遗址，富有特色的地方戏曲，精湛的传统手工技艺，久负盛名的老字号商铺和独特的非遗文化等文化资源。

（1）文物保护单位

三街两巷建筑独具特色。拥有两处自治区级文物保护单位，分别是邕州知州殉难遗址和广西高等法院旧址；拥有市级文物保护单位、南宁市区唯一的清代至民国时期民居群——金狮巷民居群，是古邕洲建筑文化的精华。

（2）历史文化场馆

三街两巷历史文化场馆林立。例如南宁城隍庙忠勇文化纪念馆、邓颖超纪念馆、南宁建制博物馆、南宁市瓯骆汉风陶瓷博物馆、中华大戏院等，这些场馆散发着浓郁的南宁历史人文气息，是老南宁的历史写照。

（3）老字号名店

作为老南宁的商业中心，三街两巷至今仍保留着一些中华老字号、广西老字号以及民间老字号店。有享誉全国的中华老字号——双钱龟苓膏，还有深受广西及南宁人喜爱的广西老字号——荔园饼家和万国酒楼等，传承着广西南宁传统的手工技艺和饮食文化。三街两巷还保留了目前南宁市仅有的国营老字号照相馆——新华照相院，该馆始于1956年，馆内珍藏和记录了南宁市半个世纪以来无数珍贵的影像和美好瞬间，异常珍贵。

（4）非遗传统文化

三街两巷拥有广西多项非遗项目。其中，非遗传统美食有龟苓膏、老友粉、螺蛳粉和五色糯米饭等；传统非遗技艺项目有金狮巷传统打金技艺和糖画技艺等；传统戏曲项目有邕剧和粤剧等。

（5）潮流文创名店

历史文化街区，拥抱新潮文化元素。三街两巷引进创意新潮书店漓江书院。该书店以新阅读美学的文旅生活为主题，通过多类型的趣味读物书籍、文化创意产品和多元化活动，传播广西本土文化，唤醒和再造城市文化精神。街区内还有一处广西（国际）纸本艺术中心，这是一家由广西水彩画家协会、广西美协水彩艺委会指导，IWS国际水彩画家协会中国组委会支持，集展览、培训、文化交流等业务为一体的综合艺术平台。还有广西日报"广西云"体验中心，以"数字＋、文化＋、时尚＋、高科技＋"的创新融合方式，打造广西首个近距离接触前沿甚至未来数字生活的数字生活体验馆，为市民和游客提供新型社交场景。

3.2.3　多重政策利好

作为南宁市申报国家级历史文化名城的重点项目，"三街两巷"项目开发建设过程中得到了各类政策支持。《南宁市旅游业发展"十三五"规划》明确指出，复兴三街两巷休闲街区，恢复其历史风貌和传统商业业态，将三街两巷打造成南宁版"宽窄巷子"，使其成为南宁老城文化的新地标。2017年2月，南宁市政府印发《南宁市加快推进"三街两巷"项目重点片区建设实施方案》，由南宁市住房和城乡建设局牵头组织各相关部委办局组成"三街两巷"项目重点片区保护修缮整治改造工作领导小组，在合法合规的前提下开通"绿色通道"，全力支持项目建设。2018年12月，核心区一期（包括南宁城隍庙、银狮巷、金狮巷、邓颖超纪念馆等核心片区）正式开街运营，圆满完成献礼自治区60周年大庆的重要任务，更相继入选第三批自治区级历史文化街区、自治区级高品位步行街，并获自治区商务厅推荐，申报第二批国家级步行街改造提升试点。

2019年11月，核心区一期（当阳街片区）完成开业，"三街两巷"二期进入前期开发阶段。2019年5月，南宁市政府印发《南宁市人民政府办公室关于调整三街两巷项目重点片区保护修缮整治改造工作领导小组的通知》，由市领导带领领导小组及下设部门开展技术设计、规划及土地出让、文化挖掘恢复、征收、工程建设等各项工作，为2021年春节前取得突破性进展提供高规格、高标准的政策支持和智力支持。

3.2.4 运营主体实力雄厚

"三街两巷"建设运营主体为南宁威宁集团，其雄厚的实力为项目发展注入强大动力引擎。南宁威宁集团成立于2013年12月，是南宁市人民政府直属大型国有独资企业，南宁市公共事业投融资主体。公司下辖11家一级监管单位，在职员工约4000人。注册资本81.5亿元，资产规模约332亿元，净资产约125亿元。主要职能为：管理及运营公共资产，并负有保值、增值的责任；市政府授权的文化、体育、教育、旅游等领域公共服务设施、保障性住房等准公益性项目及其他城市基础设施项目的投融资、建设、经营和管理；农产品（含粮油、果蔬等）物流、商贸流通等投资开发和经营管理；通过市场化投融资方式，建设、经营和管理公共资产资源等。

南宁威宁集团2018—2020年连续3年入围中国服务业企业500强、广西企业50强；先后荣获"广西五一劳动奖状""广西优秀企业"等荣誉称号。旗下会集南宁百货、宁家连锁便利店、南宁学院、南宁书城等民生、教育类知名品牌，还承建了广西体育中心、广西文化艺术中心、南宁市市民中心等多个区、市重点项目，为南宁市经济建设和开放发展作出了重要贡献，在南宁市民心中拥有很高的知名度和品牌声誉，是具有强大资源和雄厚实力的建设运营方。

3.3　三街两巷倾力建设夜间经济示范街区

2020 年年初，受新冠疫情影响，三街两巷暂停一切营销推广活动，商户停工歇业，市民游客响应国家管控减少出行，街区客流锐减，部分商户难以维持经营。为快速拉动市民游客消费需求，帮助商家提振经营信心，形成良性循环，尽快恢复到疫情前的消费和经营常态，广西出台《关于加快发展广西夜间经济的指导意见》，鼓励发展夜间经济。该政策如及时雨，为正在遭受疫情带来的经营困难的"三街两巷"送来了希望，指明了方向。发展夜间经济，或许能给"三街两巷"带来生机，恢复往日繁荣。

三街两巷发展夜间经济，原因有三。一是响应自治区党委、政府《关于加快发展广西夜间经济的指导意见》[①]，培育经济发展新动能，打造城市消费新动力，加快升级和繁荣夜间经济，加快推动"文化旅游 +"产业融合发展的政策号召。自治区、南宁市有关部门对"三街两巷"项目运营明确指出要"围绕假日经济、夜间经济、小店经济提升街区导流"。二是出于三街两巷商业经营和品牌宣传的需要，发展夜间经济能吸引更多市民和游客的关注，有利于提高三街两巷的知名度。三是新冠疫情暴发后，街区商业经营普遍困难，亟需实施能促进商业消费和提升商业发展的措施，以提振商家经营信心，而发展夜间经济或许是条出路。

通过对街区商家的调研走访，着力打造夜间消费场景和示范街区，完善夜间交通、安全、环境等配套措施，提高夜间消费便利度和活跃度，在街区内构建布局合理、功能完善、业态多元、管理规范、各具特色的夜间经济发展格局，着力将三街两巷打造成为夜间经济"网红地标"，使之成为南宁城市人文会客厅和文化旅游名片。

3.3.1　打造"夜食"品牌

饮食文化品牌赋能，激发"夜食"活力，为三街两巷导流。民以食为天，

---

①　广西壮族自治区商务厅网站 .http://swt.gxzf.gov.cn/zwgk/jyhtablfw/t6728295.shtml

从古至今，在万家灯火通明的繁华城市中，"美食"从未缺席且一直处于醒目位置。美食是夜间经济的常规内容，特别是后疫情背景下恢复市井烟火气极具迫切性，对美食的向往释放的不仅仅是民众对生活的热爱和信心，还有美食在消费中的强劲韧性。三街两巷夜间经济建设过程中重视对地域饮食文化的传承和发展，以品牌餐饮、老字号餐饮、特色餐饮为核心吸引力，通过重振和引进双钱龟苓膏、万国酒家等中华老字号、广西老字号以及民间老字号美食，培育小嘟来、莫姐卷筒粉等具有老南宁历史文化特色的本地知名餐饮及小吃，引进新八桂油茶铺、多喜屋非遗主题餐厅等广西文化主题品牌以及星巴克、肯德基等国际知名连锁品牌，构建一个具有多元化、主题化、特色化、情景化的夜间美食聚集区，打造"夜食"品牌（表1）。以万国酒家为例，其位于"三街两巷"金狮巷B区9号、10号、28号、33号，始建于1945年12月，当年以经营各式传统风味食品、名菜美点著称，是闻名全南宁乃至名冠广西的南宁老字号品牌酒家。万国酒家的几百道传统名菜和糕点是"老南宁"们舌尖上、心尖上的记忆。万国酒家至今已传至第19代传人。现三街两巷的万国酒家装修风格以新中式为主，传统和新式的结合既保留了老南宁的传统味道又结合了现代设计，更是别有洞天。每一座城市都有自己的老字号，作为城市人文的见证者，伴随城市的变化与发展，对于很多南宁人来说，父辈、祖辈都吃过的万国酒家是绕不开的名字。食在南宁，万国为先，万国酒家在继承发展传统菜肴、糕点制作技艺，延续"吃饭、叹茶、听戏"的老南宁饮食文化的同时，也对出品进行积极创新，不断推出当下食客喜爱的新产品、新口味。万国酒家不仅有非遗美食，还有每晚7点的非遗粤剧表演。山水有梦，广西有戏，游客在品尝传统美食的同时还能感受粤剧的魅力。

表1 三街两巷一期引进餐饮品牌名录一览表（部分）

类别	品牌名称
早茶/茶点类	万国酒家、小嘟来等
本土小吃类	卷筒粉、老友粉、粉饺、宾阳酸粉等
特色菜系类	谭鸭血、陈家生煎、椒兰殿、桂二老坛酸菜鱼、一把盐、辣府、满香宜猪肚鸡、蛙月荷、蛙到等

续表

类别	品牌名称
点心茶饮类	荔园饼家、霸王茶姬、灵饮寺、萃茶师、COCO、书亦烧仙草、蜜雪冰城、茶百道、芬记鲜奶麻薯等
国际知名连锁品牌	星巴克臻选、肯德基等
时尚休闲娱乐类	南宁酒馆、97 live house 酒吧等

另外，三街两巷还设置了沿街摊点外摆区，引进众多广西传统当地名小吃，集中力量打造夜间美食产品，丰富"夜食"内容，营造"夜食"消费氛围。根据街区现状，充分考虑南宁市气候情况，并融合文商旅项目发展的科学性，通过夜间经济项目的实施，将街区商家营业时间从晚上22：00结束营业延长到23：30~24：00，将日间游览消费与夜间游览消费的权重根据市民游客的消费趋势进行优势转换，使三街两巷在夜间经济发展中焕发非凡魅力，着力将三街两巷打造成为南宁夜间特色美食的核心消费目的地。

3.3.2 激发"夜购"潜力

借助夜晚延展消费时空，发挥小而灵活的"夜摊"，促进消费提振。为营造良好的商业氛围，满足游客的购物需求，三街两巷引进一批符合街区气质的商品零售店铺。例如中国黄金、百爵珠宝、和平金店、上得利银楼、金源珠宝、恒银名表铺、布仆绣艺、益福堂、沐康堂、邕州食铺等。然而，为了繁荣夜间经济，光靠这些零售店铺还不够，必须安排各式"夜摊"，才比较接地气、旺人气。于是，为贯彻落实 2020 年《政府工作报告》关于"合理设定流动摊贩经营场所"的精神，繁荣三街两巷地摊经济，威宁集团制定《"三街两巷"外摆实施方案（试行）》。该方案遵循统一规划、设计和管理原则，打造极具三街两巷历史文化街区特色的"夜市"。

积极鼓励并协助街区商家加设夜间经济临时外摆区，提升街区的夜间消费氛围，同时规划在城隍庙前、城隍庙西巷也设置临时外摆区，打造极具三街两巷街区特色的"城隍夜市"。截至 2021 年 9 月，三街两巷共有外摆摊位48 家，夜间人流在日均人流总额中占比约 75%，街区夜间消费在日经营消费总额中占比接近 70%。由此可见，夜间人流量和夜间消费总额均大比例超越日间，三街两巷夜间经济的建设成果显著。当前，三街两巷仍在不断地向社会招募各类夜市商家入驻，以丰富"夜购"内容。

3.3.3 提高"夜景"体验

街区功能置换，借势亮化美化工程，强化夜游氛围，优化游客体验质量，助力夜游提质增效。三街两巷包含传统院落式岭南民居和骑楼建筑两种建筑形式，拥有诸多文物保护单位、历史建筑以及新建文化建筑。为更好地发展夜间文旅经济，通过"三街两巷"夜间经济建设发展的实施，因地制宜发掘项目自身的夜间经济价值，对金狮巷民居群的岭南民居建筑和当阳街骑楼部分的民国骑楼建筑进行改造挖掘和功能置换，突显三街两巷所在地承载的老南宁人文情怀，深化夜间消费体验，针对性打造夜间旅游消费内容，打造民国风情的骑楼街景，实现三街两巷夜间旅游人文景观的整体提升。

为提高夜间游客的"夜景"体验，三街两巷实施了景观亮化和美化工程。围绕三街两巷民国骑楼和明清住宅的建筑特色，投入近100万元打造以骑楼街景亮化为主的民国风情沉浸式夜景。在墙体、树木、招牌等街区可视环境中，以夜间亮化美化为标准，大力营造夜间亮化美化氛围，推动停车场、休息设施、标识标牌等设施具备夜间亮化功能，保证街区夜间游览及消费环境的最佳体验。

三街两巷还组织了具有街区商业互动功能的"心水时光老邕街"夜间景观美陈活动，通过打造最具南宁文化特色的夜间经济拍照打卡景点，增强街区的夜游内容和互动形式。

3.3.4 丰富"夜娱"生活

激发文化优势，借助节事热点，丰富夜娱互动项目，增强吸引力和关注度，打造标杆。三街两巷积极举办各类夜间文娱活动，整合多方资源，丰富游客、市民"夜娱"生活。一方面，内部联动打造自创文化品牌，结合南宁威宁集团自身特色资源和南宁民歌艺术节的文化品牌，创新举办"大地飞歌·南宁国际民歌艺术节巡演云歌会"，将"大地飞歌·南宁国际民歌艺术节"传统知名文化品牌同时下流行的"直播带货"模式结合，点亮南宁"夜间经济"。2020年8月22日10：00~22：00活动期间，线上观看200多万人次，带货量近5000单。另一方面，外部合作丰富"夜娱"品牌，响应自治区、市党委政府对三街两巷传播传统文化、民族文化的要求，在七夕、中秋、国庆等传统节日来临之际，策划举办各类夜间娱乐活动，增强三街两巷夜间娱乐氛围，提升三街两巷的商业品牌价值和文化地标地位。在街区内策划组织音乐、街舞、民族歌舞等具有浓郁地方特色的文化表演活动，举办七夕壮族民俗婚典暨夜间经济仪式等大型活动 12 场。

街区还常设公益演艺项目，让老百姓在夜游历史文化街区的同时，免费欣赏优秀的音乐演出，得以了解高雅艺术，提升文化内涵，提高民族素养，享受文化大发展大繁荣带来的实惠。该项目内容包括"三街两巷音乐角"和"学党史 颂党恩"经典红歌大家唱、党史学习快闪活动等，每周五、六进行街头惠民音乐会，丰富街区夜间文化演艺活动品类和场次，促进城市夜间文旅经济产业链的全方位发展。目前，该项目实施以来已举办各类志愿服务活动 93 场，惠及群众 18.6 万人次。经过多年的品牌打造，该项目已成为全区乃至全国文化旅游深度融合助推夜间经济发展的标杆，助力三街两巷成为首批国家级旅游休闲街区、首批国家级夜间文化和旅游消费集聚区，为弘扬社会主义核心价值观，推动首府经济社会繁荣发展，促进文旅商融合高质量发展发挥了积极的作用。

威宁集团支持打造旅游演艺项目助推城市"夜间经济"发展的提案，并拟在三街两巷一期基础上规划二期部分建筑和业态，以进一步丰富南宁本土特色演艺项目，打造邕剧、粤剧、沉浸式表演等旅游形式的"天天演"旅游演艺。

4　结语

三街两巷历史文化街区利用优越的地理位置、地方文化资本和政策利好进行功能业态的更新，新置入的功能与业态融入历史街区以及地方的文化脉络中，激活历史文化街区，注重物质更新与文化保护协同，借助运营主体的强大实力进行夜间经济示范区建设和打造，既创造巨大的经济效益，赋予历史街区新活力，又保留群众的情感记忆，并再现历史街区的传统风貌以及地方文化脉络。

"三街两巷"核心区（一期）自开街以来，经过各方的努力和良好运营，品牌知名度和影响力不断提升。截至目前，先后接受中央广播电视总台、中国新闻网、广西广播电视台、《南国早报》、广西新闻网、《南宁日报》、南宁广播电视台等国家级和自治区、市级多家主流媒体采访报道，累计超过300次；服务各级各界领导嘉宾参观游览近150场次，接待游客200多万人次，赢得了良好的口碑和赞誉，成为南宁市名副其实的夜间经济"网红地标"旅游打卡地和人文会客厅。"三街两巷"二期工程也于2022年9月30日盛大开街，一期和二期联动，打造三街两巷国风街，引爆2022年国庆节，在抖音南宁同城搜索量雄踞榜首。

三街两巷发展夜间经济，为历史文化街区注入了新的活力源泉，盘活了历史文化街区，提振了街区商业信心，也提升了三街两巷的品牌知名度。可以预见，三街两巷历史文化街区的明天将愈发璀璨。

案例使用说明

一、教学目的与用途

1. 适用课程

《旅游目的地开发与管理》《旅游经济学》《旅游企业战略管理》等MTA课程。

2. 教学对象

本案例适用于MTA、MBA学生。

3. 教学目标

本案例的教学目标是通过对三街两巷夜间经济建设的案例学习，帮助学生更好地理解什么是夜间经济，历史文化街区为什么要发展夜间经济和怎么发展夜间经济等问题，提高学生对旅游目的地的开发与管理的认识、对旅游企业的一些发展战略的制定认识，能更好地将理论与实践相结合。

二、启发思考题

（1）三街两巷为什么要发展夜间经济？

（2）三街两巷发展夜间经济的核心竞争力是什么？为何能被定位为夜间经济示范街区？

（3）三街两巷发展夜间经济采取了哪些措施？

（4）三街两巷发展夜间经济取得了哪些成就？

（5）三街两巷发展夜间经济的过程和结果给你什么启示？

三、分析思路

（1）运用体验经济和旅游体验理论、RMIP 理论，通过了解和分析三街两巷历史文化街区的历史沿革和政策趋势背景等内外环境、游客对旅游体验需求的增加以及三街两巷自身发展需求，得出其发展夜间经济的原因。

（2）运用 RMIP 理论，根据案例中提到的三街两巷历史文化街区夜间经济发展经验，总结其核心竞争力。运用旅游营销中的定位理论，分析其夜间经济示范街区的特殊定位。

（3）运用体验经济与体验旅游理论和旅游市场营销理论，通过实地调研考察和感受，结合三街两巷在夜间业态（夜食、夜景、夜购、夜娱）、体验内容、市场营销等方面所做努力和效果呈现，归纳其发展夜间经济采取的措施。

（4）根据三街两巷历史文化街区经过这两三年的发展所取得的成就，从品牌口碑、市场营销力、社会经济效益等方面进行分析。

（5）由案例可知三街两巷历史文化街区最大的成功，在于充分利用优越的地理位置、地方文化资本和政策利好进行功能业态的更新，新置入的功能与业态融入历史街区以及地方的文化脉络中，激活历史文化街区，注重物质更新与文化保护协同、游客深度体验和场景化打造，借助运营主体的强大实力进行夜间经济示范区建设和打造，既创造巨大的经济效益，赋予历史街区新活力，又保留群众的情感记忆，并再现历史街区的传统风貌以及地方文化脉络。根据区位理论、协调理论、RMIP 理论和体验经济与体验旅游理论等，三街两巷在未来发展中保持领先优势，则要不断深度发掘其优势，做深做足其"夜食、夜购、夜景、夜娱"等功能，其他历史文化街区在开发管理过程中，也要向三街两巷学习，做到特色化、差异化和场景化。

四、理论依据与分析

1. 区位理论

区位是指人类行为活动的空间。具体而言，区位除了解释为地球上某一事物的空间几何位置，还强调自然界的各种地理要素和人类经济社会活动之间的相互联系和相互作用在空间位置上的反映。区位就是自然地理区位、经济地理区位和交通地理区位在空间地域上有机结合的具体表现。在历史文化街区夜间经济发展管理过程中，区位理论的观点往往是研究问题、引出问题的关键理论。

在 MTA 教学中，要提示学生思考在历史文化街区开发中挖掘利用文化资源特色，发挥区位优势的基本方法、规律；结合三街两巷所处的南宁市中心范围内拥有众多优势资源的客观情况，讨论相关街巷和资源如何在区域发展中寻找竞争力，避免在开发管理中重复开发、恶性竞争。

2. 体验经济与体验旅游理论

体验经济是在人类社会经济发展过程中，继服务经济之后的发展趋势。体验，就是企业以服务为舞台、以商品为道具，环绕消费者，创造出值得消费者回忆的活动。旅游与体验有较多的相似之处，如都具有无形性的特点，强调一种经历或记忆，更注重消费的过程等。

MTA 案例教学分析中应注意：随着人们对体验经济的关注和重视，体验式旅游应运而生，其较传统旅游有以下特点：注重人性、体现个性、游客参与、快乐导向等。将体验经济的相关理论运用于历史文化街区夜间经济发展过程中可以更好地突出个性化，避免模式化，使夜游项目策划更能符合旅游者的多样化需求。

三街两巷是南宁市夜游景区的核心产品之一，在夜间旅游项目开发中必须保障与提高游客的体验功能，案例分析中要强调这一点，进行较深入的分析，尽可能地运用调查问卷、数理统计的方法，对游客旅游行为和体验活动进行科学调研，学生可以调研历史文化街区夜间项目体验性设计与管理的问题，进行学术研究或实证分析。

3. RMIP 理论

RMP 理论是以旅游产品为核心，对其进行 R 资源分析（Resource Analysis）、M 市场分析（Market Analysis）和 P 产品分析（Product Analysis），最后提出以旅游产品为中心的规划框架。RMIP（资源、市场、形象、产品）理论由 RMP 分析理论发展而来，在开发旅游资源和开拓客源市场的基础上，树立鲜明的旅游形象，提高其竞争力和知名度。它强调资源、市场和形象三大因素在旅游产品或旅游项目的开发研究中的重要作用与意义，尤其是形象因素。其中资源是产品开发的基础，市场是产品开发的导向，形象是产品开发的灵魂，三者缺一不可，互相作用。

MTA 案例教学中应结合三街两巷的资源特色优势进行目标市场、品牌形象和产品等分析，讨论三街两巷运营主体如何运用 RMIP 理论进行三街两巷历史文化街区建设开发，对其历史文化资源开发过程、市场目标定位、形象选择和塑造以及产品规划和设计等展开专门、深入的讨论。

4. 旅游市场营销理论

旅游市场营销就是市场营销在旅游业的运用，是通过对消费者需求的研究，结合旅游目的地本身的特点，开发合理的旅游产品、旅游服务和旅游项目，并通过包装、推广，让社会接受并吸引更多的旅游者前来旅游，从而能够给旅游企业和商家以及当地带来经济效益。通过旅游市场营销学可以研究某个体在日常经营中的市场行为，通过研究这样的行为，可以了解现在旅游者的空白需求并挖掘潜在的旅游者，了解他们的购买动机，从而发现新的消费需求，尽力开发适合旅游者需求的旅游产品。通过对旅游市场营销学的研究，能够大体掌握历史文化街区市场，这样有助于从各方面来提高历史文化街区的吸引力，并将对提高历史文化街区的旅游者数量具有重要的意义。

MTA 案例教学中应结合三街两巷历史文化街区的特点以及其运营主体的实力，运用旅游市场营销学理论进行分析，谈论其夜间旅游产品、服务和项目的特色，剖析消费者的消费需求和动机，运营主体又采取何种方式开展市场营销扩大市场影响力和吸引旅游者前来等展开专门、深入的讨论。

五、背景信息

南宁，古代属百越之地，因越族分枝繁多，有"百越"之称。它是一座历史悠久的边陲古城，有深厚的文化积淀，古称"邕州"。南宁，系广西壮族自治区首府，是全区的政治、经济、文化、科技、教育、金融和信息中心，位于华南沿海和西南腹地两大经济区的结合部以及东南亚经济圈的连接点，是新崛起的大西南出海综合交通枢纽城市，也是"一带一路"有机衔接的重要门户城市和我国面向东盟开放合作的区域性国际城市。南宁市荣获"联合国人居奖"，是"全国文明城市"。

南宁的"三街两巷"古迹始建于宋代，为邕州商业的发祥地，亦是建设时间最长最古老、历史文化资源最集中、最能体现南宁历史人文的街区。现存的金狮巷民居群、邕州知州苏缄殉难遗址、南宁建制博物馆被列为保护建筑，是自治区、市各级重点文物保护单位，承载着南宁历史之源、文化之根，人文之魂。

为了保护和传承老南宁历史文化遗产，充分挖掘老南宁历史人文精髓，南宁市委、市政府提出在原址上保护、修缮、还原"三街两巷"，重塑老南宁记忆，延续老南宁文脉，恢复重现老南宁百年商埠繁华，建设"老南宁·三街两巷"。

六、关键要点

（1）三街两巷历史文化街区的发展定位；

（2）RMIP 理论的应用；

（3）历史文化街区活化与夜间经济的关系；

（4）夜间业态创新和管理的要点。

七、建议课堂计划

1. 时间计划

本案例可作为专题案例进行讨论，案例教学以教师引导学生进行思考和讨论，学生之间进行讨论，学生和教师互动交流为主线，以达到教学相长，学以致用的教学目的。以下是按照时间进度提供的课堂计划。建议案例教学时间控制在 90 分钟，如表 2 所示。教师可根据需要自行调整。

表 2　建议的课堂计划

教学流程	教学内容	时间
	课前计划	
课前准备	（1）课前 2~5 天发放案例正文和启发思考题，要求学生提前完成案例阅读，和对应课程进行相关关联，借助课本和文献库，查找相关资料和理论知识，对案例正文后的启发思考题进行初步思考； （2）发放案例正文的同时，要求学生提前自行组队，5 人一小组，推举小组长作为组织人员，小组成员通过在线平台，如微信公众号、百度搜索等途径提前查阅关于老南宁三街两巷的相关资料，加深对案例所在地的了解； （3）查阅夜间经济建设背景相关知识	课前 2~5 天

续表

	课中计划	
课堂导入	教师简要介绍案例背景、案例研究主题、案例研究意义以及本案例与相关课程的关联	5分钟
课堂阅读	课堂导入后，要求学生再次认真阅读案例材料	10分钟
讨论互动	小组间就启发思考题进行组内自由讨论，总结小组观点，推举代表做好发言准备。每道启发思考题的讨论时间为5分钟。讨论结束，由教师抽签决定由哪个小组进行回答，抽到小组派代表发言，发言时间控制在2分钟左右。其他小组听完发言后可对作答小组进行提问和补充，提问和补充发言时间控制在3分钟以内。每道启发问题的讨论、陈述和补充时间控制在10分钟以内。5道启发思考题按上述流程逐一进行。教师在此过程主要起到主持、时间控制、适时引导和提出符合相应逻辑的问题等作用	50分钟
案例总结	（1）教师回顾每个启发问题对应小组作答的情况进行总结，就回答思路、逻辑和观点进行点评，圈出亮点，补充不足； （2）对理论依据进行详细介绍，并联系案例和相关背景，让学生加深对相关理论的理解	15分钟
自由探讨	鼓励学生提出自己的问题和想法。可以关于本案例的评价和获得的启发、关于夜间经济建设的想法、关于文化街区的保护和开发的看法等	10分钟
	课后计划	
课后作业	根据对本案例的学习，查找有关夜间经济建设的其他典型案例地、平衡好文化街区保护和发展的案例地，做好整理，下次课进行简要分享	课后一周

2．课堂提问逻辑

（1）三街两巷是个什么地方？过去是什么样子的？

（2）三街两巷有什么历史和文化特色？

（3）三街两巷是在什么背景下发展夜间经济的？

（4）三街两巷的发展遇到了什么困难？

（5）三街两巷抓住了哪些机遇？

（6）三街两巷在发展夜间经济上有什么优势？

（7）三街两巷在发展夜间经济上采取了哪些举措？

（8）三街两巷在发展夜间经济上获得了哪些成效？

（9）三街两巷未来的发展会是什么样子的？

3．板书设计

课堂板书将案例涉及的知识点和问题等进行列示，仅供参考。教师可根据教学需要进行取舍、调整和完善。详见图1。

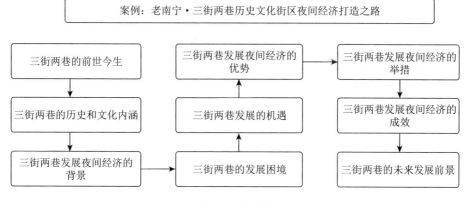

图1 课堂板书

八、案例的后续进展

"三街两巷"一期项目取得卓著成效，二期项目也于2022年9月30日正式开街。二期项目包含文物保护建筑修缮工程、保留建筑修缮改造工程、拆除新建部分、回迁安置部分及配套市政基础设施建设等内容。项目将对民生路南侧的老宅、沿街骑楼、金银大厦、人民剧院、万国广场、水塔脚、新会书院、两湖会馆等文物保护单位进行重点改留。通过综合开发旅馆住宿、民俗文化展示、特色零售、休闲娱乐等商业形态，使项目成为浓缩"老南宁"历史文化、展现壮乡风情、宣扬"中国—东盟"友谊的窗口。

未来，三街两巷运营单位将不断创新综合文旅项目的运营理念，落实文化展演、商贸流通、旅游观光和历史传承相结合的街区新业态、新功能，将三街两巷塑造成为凝聚老南宁历史文化元素的城市历史博物馆、城市人文交流的亮丽名片，打造成为集人文旅游、购物消费、休闲娱乐、住宿餐饮于一体的综合文旅项目，为广大市民游客创造更美好的人文历史观光胜地，为南宁市创建国家级历史文化名城作出积极的贡献。

本案例参考文献：

［1］余构雄.夜间经济专项政策研究——基于内容分析法［J］.当代经济理，2021，43（10）：24-30.

［2］袁磊.历史文化街区的更新策划研究——以南宁市"三街两巷"历史文化街区为例［J］.中外建筑，2017（11）：92-98.

［3］全峰梅，徐洪涛，许建和等.南宁历史建筑保护与传统聚落改造技术研究［Z］.广西壮族自治区，华蓝设计，2018-06-15.

［4］张伟.建筑考古学视域下历史文化街区的保护与研究——以南宁"三街两巷"为例［J］.自然与文化遗产研究，2019，4（7）：86-90.

风景河段乡村旅游开发的民生影响

——广西桂林遇龙河[①]

摘　要：广西桂林遇龙河流域的乡村旅游开发历程，始终与民生交织在一起。从千禧之年在寥寥数张竹筏中兴起的乡村旅游势头到乡村振兴时代背景下乡村旅游鼎盛发展，遇龙河在这二十多年的时光中抓住机遇，走出一条乡村旅游带动民生改善的创新发展之路。本案例基于利益相关者理论、社区增权理论、嵌入理论、社会交换（乡村治理）等理论，从旅游兴起、旅游治理、共建共享三个阶段阐述遇龙河在乡村旅游开发过程中应对的民生问题以及决策过程，总结了风景河段乡村旅游地在旅游发展促进民生提升的基本经验。案例旨在引导学员通过讨论与分析，系统地认识乡村旅游开发对民生的影响，掌握基本的分析理论与工具，提升学员在面临乡村旅游发展复杂环境下平衡发展效率与民生公平的判断力和应对能力。案例也将为相关类型的乡村旅游地实现社区参与下的可持续发展提供有益的借鉴。

关键词：乡村旅游；民生；桂林；遇龙河

The Influence of Rural Tourism Development on Sustainable Livelihoods in
Scenic River Section——Yulong River in Guilin，Guangxi

Abstract：The rural tourism development process of Yulong River Basin in Guilin，Guangxi，has always been intertwined with sustainable livelihoods. From the

---

[①]　1.本案例由广西大学工商管理学院苏振、文如意、叶凯、曾妍钰、王文荟、郑应宏撰写。作者拥有著作权中的署名权、修改权、改编权。

　　2.本案例只供课堂讨论之用，并无意暗示或说明某种管理行为是否有效。

momentum of rural tourism rising in a few bamboo rafts in the millennium to the heyday of rural tourism under the background of rural revitalization, Yulong River has seized the opportunity in the past two decades and embarked on an innovative development path of rural tourism to improve sustainable livelihoods. Based on stakeholder theory, community empowerment theory, embedding theory, social exchange（rural governance）and other theories, this case expounds the livelihood issues and decision-making process of Yulong River in the process of rural tourism development from the three stages of tourism rise, tourism governance, co-construction and sharing, and summarizes the basic experience of rural tourism destination in scenic river section in promoting sustainable livelihoods through tourism development. The case aims to guide students to systematically understand the impact of rural tourism development on sustainable livelihoods through discussion and analysis, master basic analysis theories and tools, and improve students' judgment and coping ability to balance development efficiency and sustainable livelihoods equity in the complex environment of rural tourism development. The case will also provide useful reference for the sustainable development of related types of rural tourism destinations under community participation.

Keywords：rural tourism；sustainable livelihoods；Guilin；Yulong River

1 引言

一叶扁舟缓缓行驶在清澈见底、波澜不惊的遇龙河上，两岸风景如画，船夫撑着竹筏，唱起了山歌……这是 2022 年桂林旅游纪录片中的一个片段，颇有一种"采菊东篱下，悠然见南山"的闲适之感。"我今年 50 多岁，在这里划（竹）排，划了一辈子了，2000 年就开始有竹筏漂流（项目）了，游客越来越多，以前是（年收入）两万多，现在（年收入）就是四万至五万。"阳朔老船夫李保生笑着说道。不仅是船夫，遇龙河两岸的农家乐、民宿老板们看着络绎不绝的游客，也都乐开了花。两岸居民生活日益美好，充分展现了遇龙河乡村旅游的强劲活力。

在国家实施乡村振兴战略的时代背景下，遇龙河流域汇聚多方努力，于2019年成为国家级旅游度假区。同年，景区接待游客达到596.15万人次，旅游总收入约50.2亿元。当年度假区给沿河村民分红就多达1300万元。2022年7月1日，在遇龙河国家旅游度假区举办的"夜游阳朔·梦幻遇龙"巨龙巡游活动上，由56张竹筏组成长度为710米的金色"巨龙"，在遇龙河内蜿蜒巡游，让在场游客直呼大开眼界。度假区内众多的景区、酒店民宿、农家乐为村民提供了大量就业机会，迄今为止带动当地6000多名村民就业。度假区的建立有力地推动了当地社会经济的发展，改善了当地民生。

然而，遇龙河流域的乡村旅游发展并不是一帆风顺。伴随着旅游开发而来的市场秩序难调、体制改革不顺、生态环境受损、疫情冲击市场等问题，困扰着当地政府和景区经营主体的同时，也牵动着两岸居民的心。从几叶竹筏到如今的金色"龙舟"，在曲折中一路前行是遇龙河流域乡村旅游发展的真实写照。遇龙河乡村旅游是如何抓住时代机遇，完成这一华丽蜕变，让旅游真正惠及民生的呢？让我们一起去探索遇龙河筚路蓝缕的乡村旅游发展之路！

2 几叶竹筏，撑起遇龙河旅游谋生路

世人皆知漓江美，桂林山水甲天下。殊不知与漓江盛名之下的热闹相比，漓江的支流——遇龙河，显得更加淳朴幽静，更像是走进你我心中的田园。遇龙河古名安乐水，是阳朔境内仅次于漓江的第二大流域。它发源于临桂区粘岭，流经阳朔县金宝、白沙镇、阳朔镇、高田镇的30多个村庄，在观桥村东注入乌龟河水，到凤楼村的青厄渡与金宝河汇合为田家河，至书童山流入漓江，全长35.6公里。遇龙河素来水质清澈，水流缓缓而去，素有"小漓江"之称。

遇龙河的历史文化也十分丰厚，最为著名的就是古桥文化，广西著名的三座古桥——遇龙桥、仙桂桥、富里桥都在遇龙河景区。古桥是民间传说和乡愁的载体，也是中国古代民间桥梁建筑技艺的体现和结晶。乘一叶竹筏，置身于历史的长河中，感受古往今来的对话。当地的美食风味除了米粉外，以阳朔特色啤酒鱼、各式酿菜等为代表的饮食文化也成为遇龙河旅游一张亮丽的名片。与此同时，众多非物质文化遗产也增加了遇龙河旅游的厚度，来

往的游客可以感受"万盏河灯漂资江"的壮景；身着精美万分的瑶族服饰；聆听河畔的桂林渔鼓……

遇龙河流域发展旅游以来，凭借良好的旅游资源禀赋和政府政策扶持，逐步实现从"旅游目的地"向"旅居目的地"转型。遇龙河流域按景区化标准打造后，依托秀丽的山水田园风光和独特的人文景观，形成了以遇龙河、桂林千古情、大榕树、月亮山等为主的景区集群。同时，按度假区的发展方向，集聚墨兰山舍、秘密花园、山畔度假酒店、香樟华苹等一批高端精品民宿酒店。环广世巡赛、铁人三项、国际攀岩节等一批国际赛事纷纷落户，让遇龙河流域成为世界旅游组织推荐的最佳休闲旅游目的地。近些年，遇龙河流域大力发展"旅游＋体育"，丰富旅游体验，成为阳朔为数不多的同时获得"国家体育旅游示范基地""国家 4A 级旅游景区""国家级旅游度假区"3个国家级称号于一身的旅游地。"桂林山水甲天下，阳朔山水甲桂林"这广为流传的佳句，也为遇龙河的美妙山水增添了不少耀眼的光彩。蜿蜒曲折的河水，串联古色古香的富里桥、遇龙桥、金龙桥等一系列广西著名古桥，衔接百顷良田与袅袅炊烟的古朴村落。这独特的风韵与田园景色吸引着五湖四海的人们慕名而来。筏竹遇龙河之上，赏不尽山水之间，踏寻古迹文物。流域的民生之花也随着乡村旅游业的兴起与繁荣逐步萌发与绽放（图1）。

图 1　遇龙河山水

早在千禧之年，随着旅游区域的逐步开放，乡村旅游开始萌芽，默默无闻的遇龙河在此时进入到游客的视野中。直到 2000 年 3 月，有村民在遇龙桥旁边经营了两间日常用品零售店，并在一个码头下放了 4 张供游客漂流的竹筏。竹筏漂流这一新兴旅游模式立刻吸引了不少游客前来体验，也让当地村民看到了旅游业的商机。到 2001 年年底，可商用的竹筏猛涨到 40 张，从事旅游行业的人也超过 80 人。这时提供从遇龙桥到十多公里外的工农桥的竹筏漂流服务，全价为 120 元。该漂流河段沿途经过的景点丰富、风光旖旎，深得游客的喜欢。因此，竹筏漂流成为当时遇龙河村民参与旅游业的主要方式。此时，当地大多社区居民对乡村旅游发展前景持观望态度，他们对旅游业潜在商机认识不清晰，对旅游发展是否有利于改善家庭的命运并不确定，对于参与旅游经营的方式也以劳动力投入为主。但不论如何，竹筏漂流的发展开阔了淳朴的遇龙河流域村民的眼界，提供了一种新兴的能够改变家庭生计结构的机会，丰富了家庭生计来源，保障了家庭收入。于是，一张张竹筏，划来了村民的谋生之路。

3 百花齐放，良莠不齐探索治理灵方

3.1 生计之花朵朵开，民生冲突藏其中

"山顶有花山脚香，桥底有水桥面凉。唱起山歌胆气壮，过了一滩又一滩！" 1961 年拍摄的电影《刘三姐》中，刘三姐嘹亮动听的歌声引领观众撑着竹筏，唱起山歌。碧波荡漾中船儿在遇龙河上缓缓驶过，穿过遇龙桥。桂林山水犹如画卷般在世人眼前徐徐展开（图 2）。随着电影《刘三姐》的大火，阳朔县遇龙河的美景也被大家熟知。此时，一颗生计机会的种子悄然种在遇龙河，静静等待着未来的萌发与壮大。

时间来到 2000 年，此时的遇龙河干净又秀美，沿河的人家日出而作日落而息，三三两两撒网捕鱼，呼朋引伴河边浣衣。不知什么时候，遇龙桥边多出两间杂货铺。又过了些时间，河面上出现了几叶竹筏来来往往的身影。"舟行碧波上，人在画中游"——唐朝诗人王维的名句照进现实，引得游客纷纷前来体验。遇龙河秀丽的身姿和竹筏划行的乐趣为遇龙河乡村旅游的发展带来初期的曙光。

图2 电影《刘三姐》中遇龙桥片段

　　随着慕名而来的人越来越多，对游玩体验的需求也与之剧增，当地一些居民开始察觉到这一趋势背后的商机并试图努力抓住这个难得的机会。居住在遇龙河沿岸的村民除了耕种田地，参与竹筏漂流项目逐渐成为新的生计方式，这令竹筏的队伍迅速壮大。为了更好地参与到旅游活动中来，获取经济收益，村民们开始各显神通。厨艺高超的妇女们开设农家餐馆，为游客提供热腾腾的农家饭；家中有多套房屋的农户，开始对房屋进行简单的装修——开设旅馆，满足过夜游客的住宿需求；精通手工制作的村民摆个小摊，售卖当地特色手工艺品；腿脚灵敏熟悉山路的农户则充当起"野导游"，为游客们介绍遇龙河的故事和美景。土生土长的阳朔人徐秀珍就是在这时开启她的导游之路。她不仅带领中国游客，也大方地招揽外国游客。在此期间，她自学了英语、德语、法语、以色列语等10种外语。哪怕只能进行简单的几句交流，也能让远道而来的游客感受到当地村民的热情与亲切。乡村旅游的发展为当地居民带来实实在在的经济收益。村民们发挥生活的智慧，尽力满足游客多样化的需求，也催生了一朵朵生计之花在遇龙河沿岸争相开放。

　　然而，当一个又一个的竹筏在遇龙河面撑起，一家又一家的餐馆在遇龙河岸建起，殊不知遇龙河旅游发展却即将迎来一场暴风雨。2004年张艺谋导演的大型桂林山水实景演出《印象·刘三姐》在遇龙河附近进行第一次亮相，引发了遇龙河游客量出现爆发式增长。遇龙河流域进入乡村旅游高速发展时期。面对如此利好的旅游发展势头，遇龙河沿河的各个村庄一拥而上，争先恐后地挖掘码头，下放到河里的竹筏暴增。那段时间，整个遇龙河上漂浮着密密麻麻的竹筏，甚至有的河段全是竹筏，游客期盼的"青山碧水竹筏轻"已经变了样。同时，河边的农家乐餐馆、家庭住宿小旅馆的竞争也是愈演愈烈，数量无止境的蔓延。各个码头、餐馆、农家乐时常因为争抢客源而发生不同程度的口角之争，严重的甚至不惜大打出手。为了获得绝佳的地理位置来争抢生意，不少村民甚至在河边临时搭建违章违规的建筑，使得遇龙河生态环境遭到破坏。除此之外，由于旅游业存在淡旺季的特点，相关从业者的收入受季节影响明显，一些缺乏长远目光的从业者抱着"多挣一分是一分"的心态，在旺季肆意涨价，"宰客"现象屡见不鲜。竹筏服务也缺乏统一透明的定价标准，不同筏工开价悬殊，坐地起价，造成游客事后极大不满。在资质认定方面，村民服务者中将近半数都没有经营许可证，许多导游是没有导游证的"野导"，其专业水平和服务质量参差不齐。种种旅游服务问题的滋生，给遇龙河旅游的发展蒙上了一层阴霾，也导致生计之花在激烈和混乱的竞争之中呈现出残破之态。

不谋万世者，不足谋一时；不谋全局者，不足谋一域。虽然当下遇龙河旅游事业保持整体向上的积极势头，但潜在隐忧已逐步显现。眼看着刚发展起来的遇龙河陷入混乱，服务质量的参差不齐，旅游项目标价的恶性竞争，生态环境被破坏等一系列矛盾滋生，这些都成为政府、村民、商户、景区管理者等利益相关者不得不面对的困境。

3.2 政府之治关关难，各方协商终敲定

绿水微澜、群山叠翠的遇龙河流域是沿河两岸村民们世代生存的家园，如今更是当地居民谋生的新路子。为了保护这片淳朴原生态的土地，也为了让老百姓端稳旅游这碗饭，当地政府意识到遇龙河加强管理和整改的必要性。2002年，诸多的隐患最终导致遇龙河流域发生了一起国外游客漂流溺水身亡的事故。这如导火索一般的突发事件，迫使当地县政府不得不直接介入遇龙河的治理。

阳朔县政府首先将目光放在遇龙河竹筏经营与管理上，成立"阳朔县遇龙河竹筏漂流管理中心"。委派县政府的工作人员兼任管理人员，组建遇龙河竹筏漂流公司，制定"四统一"原则（即"统一票证、统一售票、统一调度、统一结算"），还颁发了《阳朔县遇龙河竹筏漂游管理规定》。这一系列举措标志着政府正式介入遇龙河旅游经营管理。此时，遇龙河流域参与竹筏经营的组织形式更加多元化，涉及县级政府、村级集体、民间社区组织、农户家庭联合体、村民个体等多样的组织形式。阳朔县委县政府在几番交涉中尝试收回统一经营权，但是受人力和资金短缺的制约，治理方案没有得到快速有效的落实。尝到旅游经营带来甜头的村民也不能理解政府的一系列措施，纷纷表示不满。管理运营权的划分不清导致各经营主体之间利益冲突不断，相互纷争的局面持续存在。

为应对这种局面，规范竹筏经营市场，政府于2007年提出组建阳朔溯源遇龙河漂流公司（简称溯源公司），对遇龙河旅游实行新的"四个统一"管理规则。这种力求统一河段定价、统一竹筏调度、统一对外销售、统一规划建设的思路，以及沿河群众按河段效益分段收益的经营模式，从方向上对遇龙河旅游发展和改革构筑了顶层设计。然而政府治理的意图在执行中仍面临很大的阻碍，一些村民担心自己的收入会因此受到影响。为了打消村民的顾虑，溯源公司采取了一系列利民富民的措施，主要包括以下几点。（1）构建"村干部—村民小组长—村民骨干—农户"的工作结构，最大程度团结广大村民，获取村民的理解，发动村民参与到遇龙河乡村旅游中来。（2）允许遇龙河沿岸的农户成为溯源公司的筏工，并按照一定的比例给他们发放劳动报酬，且明确规定筏工工资份额不能低于公司营业额的四分之一。除此以外，还为筏工购买人身安全保险，提供免费的技能培训。村民享受不低于公司营业额十分之一的景区资源保护补助费。溯源公司还接纳残疾人做景区保洁，雇佣贫困户在景区工作。（3）部分基础建设工程承包给当地村委，增加村民收入。（4）给沿岸村民免费提供绿化苗，让他们参与到景区建设中。（5）为了保障村民利益，公司还规定，如果当年总营业额少于1500万元，公司必须拿出至少150万作为补贴发放给沿岸的村民，确保村民都能基于景区当年的营收而享有相应的资源保护费。这一系列举措取得了明显成效，遇龙河旅游秩序得到初步规范，经济效益初步显现，沿岸村庄的相关村民第一次领到了遇龙河漂游公司发给的分红。

在改革初期，政府管理政策尚未全面完善，遇龙河中游朝阳村以上河段的几个码头，依旧还是村民自行经营。同时，部分村民并未完全理解政府的做法。他们从自身利益角度，认为政府的统一定价政策使筏工们无法根据自己的意愿向游客要价，这令他们认为划竹筏不如以前赚钱，渐渐地村民们中不免又有怨言。要想妥善解决这个问题，必须全面考虑，施行更加规范化、可持续化的治理策略，这对当地政府又提出了新的挑战。2014年阳朔县委县政府下定决心深化改革。以创建遇龙河生态乡村示范区为目标，大手笔地在遇龙河沿岸开展旅游秩序强力整治工作。对于旅游方面的治理主要体现在两个方面。一方面是旅游景区设施的治理。统一规划管理景区，集中收购运营竹筏，清理河面私设照相台，修葺码头以及新建游客服务中心。另一方面是景区工作人员的管理。竹筏项目的服务体验受到游客们诟病已久，整治后所有筏工都要经过公司统一培训才能上岗。更好的服务质量重新带来了大量的游客，竹筏体验项目也重新红火了起来。此外所有的筏工每年每人都有分红，充分调动了他们的服务积极性。2016年3月，县政府下发新修订的《遇龙河景区管理暂行办法》，为遇龙河旅游景区建设和管理保驾护航。同时，把原来的"溯源遇龙河漂游公司"提升为"遇龙河景区旅游发展有限公司"，对遇龙河景区提出"强力整治、规范管理、长效机制、提档升级"的总体目标（图3、图4）。

图3 遇龙河沿岸整齐的竹筏

图4 穿救生衣的筏工们

至此，遇龙河景区聚分散为合力，集中统一管理，企业化运营，保证旅游项目的服务质量，统一市场价格规避恶性竞争，生态环境逐步得到改善和恢复。这些举措不仅使得游客体验有了保障，同时也使得村民、政府、景区、商户之间权力和利益达到平衡，塑造了一个各方相互制衡获利的局面。

图5　遇龙河沿岸的民宿、便民服务店、星空营地和正在工作的手工艺人

3.3　关关难过关关过，利益协调终平衡

最让人头疼的竹筏管理解决了，但要建设遇龙河生态乡村示范区，这些还远远不够。面对遇龙河沿岸村庄的风貌，政府工作人员明白"硬仗"还在后面。当时遇龙河沿岸的大部分村庄在建设之时没有经过统一规划，建筑风格参差不齐，甚至存在一些年久失修的危房、破房，加上旅游刚开始发展的几年，为开设餐馆、民宿，商户们建造了许多违规建筑，对遇龙河生态环境和景观造成巨大的损害。不破不立，当地政府当即决定开展环境综合整治行

动，对危房和违章建筑进行整改和拆除。

建起容易拆掉难，要把居住的家拆除村民自然不会袖手旁观。"拆房子时很多村民说，'村主任你要拆我的房子，反正我明天没饭吃，我去你家吃饭'，拆掉村民的房子我们顶着很大的压力"，遇龙河国家级旅游度假区首个综合整治村屯鸡窝渡村的村主任徐文通回忆到当时的情景，也不禁感慨初期工作的艰难。但为了村庄长远的发展，村干部们不得不在这样的压力下与村民们沟通协商，村民们有顾虑村干部们就以身作则。阳朔镇矮山党委委员陶秀琼在动员时就率先拆掉自家盖起的厨房，为村民们吃下了"定心丸"。拆旧房建新房，村庄布局重新规划，一番整治下来，遇龙河沿岸村庄焕然一新，整体风貌大幅提升，人居环境显著优化。"乡村风貌改善了以后，客人多了，村民的收入也跟着提高了。我们在这边做民宿也带动了附近村民就业，大家都有更多的事情可以做，也能赚更多的钱。"看着当地旅游发展前景越来越好，白沙镇遇龙村民宿老板封文军也对自己的生活充满希望。

制度规范了，环境变好了，旅游基础设施也要跟得上。在进行村容村貌整改时，阳朔县政府同时考虑到旅游基础设施的建设和旅游服务质量的提升。"要想富先修路"，路通了游客才能走到遇龙河来。在政府的规划下，至2018年，全县99个行政村都通了水泥路，20户以上的自然村都进行了村道硬化，全县通自然村道路硬化率达100%。道路建设不仅提升游客的游玩体验，同时也为遇龙河居民提供诸多便利。除此之外，码头、停车场、休息亭、公厕等一批公共设施也急需完善。但建在哪呢？这又成了一个两难的问题。建在村里难免要占用村民们的住房用地，建到村外又无法方便游客和居民使用。就在村干部们为难之际，村内党员们主动站出来解决了这个难题。"村子里有很多带头的共产党员，无私地、没有条件地把自己的土地拿出来建设停车场"，遇龙村村委干部自豪地介绍着村子里的建设历程，"区里要做一个清正廉洁的项目，村书记只用了一个晚上的时间跟村民沟通，相当于两三个小时开个小会，就把那么大一个项目敲定了"。

就这样，遇龙河流域村庄解决了一个个难题，迈过了一重重难关，完成了对环境的综合整治和当地旅游基础设施的建设和升级。乡村旅游吸引力不断提升的同时，遇龙河流域的人居环境持续改善，乡村居民的获得感和幸福感进一步提升（图5）。

4　齐心协力，营造旅游民生共建共享

4.1　政府牵头民心稳

2019年，阳朔县政府立下了在"甲天下"的最美山水间建设最美乡村的目标，并在遇龙河度假区开展"五拆五清五建"的村容村貌治理行动。其中作为典型代表的鸡窝渡村，从鸡窝蜕变成了凤凰巢，吃上了旅游饭。县政府投入了2000万元用于鸡窝渡村的基础设施建设和公共环境改善，共拆除危房、废弃房屋、猪圈和牛圈310座，拆除围墙大约4200米，建成村道和旅游度假步道3500米，装修改造145户人家的房屋立面。在改造过程中，充分尊重景观环境和原有街区肌理，保持村庄"自由生长"的感觉。改造模式按照"斜屋顶、白粉墙、青石墙裙"的桂北民居风格进行，并严格控制建筑高度，兼顾运用"空间淡化"手法，使其逐渐变化营造良好的空间秩序。村民住宅采取平屋面、缓坡屋面的模式改造，在原有的基础上更进一步提高坡屋面的坡度，逐步形成良好的"五立面"效果。同时，用当地原生植物打造"最美庭院"，精心设计"微花园、微菜园、微果园"，创造高品质环境，建设周边自然环境融为一体的生态停车场。整体改造力求让山水在最自然的状态下呈现出最美的风貌，让乡村回归屋舍俨然、阡陌交通、良田美池，让游客在唯美的乡村环境中忆乡愁、念乡愁。

随着鸡窝渡村基础设施的建设逐渐完善，其依山傍水、得天独厚的自然资源优势更为突出，吸引了大量投资者的目光。目前鸡窝渡村拥有中高端特色民宿13家，215间客房和430个床位。村中90%以上的村民从事与乡村旅游度假有所关联的产业。村民年人均收入已逾3.7万元，实现了从"靠天吃饭"变成"靠旅游吃饭"。

4.2　党员领头民心齐

遇龙河流域乡村旅游的快速发展离不开基层党组织和党员的带头和引领。特别是在"梦幻遇龙党旗红"口号的带领下，遇龙村全面发挥了党建在乡村旅游发展的重要作用。党支部作为推动乡村旅游发展强有力的堡垒，最大限度地发挥其引领功能，不仅让支部做给群众看，而且领着群众干，践行了

"全心全意为人民服务"的民生宗旨。遇龙村党支部主要从以下三个方面开展引领行动。

一是在村建设三级社区党群服务中心，结合红色旅游度假服务站，为乡村旅游注入基层党建活力。2018年，遇龙村成功创设建立为自治区人民政府五星级党组织。在深入实施农村人居环境综合整治三年行动中，村党支部牵头组织成立区域党建理事会，为农村人居环境综合整治和人民群众生活带来翻天覆地、非常可喜的变化。构建"党建引导＋党员带头＋干部推动＋群众参与"的工作路径和模式，充分发挥党员领导干部的引领作用。对于整治过程中的拆迁问题，通过细致耐心的工作，带动群众从"要我拆"变成"我要拆"的根本性思想转变。

二是以"村两委"换届为契机，加强基层党组织建设，打造"村两委"班子。"村两委"领导班子中党员6人，切实充当"领头雁"的角色，发挥"先锋模范"作用，带头营造新时代、新责任的环境和氛围。村委会班子不但有效转变工作作风，而且肩负起农村住房管控责任。他们配合"四所"，将村里几乎所有在建房屋都纳入监管。通过按图审批、按图施工、按图质量验收、按图发证，促成了农村住房风貌的源头把控。借助基层党建汇聚人民的智慧和力量，从"形、实、魂"协力打造完成桥上、遇龙堡、西牛塘、桥背等4个著名乡村人居环境的全方位整治，让4个自然村实现完美蜕变。

三是成立党员志愿服务第一志愿队。68名新时代文明实践志愿者和能主动"亮出身份"的村级扶贫队员是志愿队的主力。他们不但积极参加遇龙河竹筏漂流节的筹备工作，而且活跃在遇龙河流域发展的各项公共服务活动中。特别是在近年来脱贫攻坚、抗洪救灾、乡村振兴发展以及新冠疫情防控等工作中，他们全力服务当地村民，保障民生，塑造了遇龙党员旅游服务新名片。同时，将基层党组织建设与产业经济发展有机结合，党建引领产业链、公司服务链、信息化管理链。党员争当"项目管家"推进振兴乡村产业，全力打造"旅游＋产业＋生态＋文化"四位一体的乡村旅游发展新格局（图6）。

图6　各村党群服务中心

4.3　村民奋起谋利多

2020 年来势汹汹的新冠疫情，让刚被评为国家级旅游度假区的遇龙河蒙上了一层阴影。疫情防控的逐步常态化，也让遇龙河流域的各类旅游经营者开始了探索民生的自救之路。遇龙河朝阳村乡村手工烘焙店创业青年小袁对遇龙河旅游充满信心与期望。他相信，凛冬总会过去，只要大家齐心在可持续发展道路上继续探索，遇龙河一定会迎来山花烂漫的春天……

一部分经营者开始改变运营时长降低成本，增加无偿旅游服务，多元化的生计方式补充家庭收入。疫情改变了遇龙河两岸旅游商户的经营方式，同时也深刻地影响着旅游地民众的生计方式。朝阳村餐饮店老板老杨，在 2019年年底早早地就开始进货储备食材，准备在年底接待游客使用，结果食材一直到过完年关都未消耗掉。本以为是一场短暂的市场空缺，谁知这种非常态化的艰难时光却超出了他的想象。因此，老杨一家决定改变餐饮店的运营方式。他开始只在黄金周等节假日才会在家准备一些旅游餐饮接待的事务，而其他日子一家人会努力在县城周边寻觅临时短工的工作机会。希望通过这种外出务工加上少部分的旅游餐饮经营的生计方式，维持家庭基本收入，抵消一部分疫情对家庭生活的冲击。在桂林千古情景区门口的民宿老板，给住客提供无偿的订票服务、面包车接送服务、旅游向导服务。试图通过这些附加服务来吸引更多的游客，增加民宿吸引力。而那些景区附近的流动摊贩也把过去各种稀奇古怪的小商品换成了应季的农副产品。疫情防控常态化时期，更接地气的商品更受青睐，消费群体也更广泛。

民宿行业之间抱团取暖，打造"民宿+"塑造网红精品。在阳朔民宿协会扶持和帮助下，助推一批兼具故事性、体验性与乡村性的旅游民宿品牌。在疫情常态化防控期间，遇龙河民宿积极参加协会组织的培训学习以及行业交流会议。在与协会其他同行交流的过程中，遇龙河民宿产品的品质和服务都明显提升。同时，在政企民联动之下，当地投入大量人力物力改善村容村貌，破旧的泥砖瓦房改造成了一栋栋独具特色的乡村民宿。经过疫情的洗礼，让遇龙河民宿运营者们反思打开市场的新路径。于是，遇龙河流域的精品网红民宿应运而生。这些民宿不仅是住宿的场所，更是一个可以休闲、娱乐、度假的网红打卡地。他们通过对民宿主题的精心设计与改造，搭配各种音乐节、露营节、赏花节等节庆活动，获得了大量的人气和订单。

创新驱动丰富旅游业态，数字技术引领新媒体营销。在疫情防控常态化阶段，遇龙河旅游度假区积极行动，利用丰富的旅游业态吸引流量，提振乡村旅游发展信心。2021年，遇龙河新开业的"天下遇龙·威亚汉服飞仙"项目迅速成为网红打卡地。游客们身穿汉服，在专业人士的指导下吊威亚，在河面飘飞而去，像体验了一场现实山水武侠世界。新项目让游客在体验汉服文化的同时，能全方位地欣赏遇龙河美景，沉醉于山水之间。此外，遇龙河流域创新开发了铂金战马、火线救援、冰雪海盗船等项目。在新业态吸引眼球的同时，遇龙河景区工作人员将这些欢乐的旅游场景制作成Vlog短视频，配上精心编写的文案，在"双微一抖一红"等头部新媒体进行广泛宣传，引起了网友的惊呼与围观。将网络"种草"的流量在现实中变现，成为疫情防控常态化背景下遇龙河旅游发展的全新营销助推器。

通过村民、度假区、政府的通力合作，遇龙河流域主动应变，在不断发展中保障民生。据统计，2021年遇龙河景区竹筏漂流项目共接待游客139万人次，实现旅游收入11085万元，旅游接待人次同比上升42.95%，旅游收入同比上升40.08%。

5 结语

世事的变迁无法阻挡美丽的遇龙河亘古以来缓缓地流淌。她毫不吝啬地向中外游客展示着中国喀斯特地貌的乡村山水之美，也养育着两岸"靠山吃山，靠水吃水"的淳朴居民。现代旅游开发让传统的乡村嵌入了更多的要素和利益主体，这也使旅游为当地居民带来生计利益的同时难免伴随着矛盾。回首遇龙河流域乡村旅游开发的短暂历程，她在时代的发展机遇与挑战中历经乡村旅游地治理方式的探索与反复。其间有乡村社区经营者的自救、党领导下村集体的努力以及政府的规划与支持。诸多良性举措使得遇龙河旅游开发对民生的积极影响日趋显著。在乡村振兴新时代背景下，遇龙河流域坚持旅游开发与民共建共享，优化产品结构，打通乡村旅游全产业链。遇龙河正在努力成为以乡村旅游带动居民共同富裕的时代标杆。

案例使用说明

一、教学目的与用途

1. 适用课程

本案例主要适用于《旅游规划与开发》《乡村旅游》《旅游资源开发与管理》《旅游目的地开发与管理》等课程相关内容的教学。

2. 适用对象

本案例适用对象为 MTA 专业硕士及旅游管理类专业的本科生、研究生。

3. 教学目标

利用案例引发使用者思考，引出乡村旅游规划、开发、运营、管理过程中可能遇到的问题，点明景区的有效治理在旅游目的地可持续发展中的重要性。本案例可以让学生了解乡村旅游景区不同发展阶段治理问题及应对的措施，以及对当地民生的影响，引导学生探讨在充分发挥政府、市场、社会组织、村民各自角色效用之下，如何构建一套行之有效的乡村旅游景区治理体系，以达到培养学生多元视角分析实战问题的能力和战略统筹管理者的思维意识。具体教学目标如下：

第一，基于乡村旅游开发的相关理论，使学员理解乡村旅游资源开发动力及其影响机制，并且结合自己的经验提出实际问题的解决办法。

第二，把握利益相关者理论的主要观点，能够识别和确认遇龙河流域乡村旅游发展中的利益相关者，提升学生对相关利益者最大化的理解和利益相关者理论的掌握。

第三，引导学生了解遇龙河流域乡村旅游开发模式，探讨遇龙河乡村旅游发展过程中实现的社区增权要点，正确识别本案例中增权的维度和路径。

第四，从社会嵌入理论视角探讨农民参与乡村旅游的意愿，总结在乡村振兴大背景下遇龙河流域旅游发展的民生影响，为其他案例提供良好的借鉴意义。同时拓宽学生的视野，开放性探讨新时代背景下，风景河段乡村旅游发展的趋势。

第五，总结遇龙河流域在旅游发展后期所采取的社会交换（乡村治理）组织行为，使学生了解社会交换理论的解释框架，并运用其来解决实际问题。

二、启发思考题

（1）请结合案例，分析遇龙河流域为什么要大力进行旅游开发？村民为什么要参与旅游经营？

（2）遇龙河乡村旅游发展过程中有哪些涉及社区增权理论的现象？案例中遇龙河流域为使社区增权采取了哪些举动？取得了什么效果？

（3）在遇龙河生计发展过程中，涉及哪些利益主体？各主体之间的利益需求分别是什么？针对不同的需求哪些措施起到平衡和协调作用？

（4）遇龙河乡村流域旅游发展中受到了哪些类型的嵌入方式？嵌入因子和路径是如何影响当地村民参与乡村旅游发展的，是否促进了当地的旅游民生高质量发展？

（5）在遇龙河乡村旅游生计发展遭遇冲击时，有哪些情况展现了社会交换理论？采取了哪些措施构建乡村治理的框架？最后治理效果如何？

三、分析思路

教师可以根据教学目的灵活使用本案例，以下建议仅供参考：

本案例阐述了遇龙河乡村旅游开发与当地民生的关系，描述了在这二十余年乡村旅游的发展对当地农户的可持续生计产生的显著影响。但这一影响具有双面性，一方面，乡村旅游作为一种新兴生计策略，进入门槛低，居住在乡村旅游地的村民可以轻易地获得一种新的非农的生计方式，有利于提高家庭生计多样性，降低对自然资源的依赖，提高抗风险能力，降低生计脆弱性。除了提高村民收入水平等直接经济效应之外，乡村旅游发展能够增加政府税收，通过补贴、分红等再分配形式反哺于民，通过免费职业培训增加农户的能力，发挥间接效应。另一方面乡村旅游的发展，让拥有更多生计资本的农户在参与乡村旅游经营过程中天生占优，造成了收入分配差异，扩大了乡村社区内的贫富差距，加速乡村阶层化现象。相较于贫穷，村民们更加忧虑财富和资源分配得不均匀，这也将进一步破坏乡风文明、邻里关系，进一步降低农户的社会资本。

因此，我们对学员进行谆谆教导，首先让学员从案例正文了解遇龙河流域旅游概况，引导其对乡村旅游资源开发的选择和动力进行思考和讨论；其次，通过对遇龙河生计良莠不齐探寻良方的艰难历程，启发学员对在乡村旅游开发中如何平衡利益相关者的权益以及如何利用现有条件使得村民有效增权；再次，以点为面，结合乡村治理和嵌入理论，在新时代新背景下面临冲击，分析村民、村集体、企业、政府如何成功应对新的难题，总结相应的措施和解决路径；最后，针对遇龙河乡村旅游未来发展阶段，引导学员开放式探讨，如何实现乡村振兴与共同富裕的路径和经验，如何使得民生水平进一步提升。

在案例分析时，应注意实现案例情节线、理论知识、启发思考题、教学目标之间相互支撑、相互印证，在启发思考题的引导下，通过理论知识与案例实践的反复迭代，实现教学目标，案例分析总体思路如图 7 所示。

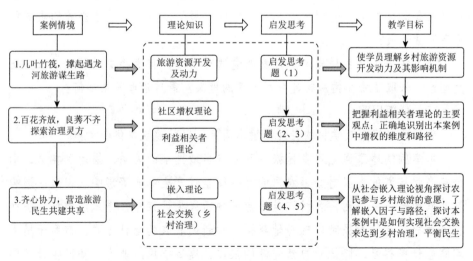

图 7 分析思路

四、理论依据与案例分析

问题1：请结合案例，分析遇龙河流域为什么要大力进行旅游开发？村民为什么要参与旅游经营？

【理论依据】

1）旅游资源开发

旅游资源开发是指借助现代科学技术手段，把潜在的旅游资源改造成旅游吸引物，并促使旅游活动得以实现的相关经济行为活动。旅游资源开发以现有资源为基础，以市场为导向，考虑供需关系等，主要突出地域性、永续性和文化性等方面的特色。

2）旅游资源开发动力

旅游资源开发动力从宏观上可以分为内部动力和外部动力，内部动力是指旅游资源本身所存在的特性、影响力等具有市场的经济价值和文化价值的吸引力；外部动力是指区别于旅游资源本身外的消费者因素、环境因素等对相关开发旅游资源产生需求。罗君名以民族旅游为例，将旅游资源开发动力机制进一步细分成4个方面：

（1）旅游资源及要素条件：地区各类自然、人文等旅游资源实体及其附属权能是旅游资源开发的基本驱动条件；

（2）市场机制核心驱动：以市场推动促进产业供给动态调整，是旅游资源开发、实现产业化、规模化、社会化发展的真正动力；

（3）政府发展政策拉动：地区政府有推动经济与社会发展进步的激情，希望通过利用当地资源开发旅游，带动经济发展，摆脱长期的落后面貌；

（4）旅游资源产权人内生的利益实现诉求：旅游资源产权人具有内生的利益实现诉求，期望改善自身的生存状态、提高收入水平，谋求经济效益、社会效益与环境生态效益。

【案例分析】

旅游资源及要素条件有以下几个方面。其一，遇龙河流域的旅游资源具有良好的开发价值，流域内自然资源丰富多样。遇龙河常年水质清澈，水流缓缓，两岸风景如画，两岸奇峰异岭，峰林秀丽，是典型的喀斯特峰林地貌地区。其喀斯特地貌形态多样，包括溶洞、峡谷、峰丛、石林等，具备极高的观赏价值。遇龙河流域内还有众多文物保护单位（富里桥、遇龙桥和仙桂桥等）、国家级传统村落以及国家级历史文化名村（旧县古民居、遇龙堡村及龙潭古民居）。其二，遇龙河流域附属的要素条件是值得开发的，一方面，当地独特的农耕文化以及人与自然和谐相处的方式，遇龙河被国内外专家一致认为是"世界上一流的人类共有的自然遗产"。另一方面，遇龙河流域内拥有丰富的非物质文化遗产，中元节（资源河灯节）、龙胜瑶族服饰、桂林渔鼓等被评为国家级非物质文化遗产。另外，以阳朔特色啤酒鱼、各式酿菜等为代表的饮食文化也成为阳朔旅游的一张亮丽的名片。这些正是旅游市场上非常重要且独特稀缺的资源及潜在要素，而这些正是满足旅游资源开发的基本要素条件。

市场机制核心驱动：遇龙河开发前期，正处于我国社会经济的快速发展时期，市场机制的核心驱动力也对遇龙河流域的旅游开发产生了影响。其一，市场的宏观层面对旅游需求上涨：随着人民生活水平的提升，人民的消费逐渐从生存的消费转向为享受的消费，催生了对旅游市场的强大需求。而对遇龙河流域进行旅游开发将满足消费者对于享乐型消费的需求；其二：市场消费者逐步走向多样化的消费需求：消费升级背景下，单一的旅游形式已经逐渐不能满足消费者的需求，多样化、精神熏陶式、参与体验式等旅游形式越来越受到大众的偏爱，乡村旅游凭借独特的自然和文化资源脱颖而出，吸引了众多城市旅游者的到来，逐渐成为旅游业的热点。遇龙河除了拥有迷人的自然风光外，其古桥、古村居等蕴含丰富的文化元素，能够满足消费者对精神熏陶的追求，另外，遇龙河流域所附属的资源要素，包括天然小桥流水，竹筏漂流，具有开发参与体验式的旅游项目的潜力，可满足消费者的体验感需求。

政府发展政策拉动：政府大力支持和鼓励发展乡村旅游工程，近年来，中央一号文件、文化和旅游部都提出要大力发展休闲农业和乡村旅游、实施乡村旅游精品工程，促进乡村旅游可持续发展。在此背景之下，大力发展遇龙河流域乡村旅游发展，运用流域内丰富的自然资源与人文内涵，推动遇龙河景区旅游精品化、品牌化、多样化发展，不仅是大势所趋，也能推动经济发展，保障当地民生，助力乡村振兴。当地政府制定了多项政策并实行诸多良性举措大力推动遇龙河旅游开发,在乡村振兴新时代背景下,遇龙河流域坚持旅游开发与民共建共享,优化产品结构,打通乡村旅游全产业链,力求以乡村旅游带动居民共同富裕。

旅游资源产权人内生的利益实现诉求:其一,当地乡村居民想要增加可支配收入,作为遇龙河流域直接资源的产权人,当地村民深知遇龙河流域内的自然和文化资源具有非常好的开发和利用价值,但是当下并没有好好地利用起来,他们期待能够好好地进行旅游开发,以改善自身的生存状态、提高收入水平。其二,当地政府想要依托发展旅游改善民生、助力乡村振兴,遇龙河拥有得天独厚的旅游资源,其资源产权人还包括政府,当地政府力求以此为基点给当地村民增加就业机会,带动经济收入,谋求经济效益、社会效益与环境生态效益的统一。由此,对遇龙河流域进行开发,能满足公有产权人和私有产权人共同的实现利益诉求。

问题2:遇龙河乡村旅游发展过程中有哪些涉及社区增权理论的现象?案例中遇龙河流域为使社区增权采取了哪些举动?取得了什么效果?

【理论依据】

1)社区增权理论的内涵

增权理论中的"增权"可以简单理解为通过增加对象(个人或者群体)对个人的自信、认同、能力的方式,实现他们的发展与提升。增权理论中的"权利"并不是法学范畴内的权利。增权理论中所谓的"权利"主要指一种客观的存在,是人们的一种主观感受,即"权利感",这种权利感能够有效促进民众的尊严感、福祉感和重要感。在这个基础上,增权理论中的"无权"便是指失去自我的认知、尊严、重要性的认知,失权会直接导致案主在工作和生活中不能有序开展、自甘堕落,或者基于个人利益而丧失法律、道德的控制。相对的增权,则是指通过具体的方法、技术、关注、辅助,改善失权者的认知,或者在现有的基础上通过提升案主的权利感。

2)增权的方式

增权理论的基本观点认为:个人或群体需求不足、发展问题的出现是由于环境原因,环境对人或群体的排挤、压迫造成了对象的"无权",此处的"权"并非权利,而是在满足需求和发展过程中所具有的权能。因此,增权的基本目标就在于为服务对象增进权能，以对抗环境的压力。在这个过程中，"增权"的方式主要包含4种方式：

（1）心理增权：心理增权的主要方式是通过逐渐改变案主的心理状态以实现增权的目标。部分案主对于自己的境遇、条件以及自身存在"偏误"的认知，整体处于消极的状态中。心理增权就是改变案主的心理状态，让他们对自身充满自信、对所具有的条件充满认同，对所处的环境感到骄傲并坚信可以有效改善自身现状。

（2）经济增权：经济增权顾名思义，是通过经济的手段实现案主需求的满足和发展。经济因素在社会工作中通常既是动机也是目标，一方面经济因素决定案主参与的动机，且是十分重要的一项动机，良好的经济投入不仅能够快速改善案主的情况，让案主所处的水平获得发展，同时也是能够推动案主主动改善自身情况的一种路径；另一方面，经济因素是发展目标，通过经济收入的增加，案主将改变环境的压迫，形成良性的循环，通过不断投入、参与和目标实现，最终达到发展的目标。

（3）社会增权：社会增权是增权途径中范围最广、因素最多的路径。其中不仅包括社会的认同程度，也包括社会环境的氛围、条件以及相应的素质。因为任何人或者群体、组织的发展都是建立在社会环境基础上的，不同的社会因素也影响着案主的发展方式和基础条件，社会增权就是通过改善案主所处的社会条件以实现增权的目的。

（4）政治增权：政治增权的方式并不是指微观层面的政治，例如赋予官职、提升法律层面的政治权利等，而是指宏观层面的政治概念，是在我国法治社会和法律体系基础上，推动宏观层面政治地位的发展。例如妇女、儿童和老人，以及残疾群体等社会层面的弱势群体，他们的"政治地位"是弱于普通人的，在社会环境中通常会遭到一定程度的歧视、压迫和不公平对待。政治增权的方式就是推动这些弱势群体在满足需求和获得发展的过程中，获得自己理应获得的政治地位和社会待遇，避免自身的弱势成为限制他们发展的阻碍。

【案例分析】

1）遇龙河乡村旅游发展过程中有哪些涉及社区增权理论的现象？

增权理论中所谓的"权利"主要是指一种客观的存在，是人们的一种主观感受，即"权利感"，这种权利感能够有效促进民众的尊严感、福祉感和重要感。遇龙河流域的居民在旅游未开发之时一直过着传统的农耕生活，日出而作日落而息，他们的心愿与我国千千万万的农民一样，那就是如何获得好收成，有高收入。

随着遇龙河流域旅游的繁荣发展，当地居民走向新的谋生道路，但越来越多涌入遇龙河的人中，除了各地的游客外，还有许多试图在这里"分一杯羹"的开发商、商户、企业等。旅游的发展对遇龙河居民造成了一定的"挤出效应"，即原住居民的挤出、原有功能的挤出和原生文化的挤出所产生的综合效应（田潇然等，2018）。在此背景下，当地居民的失权逐渐使居民们产生不满情绪，甚至采取一些不利景区发展的措施。此时，通过具体的方法、技术、关注、辅助，改善失权者的认知，或者在现有的基础上通过提升当地居民的权利感就显得十分重要。

同时，后续为规范遇龙河旅游市场秩序，政府采取组建遇龙河竹筏漂流公司，制定"四统一"原则（即"统一票证、统一售票、统一调度、统一结算"），颁发《阳朔县遇龙河竹筏漂游管理规定》等规范化管理措施，将竹筏经营权从居民手中收回。村民部分权利的让出就需要其他权利的增加，平衡之下才能让当地居民减少缺失感，稳定原住居民情绪。

2）案例中遇龙河流域为使社区增权采取了哪些举动？取得了什么效果？

相关研究指出增权过程可遵循以下4个步骤展开：首先，做出评估，明确社区居民的需求和目标；其次，针对介入的目的搜集和提供必要的知识和技巧，控制辨认中存在的问题；再次，调节和改善介入过程中的环境；最后，根据社区居民的变化和改善进行效果的评定，将效果与社会行为和环境进行对接。心理增权、经济增权、社会增权与政治增权是可考虑的增权路径。通过对遇龙河旅游发展历程的深入了解，可以发现其增权历程也基本依照以上步骤完成（图8）。

遇龙河旅游规范化初期，村民需求未得到充分考虑而导致矛盾引起阳朔县政府的高度重视。通过对村民意见的采集，可将其需求划分为两个方面，首先，从社会需求来说，企业、商户、居民之间的利益争夺使当地旅游市场十分混乱，各方经营者只关注自身利益，给当地整体发展带来不利影响。同时，旅游发展离不开环境的建设与提升，但由于遇龙河流域原有的村庄形态过于单一，风格参差不齐，依靠村民的力量无法从整体上进行提升与改造。其次，从个体需求来说，旅游发展引发的"挤出效应"使当地大部分村民逐渐跟不上外来资本的脚步，政府初期的统一管理策略也让村民们经营的小生意无法像以前一样进行，居民参与旅游活动的意愿高涨之时却未得到满足。

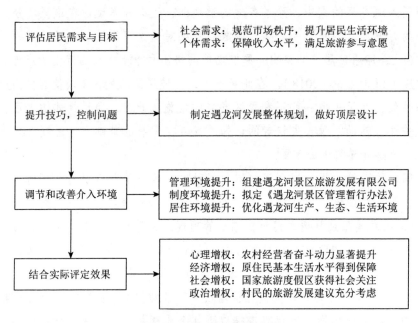

图8　遇龙河社区增权路径

明确社区居民需求后，当地县政府迅速展开规划，全方位提升遇龙河旅游发展水平。阳朔县政府将遇龙河沿线自然村进行生态型升级改造，倾力打造带有国际化和乡土气息的遇龙河"生态会客厅"。示范区建设涉及白沙、阳朔、高田3个乡镇8个行政村44个自然村5万多人口。示范区建设分3期进行，第一期实施10个村，第二期实施9个村，与第一期同时开工建设，第三期计划实施25个村。建设内容包括村屯绿化、道路硬化、水源净化、田园景观建设、房屋立面改造等，实现遇龙河流域两岸的饮水净化率、道路硬化率、村庄绿化率、村屯亮化率、房屋整治率、污水处理率达100%的"六个100%"

目标。

依照政府整体规划与设计，遇龙河景区各类环境得到显著改善，为社区村民增权打下坚实基础。从管理环境来看，2016 年当地政府成立月亮山遇龙河景区管理委员会与遇龙河景区旅游发展有限公司，以此为依托，县、镇、村三级联动，组建遇龙河景区综合执法大队，与阳朔县其他相关执法队伍一起联合执法；召集 200 多人的工作队伍，分成 19 个小组分片包干进驻各相关的村庄开展工作，从系统上提升遇龙河景区管理环境。从制度环境来看，拟定《遇龙河景区管理暂行办法》，对遇龙河发展的各项问题作出书面规定，使执行人员有依据，村民更信服，为遇龙河景区旅游发展和社区增权之路提供制度保障。从居住环境来看，在政府开展的第一、二期工程建设中，四季观赏花园，村庄绿化，村道硬化，沟渠硬化，修建观光步道，扩建联网公路，房屋立面改造项目全方位提升遇龙河人居环境，停车场、厕所、休息亭、服务中心等各项旅游基础设施也逐步完善。

经过遇龙河政府和当地村民的共同努力，当地整体风貌得到极大改善，社区村民权利得到保障，居民增权诉求得到解决。心理增权主要指改变居民的心理状态，让他们对自身充满自信、对所具有的条件充满认同。遇龙河村庄的整体建设和旅游发展使当地村民看到未来生活的希望，居民自信心显著提高。经济增权即通过经济的手段实现社区居民需求的满足和发展。遇龙河景区旅游有限公司在统一管理的基础上，为村民提供筏工岗位，为当地居民提供景区分红，保障居民的基本收入，以此形成良性循环，通过不断投入、参与和目标实现，最终达到发展的目标。社会增权通过改善居民所处的社会条件以实现增权的目的。在县委县政府的正确领导和大力支持下，遇龙河旅游度假区大力发展体育产业，丰富旅游体验，先后获得"桂林市优秀度假区""自治区生态旅游示范区""国家级旅游度假区"称号，在社会上取得广泛的关注。政治增权是在我国法治社会和法律体系基础上，推动宏观层面政治地位的发展。通过村委对社区居民的意见征求，将一些人民群众关注度高、影响面广的提案列为重点提案，成立专门的监督小组进行跟踪督办，居民获得自己理应获得的政治地位和社会待遇。

问题 3：在遇龙河生计发展过程中，涉及哪些利益主体？各主体之间的利益需求分别是什么？针对不同的需求哪些措施起到平衡和协调作用？

【理论依据】

利益相关者理论

Freeman R. E（1984）提出"利益相关者是能够影响一个组织的目标的实现，或者受到一个组织实现其目标的过程影响的所有个体和群体"。Clarkson M（1995）认为"利益相关者在企业中投入了一些实物资本、人力资本、财务资本或一些有价值的东西，并由此承担了某些形式的风险；或者说，他们因企业活动而承受风险"。贾生华、陈宏辉（2002）认为"利益相关者是指那些在企业中进行了一定的专用性投资，并承担了一定风险的个体和群体，其活动能够影响该企业目标的实现，或者受到该企业实现其目标过程的影响"，这一定义既强调专用性投资，又强调利益相关者与企业的关联性。根据利益相关者对企业产生影响的方式将其分为直接、间接利益相关者。直接利益相关者指直接与企业发生市场交易关系的利益相关者，如股东、企业员工、债权人、供应商、零售商、消费者、竞争者等；间接利益相关者指与企业发生非市场关系的利益相关者，如中央政府、地方政府、外国政府、社会活动团体、媒体、一般公众等。

旅游利益相关者理论认为，一个企业是由多个利益相关者共同参与或投入构成的，企业经营和管理的核心问题是在谋求企业整体利益的前提下综合平衡其各类利益相关者的利益，而不是谋求某一个主体或者部分主体的利益。在这一理论指导下，企业首先要区分各类利益相关者，妥善处理企业与各类利益相关者的关系，明确各利益相关者的责任和权利，同时抵制不正当的权益要求，力求各利益相关者能够最大限度地合作，从而实现企业的总体目标（罗永常，2020）。

【案例分析】

1）在遇龙河生计发展过程中，涉及哪些利益主体？

乡村旅游利益相关者是指所有与乡村旅游开发产生关系的个人、组织以及群体，包括对乡村旅游开发产生直接影响和间接影响的相关者。据此，乡村旅游利益相关者主要有：政府部门（主要包括中央政府、地方政府，以及地方的旅游部门、交通部门、水利部门等）、旅游企业（主要包括外来的旅游开发商、本地旅游企业、旅行社、旅游公司等）、社区居民（主要包括当地生活的居民、参与旅游经营的经营者）、旅游者、非政府组织（主要包括旅游媒体、环境保护组织、规划研究单位、社会团体等）。

2）各主体之间的利益需求分别是什么？针对不同的需求哪些措施起到平衡和协调作用？

在遇龙河流域的旅游发展初期，由于缺少提前规划，各个利益主体利益需求存在冲突，旅游市场呈现混乱之态。通过实施一系列协调措施，当地发展逐渐走向稳定和谐（图9）。

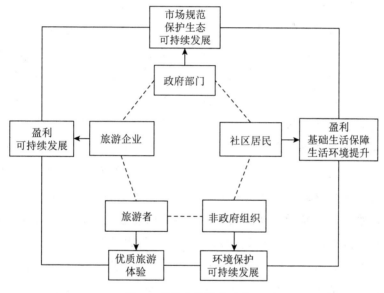

图9 利益主体需求示意图

政府部门具有改善市场环境、维持市场秩序，保护当地生态以实现地区可持续发展的大需求。其并不偏向于任何一方私人利益，而是全心全意谋求当地生计与生态发展。以此为前提，阳朔县各级管理机构通过建立健全相关的旅游政策、制定整体的旅游发展规划，刺激当地的旅游发展速度，并通过投入资本来树立当地的旅游发展形象，为当地旅游发展谋取福利（周裴妍，2022）。社区居民作为核心利益相关者之一，在旅游发展过程中扮演着重要的角色。但遇龙河旅游发展初期，居民在尝到旅游发展甜头后，当政府统一收回竹筏经营权时，部分村民对此表示利益受到损害，不满之情越来越多。为了妥善解决社区居民反映的问题，遇龙河景区旅游发展有限公司从三个方面解决居民的诉求：首先，统一收归竹筏后为当地居民提供筏工岗位，同时发放旅游分红，解决当地居民的经济收入保障诉求；其次，为筏工进行教育培训，提升工作人员服务意识与服务质量；最后，为每位筏工购买保险，配备救生衣等，保障工作人员人身安全。在各方面问题都得到解决后，当地居民也更加配合政府的相关工作。旅游企业的进入为当地旅游发展带来更多资金和设施上的支持，但旅游企业谋求的是更大的利益回报。阳朔县政府在通过制定相关制度和政策为其提供良好发展环境的同时也要约束其对遇龙河流域的建设行为，以维持景区的可持续发展。非政府组织包括旅游媒体、环境保护组织、规划研究单位、社会团体等，其作为非核心利益相关者主要对遇龙河流域的开发与建设起到辅助作用，例如在遇龙河发展初期一些新闻媒体对部分"宰客"现象进行报道，通过舆论力量促使当地旅游质量改善提升。旅游者即游客在旅游市场的地位至关重要，是利益相关者关联程度非常高的群体，其目的即为获得旅游服务体验。旅游过程是双向的，游客也会给当地带来信息流和人流等，是其他利益主体共同服务的对象（周裴妍等，2022）。因此，政府、居民及旅游企业的一系列举措都是围绕提升旅游服务质量，优化旅游体验展开。对市场的规范化、生态环境的改善及工作人员的管理使得游客来到遇龙河获得更好的旅游体验，消费权益得到保障。

在发展旅游的过程中，必不可少地涉及核心利益相关者之间的内在联系，以及群体之间的共同参与和集体讨论，商讨的内容包括利益主体之间所获利益的分配制度和如何满足利益主体之间的各种利益诉求。通过对遇龙河利益相关者的分析，明确各主体诉求，对于遇龙河景区发展和居民可持续生计具有积极作用。

问题4：遇龙河流域乡村旅游发展中受到了哪些类型的嵌入方式？嵌入因子和路径是如何影响当地村民参与乡村旅游发展的，是否促进了当地的旅游民生高质量发展？

【理论依据】

社会嵌入理论

社会嵌入是新经济社会学的核心与基础，由 Polanyi 在 1944 年首次提出。在沉寂了 40 年后，美国著名社会学家 Granovetter（1985）肯定了 Polanyi 的嵌入性观点并提出了社会嵌入理论，同时探讨了该理论"有限理性"和"社会人"假设，认为个体是嵌入于特定社会关系和结构中，依据其嵌入程度作出相应的符合个体主观目的性的行为决策。Granovetter 等又将社会嵌入分为关系嵌入和结构嵌入，前者指关系双方相互需要互利互惠的程度，后者认为关系双方还会通过第三者进行信息的传播与利益输送，结构嵌入正是关注这个具有信息纽带作用的第三者在社会网络中的地位和作用。相关学者还提出了认知嵌入、文化嵌入、制度嵌入等社会嵌入类型。

【案例分析】

（1）关系嵌入：在遇龙河流域乡村旅游发展早期，当地村民多以家庭、村庄为单位，自发组织进行旅游经营活动，没有统一的经营主体，在资金、人力等方面多寻求家庭、亲戚以及朋友的帮助，属于关系嵌入。

关系嵌入强调个体间的相互关系和互利互惠程度。当地村民参与旅游需要来自家人、亲戚和朋友等社会网络成员在情感和物质上的支持，反过来农民的旅游经营活动也会影响社会网络成员的利益所得，这一点在以人情关系为纽带的我国农村表现得尤为突出，如建立在信任之上的亲朋好友之间的雇佣和借贷关系、建立在互利互惠之上的互补产品的相互寄卖关系、建立在声誉和认同之上的技术与经验的分享关系等。通过关系嵌入，可以通过村民间的信任尊重、互利互惠降低各种机会主义风险，从而促进当地村民参与乡村旅游开发的意愿。

（2）结构嵌入：随着遇龙河乡村旅游的迅速发展，村民自行组织旅游经营开发活动，在服务规范性、经营合理性以及发展可持续性等方面的劣势凸显，愈发难以满足市场的需求。当地政府牵头引入第三方企业进行合作，共同开发经营，丰富了当地旅游业态和居民生计方式，属于结构嵌入。

结构嵌入让旅游从业者具有位置优势，在不同个体间起到桥梁的作用，从而具备各类供给和需求资源，降低创业成本，创业意向更容易被激发。遇龙河流域乡村旅游地农民凭借人脉、先前工作及创业经历与当地旅行社、在线旅行社、农家乐、乡村民宿、乡村餐馆、地方政府、景区景点及地方导游等旅游行业利益相关者展开良性互动，获取各类异质性资源，通过对这些资源的整合与利用从而促进旅游创业。

（3）制度嵌入：在遇龙河流域乡村旅游发展过程中，为了促进旅游可持续发展，保障民生福祉，当地政府制定的一系列制度政策对当地旅游发展起到至关重要的影响，属于制度嵌入。

一方面，阳朔县政府通过出台相关规定，实行多种良性措施规范竹筏经营市场，改善遇龙河旅游市场秩序，并且每年给当地村民发放一定的旅游收入分红，降低农民的生计风险，进一步提升了村民参与旅游的意愿；另一方面，当地政府在制度上统一经营管理权，进行集中统一管理和企业化运营，保证旅游项目的服务质量，统一的市场价格规避了恶性竞争，生态环境也逐步得到改善和恢复。良好的旅游经营环境，吸引了更多的外部资金投入，促进遇龙河乡村旅游又好又快发展。

5. 在遇龙河乡村旅游生计发展遭遇冲击时，有哪些情况展现了社会交换理论？采取了哪些措施构建乡村治理的框架？最后治理效果如何？

【理论依据】

社会交换理论

社会交换理论是在古典功利主义、人类学、行为主义心理学等理论基础上的进一步发展。该理论认为人类的社会活动均可视为交换行为，并在利益互惠的基础上形成交换关系，即一方向另一方提供帮助、支持，使得对方有回报的义务，但无法预测对方的回报行为，因此这种交换关系有不确定性和风险，只有建立在信任的基础上才能进一步发展为长期的交换关系，区别于建立在具体财务收益基础上的短期经济交换关系。其中，具体的回报行为可分为金钱、商品和服务等"外在酬赏"以及爱、尊敬、荣誉和职务等"内在酬赏"。

在乡村治理领域，为回应农村转型对基层党建提出的新要求，构建基层党建与乡村治理的良好互动关系，部分学者基于嵌入理论提出"嵌入式党建"的创新治理模式。在我国乡村治理领域，"嵌入式党建"在具体实践方式上表现为以村级党组织为核心，通过党建嵌入乡村治理体系，强化党建工作，重建"党政群合一"的一体化乡村社会治理架构，构建党建对乡村三治的"分"领域引领与"合"领域统筹机制，共同发挥上级党组织督导作用和基层党员动员作用，并且与国家项目支撑相结合，夯实村治物质基础，增强群众政治认同，畅通乡村治理机制，激活村治内生力量，发挥农村党组织的治理功能，夯实国家治理根基，促进国家治理体系和治理能力现代化。

【案例分析】

1）在遇龙河乡村旅游生计发展遭遇冲击时，有哪些情况展现了社会交换理论？

遇龙河流域的遇龙村通过党建嵌入乡村治理体系，激励各主体之间形成长期积极的社会交换关系，组织结构和治理层级得以优化。

2）采取了哪些措施构建乡村治理的框架？

（1）使命和责任：提高村党组织领导班子的乡村治理能力。

遇龙村以党建嵌入乡村治理体系促进村党组织领导班子向"领头雁"角色的升级。一方面，以强化"内在酬赏"提高主体参与乡村治理积极性。遇龙村以乡村"村两委"换届为契机，打造"村两委"班子，发挥"先锋模范"作用，带头营造新时代、新责任的环境和氛围。在此过程中，党的执政优势与组织优势为村党组织领导班子群体参与乡村治理提供了信任基础，信任基础是合作各方实现共赢的最重要因素，能够在实现长期积极的社会交换关系的同时激发村党组织领导班子的创造力，促进乡村治理手段的创新，提高治理能力。另一方面，遇龙村将基层党组织建设与产业经济发展有机结合，以党建引领产业链、公司服务链、信息化管理链建设，党员争当"项目管家"推进振兴乡村产业。通过党建嵌入乡村治理体系，确保党建引领在各个产业中发挥主导作用，村集体经济不断壮大并反哺村党组织，以金钱为主的"外在酬赏"，发挥治理主体之间的利益黏合作用，构建村党组织积极有效参与乡村治理的长效机制。

（2）获得和服务：唤醒村民群众的自治主体意识。

遇龙村以党建嵌入乡村治理体系，通过提高村民群众获得感以及优化服务唤醒村民的自治主体意识。一方面，遇龙村通过环境的综合整治和当地旅游基础设施的建设和升级，不断提升当地乡村旅游吸引力，持续改善人居环境，乡村居民收入不断增加，提升村民的获得感和幸福感。遇龙村通过党建嵌入乡村治理使村民群众与村党委组织在党建和乡村治理工作基础上形成信任关系，从收入及人居环境等方面体会到"外在酬赏"的不断强化，加强村党组织与村民群众的利益联系。另一方面，遇龙村党支部构建"党建引导＋党员带头＋干部推动＋群众参与"的工作路径和模式，充分发挥党员领导干部的引领作用。对于整治过程中的拆迁问题，通过细致耐心的工作，带动群众从"要我拆"变成"我要拆"的根本性思想转变。在此过程中，基层党员在拆迁难题上的挺身而出以及平时耐心细致的服务让村民群众切实体会到服务的"温度"；在项目建设过程中尊重村民群众意见，重要决议由村民和村委开会表决，村民群众的参与感以及被尊重感得到提升。村民在获得思想认同的同时强化了党建嵌入乡村治理所给予的"内在酬赏"，并在信任关系基础上与"外在酬赏"共同构建起村民群众与各主体之间长期稳定的社会交换关系，激发村民群众的自治意愿，提高村民群众的自治能力，促进村民群众自治的良性发展。

3）最后治理效果如何？

遇龙河流域的遇龙村经历了由穷到乱、由乱到治、由治到富的发展历程，同时村党组织也在强化党建嵌入乡村治理的实践下实现由弱到强的转变，旅游产业迅速发展，村集体经济快速增长，村庄整体风貌大幅提升，人居环境持续改善，民生福祉不断增加，推动了乡村治理体系和治理能力现代化，向乡村振兴迈出坚实步伐。

五、背景信息

1. 阳朔县乡村旅游发展

阳朔县位于桂林市东南部，距桂林市区 65 公里，县城总面积为 1428 平方公里，气候温和湿润、四季分明。阳朔自古便有"桂林山水甲天下，阳朔山水甲桂林"的美誉，接待过世界各国重要首脑、部长，在国内外均享有盛名。阳朔建县始于隋，距今有 1400 多年历史。2014 年凭借秀美的山水风光，列居"中国最美丽县"榜首，2016 年又入选为第一批"国家全域旅游示范区"。

1973 年国务院将阳朔列为旅游开放县，当时就提出在保证粮食自给的前提下稳步推进乡村旅游发展。阳朔县的特色乡村游吸引了众多国内外游客，形成了独具特色的阳朔模式。1984 年，阳朔县第一版总体规划确立了"旅游立县"的战略发展思路，规划提出依托漓江山水、大榕树景区等自然景观形成主题鲜明的山水观光旅游产业。自此之后，旅游人数迅猛增长，特别是外国游客量增长迅速。1992—2011 年，国家加快改革步伐，入境旅游与国内旅游并行发展。特别是 1995 年实行双休日制度后，城市居民闲暇时间增多，假日旅游出现井喷现象。阳朔县的旅游市场从县城和主要景点开始向全县扩散，旅游接待从城镇走向农村。1997 年以后，县政府陆续开发了遇龙河、龙颈河漂流项目，并建立遇龙河两岸攀岩基地，村民和旅游者合作开设了各类民宿酒店。2012 年后，旅游产业成为阳朔县支柱产业。国内外游客数量稳步提高，游客重游率较高，同时，乡村旅游成为阳朔县旅游产业的主要市场。

2. 我国乡村旅游发展政策

我国乡村旅游从 20 世纪 80 年代兴起至今，对我国社会经济生活起到重要作用。乡村旅游是以休闲度假为目标、以乡野村落为空间、以乡土文化为核心，为游客提供休闲、娱乐、度假等服务的旅游形式。

1989 年"中国农民旅游业协会"更名为"中国乡村旅游协会"是我国乡村旅游兴起的重要标志事件。30 年间，乡村旅游经历了由全国涌动到普遍壮大再到当前新时代下集约提升的阶段演进。乡村旅游具有提高城乡居民生活质量、推进经济社会发展的综合功能，因此成为推动乡村振兴的重要抓手。多年以来，中央与地方协同联动，出台多项促进乡村旅游发展的政策举措，如《全国乡村旅游扶贫工程行动方案》（2016）、《促进乡村旅游发展提质升级行动方案》（2017，2018）及《关于促进乡村旅游可持续发展的指导意见》（2018）等，充分释放了国家大力并长期支持乡村旅游高质量健康发展的政策信号。习近平总书记在党的十九大报告中提出乡村振兴战略，为我国新时代乡村建设提供了发展方向和新思路，也为乡村旅游的发展提供了新契机。

3. 旅游开发中的民生影响

旅游业在本质上是民生产业，取得共识的是，旅游开发已成为民族地区可持续的民生改善战略路径。然而旅游开发使得民族地区当地群众都能够平等地受益吗？虽然我国民族地区旅游业近 30 年来保持了旅游人数和旅游收入"双高"发展，其发展速度普遍位于 10%~30% 的增长区间，少数地区甚至出现了几何级数的"跳跃式"发展，远远高于民族地区国民经济的发展速度，甚至高于全国其他大部分省份的旅游发展速度。但是，不同民族地区的群众真的公平地享受到旅游惠民的"发展权"了吗？同一民族地区群众也都受惠于旅游经济的发展了吗？当前，在我国全面建成小康社会、使人人享有平等的机会、让改革红利惠及全体人民的背景下，如何在满足乡村旅游地区旅游产业科学发展和改善民生的双重要求下，制定精准惠民的政策、促进旅游公平具有重要的意义和价值。

六、关键要点

1. 关键分析点

（1）分析遇龙河乡村旅游发展前期产生治理问题的原因，运用利益相关者理论和社区增权理论来提炼遇龙河流域早期旅游发展过程存在的民生问题，总结其破局之道。

（2）能够分析遇龙河流域管理组织在旅游开发过程中对民生的影响作用及机制。总结遇龙河景区发展阶段转变的关键要点，解读不同模式对民生发展的影响效应，以厘清不同阶段不同治理模式的侧重点以及发展演变的逻辑。

（3）启发学生思考在疫情背景下，乡村旅游地开发克服发展瓶颈的针对性策略以及多元化经营路径，并形成完整的实施方案，培养其创新能力。

2. 关键知识点

（1）旅游资源开发的条件及动力；

（2）利益相关者理论核心要义的理解；

（3）社区增权理论的形成机制及路径；

（4）嵌入理论的影响因子和效用及社区交换（乡村治理）的作用情境。

七、建议的课堂计划

1. 时间计划

本案例可作为专题案例课来讨论进行，案例教学以学生讨论为主，教师引导为辅。以下是按照时间进度提供的课堂计划。建议案例教学时间控制在 80~90 分钟，如表 1 所示。

表 1　建议的课堂计划

教学流程	教学内容	时间
课前计划		
课前准备	（1）课前发放案例正文、相关附件材料和启发思考题，要求学生提前完成案例阅读，查找相关资料和理论知识，对提出的问题进行初步思考； （2）建议各小组浏览遇龙河景区官网，美团、大众点评等网站查阅资料，收集相关新闻报道，对遇龙河二十余年的旅游发展做初步的了解	课前布置
课中计划		
课堂前言	老师简要介绍案例背景、案例研究主题和案例研究意义	5 分钟
课堂阅读	课堂引言后，再次要求学生仔细阅读案例材料	5~10 分钟
随机提问	结合启发思考题，向学生进行课堂随机提问： 1. 针对启发思考题（1），要求学生讨论、分析与作答，学习和理解旅游资源开发的定义及开发条件的知识点； 2. 针对启发思考题（2）、（3），要求学生讨论、分析与作答，学习和理解利益相关者之前平衡的关键因素有哪些，掌握社区增权的定义和实施路径； 3. 针对启发思考题（3），引导学生作答，要求学生掌握乡村治理（社会交换）的具体措施，理解嵌入理论的实际适用场景及效用	10 分钟
自由讨论	以利益相关者、社区增权、乡村治理的理论知识为基础，结合乡村旅游行业如今发展实践，引导学生讨论并解答启发思考题。老师可以逐条点出案例所涉及的问题，让学员主动发言回答，阐述其对各问题的分析及解决方案或陈述所在小组的观点，其他各个小组学员都可以就每个学员的发言提出不同意见并进行交锋讨论	50 分钟
案例总结	首先老师对每个小组分析问题的思路和观点进行点评，指出其亮点和遗漏；其次，提出自身对案例的看法，进一步引导学生的思路，以供借鉴；最后对理论依据进行详细介绍，并针对在疫情常态化背景下，提出乡村旅游发展与民生共建共享的相关问题，以供学生课后继续思考	10~15 分钟
课后计划		
课后作业	为学生提供参考文献及相关资料，结合小组讨论和课堂分析，写出更具体的评述	1~2 周

2．课堂提问逻辑

（1）为何遇龙河流域村民最初自主参与旅游的尝试效果不佳？

（2）遇龙河乡村旅游发展早期遭遇治理矛盾，政府都采取了哪些措施？

（3）在遇龙河生计发展过程中，涉及哪些利益主体？各主体之间的利益需求分别是什么？

（4）地方政府对遇龙河实施政企联合管理对民生产生了怎样的效益？

（5）在遇龙河旅游发展模式治理过程中，当地村民获得了哪些权益？

（6）根据嵌入理论，遇龙河流域村民因为哪些因素加入了乡村旅游发展？

（7）结合案例分析，遇龙河流域有哪些情境体现了社会交换（乡村治理）？

（8）遇龙河流域最后如何聚能协作达到乡村旅游共建共享？

3．板书设计

本使用说明针对本案例的整个分析思路设计了一块课堂板书，将案例存在的知识点、问题等进行列示。教师可根据自身教学需求进行一定的完善与调整，具体内容如图 10 所示，仅供参考。

八、后续进展、相关附件及其他教学支持材料

更多关于遇龙河度假区的信息可访问其官网：http://www.ylhdjq.com。

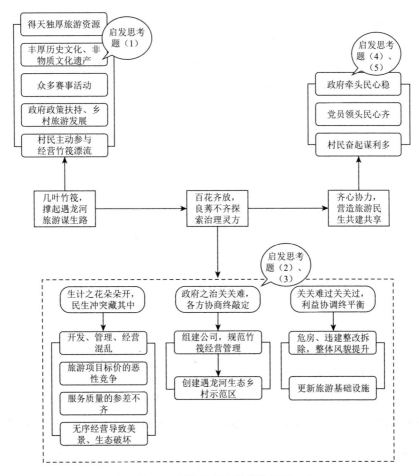

图10　课堂板书设计总体示例

本案例参考文献

［1］杨旸，保继刚.治理模式分异对旅游地发展的影响机制研究——阳朔遇龙河景区个案分析［J］.人文地理，2018，33（6）：112-117.

［2］李晓红.阳朔遇龙河景区旅游发展模式探析［J］.太原城市职业技术学院学报，2019，（6）：24-26.

［3］孙九霞，保继刚.社区参与的旅游人类学研究：阳朔遇龙河案例［J］.广西民族学院学报（哲学社会科学版），2005，（1）：85-92.

［4］李晓红.阳朔遇龙河景区旅游发展模式探析［J］.太原城市职业技术学院学报，2019，（6）：24-26.

［5］王磊，倪剑.新时代背景下乡村旅游地区可持续发展探索——以《桂林阳朔遇龙河两岸地区旅游发展与空间规划》为例［J］.《规划师》论丛，2020（00）：379-387.

［6］杨昀，保继刚.政府角色定位对旅游治理的影响——以广西阳朔遇龙河景区为例［J］.旅游研究，2020，12（3）：11.

［7］罗君名.民族旅游资源资本化研究［J］.贵州社会科学，2019（2）：161-168.

［8］Polanyi K. The GreatTransformation［M］. Boston：BeaconPress，1944.

［9］Clarkson M. A Stakeholder Framework for Analyzing and Evaluating Corporate Social Performance［J］. Academy of Management Review，1995，20（1）：92-117.

［10］贾生华，陈宏辉.利益相关者的界定方法述评［J］.外国经济与管理，2002（5）：13-18.

［11］张利庠，刘开邦，张泠然.社会交换理论视角下"金字塔"型乡村治理体系研究——基于山东省J市S村的单案例分析［J］中国人民大学学报，2022，36（3）：102-114.

［12］单文君.基于社会嵌入理论的农民乡村旅游创业意愿研究［J］.浙江树人大学学报（人文社会科学），2021，21（3）：66-75.

［13］吕玄.增权理论视角下社区参与民宿发展的对策研究［D］.西北师范大学，2021.

［14］田潇然，车震宇，李红波.丽江城市边缘传统村落向"半城中村"变化的景观形态研究——以白华村为例［J］.华中建筑，2018，36（12）：110-114.

［15］Freeman R E, Reed D L. Stockholders and stakeholders：A new perspective on corporate governance［J］.California Management Review，1983，25（3）：93-94.

［16］Clarkson M. A Stakeholder Framework for Analyzing and Evaluating Corporate Social Performance［J］. Academy of Management Review. 1995.20（1）：92-117.

［17］罗永常. 合理增权、有效参与与利益协调 ——基于多理论场域的民族村寨旅游发展再思考［J］，贵州民族研究，2020，41（8），87-92.

［18］周裴妍，邓媛媛，史晨旭，等. 元阳哈尼梯田旅游利益相关者协调机制研究［J］，河北旅游职业学院学报，2022，27（2），49-53.

［19］Granovetter M. Economic action and social structure：A theory of embeddedness［J］. American Journal of Sociology，1985，91：481-510.

非遗进景区：多主体互动与价值共创

——以金秀山水瑶城景区为例 [①]

摘　要： 非物质文化遗产是一个国家和民族优秀文化的重要组成部分，具有极高的历史价值、文化价值和艺术价值，也是进行旅游开发的重要资源。少数民族非物质文化遗产在少数民族景区开发中发挥着重要作用。本文以"世界瑶都"金秀的山水瑶城景区为例，介绍瑶族非遗保护和旅游开发的过程，分析地方政府、景区管理者、非遗传承人和游客等主体在非遗旅游中的行为，共创共享非遗旅游的价值。

关键词： 非遗旅游；价值共创；多主体

Intangible Cultural Heritage into Scenic Spots：Multi-agent Interaction and Value Co-creation——Taking Jinxiu Shanshui Yaocheng Scenic Area as an Example

Abstract：Intangible cultural heritage is an important part of the excellent culture of a country and nation，with high historical，cultural and artistic values，and is also an important resource for tourism development. Intangible cultural heritage of ethnic minorities plays an important role in the development of scenic spots of ethnic minorities. This paper takes the scenic spot of Shanshui Yaocheng in

---

①　1.本案例是由广西大学工商管理学院教授黄爱莲和研究生韦秋慧、翟艳洁共同撰写，作者拥有著作权中的署名权、修改权、改编权。本项目受广西哲学社会科学规划研究课题"乡村振兴背景下广西县域旅游精英人才参与乡村治理机制研究（21BGL008）"资助。

2.由于企业保密要求，本案例中对有关名称、数据等已做必要的掩饰性处理。

3.本案例只供课堂讨论之用，并无意暗示或说明某种管理行为是否有效。

Jinxiu, the Yao capital of the world, as an example to introduce the process of Yao intangible cultural heritage protection and tourism development, and analyze the behavior of local government, scenic spot managers, non-genetic inheritors and tourists in intangible cultural heritage tourism to create and share the value of intangible cultural heritage tourism.

Keywords：intangible cultural heritage；value co-creation；multi-agent interaction

1 引言

党的十九大报告提到"推动中华优秀传统文化创造性转化、创新性发展"这一明确思路。少数民族非物质文化遗产是少数民族人民在日常生产生活中创造并传承的民族文化载体，由于民族地区的社会历史环境、自然地理条件、生产生活方式的特殊性，少数民族非遗呈现个性鲜明的民族性。少数民族非遗在增强中华民族凝聚力、展示中华文化多样性、构建和谐社会、发展民族旅游产业、实施乡村振兴等方面发挥着重要的作用。《"十四五"非物质文化遗产保护规划》明确指出，要推动非遗与旅游融合发展，支持非遗有机融入景区，鼓励非遗特色景区发展。非遗进景区就是要发挥文化和旅游的协同作用，既要以文化提升旅游内涵、满足游客需求，又要以创新方式提升大众游客对非遗的认知和保护意识，增强非遗的生命力。

2 相关背景介绍

2.1 金秀概况

金秀瑶族自治县成立于 1952 年 5 月 28 日，是我国最早成立的瑶族自治县，位于广西中部略偏东的大瑶山主体山脉上。全县总人口约 15.7 万人，其中 39.81% 为瑶族。金秀瑶族中有盘瑶、茶山瑶、花篮瑶、山子瑶、坳瑶等 5 个支系，是世界上瑶族支系最多的县份之一，也是瑶族主要聚居县之一，瑶族文化和民俗风情保持得非常完好。费孝通先生称其为"瑶族之乡"，并说"世界瑶族研究中心在中国，中国瑶族研究中心在金秀"。金秀瑶族自治县入选首批国家全域旅游示范区，还凭借黄泥鼓舞入选 2018—2020 年度"中国民间文化艺术之乡"名单。

2.2 金秀非物质文化遗产现状

金秀瑶族自治县非遗工作以"保护为主,抢救第一,合理利用,传承发展"的思路进行。自 2005 年以来,金秀瑶族自治县先后制定普查保护工作方案,从 2007 年至今,全县共收集非遗普查项目 300 余项,实地踏勘收集整理 150 余项,收集整理非遗资源信息 4150 条,建立非遗项目库。经过大规模的拉网式普查,共走访了 1500 名民间艺人,其中近 500 名民间艺人具有代表性,初步建立了较为完备的文化传承人资料库。至 2022 年 7 月,金秀获得国家级非物质文化遗产代表性项目名录 2 项,自治区级非物质文化遗产代表性项目名录 18 项,市级非物质文化遗产代表性项目名录 32 项,其中,金秀共有 1 位国家级非遗传承人,21 位自治区级非遗传承人(表 1)。

金秀文化馆为了壮大非遗人才,多次开展非遗培训。每年定期面向非遗传承人和群众开展免费的瑶族黄泥鼓舞、民俗民间舞和瑶族织绣技艺等培训班,让非遗文化"留下来""传出去",提升非遗传承人技能,也让非遗融入现代民众生活,推广民族传统文化。如金秀瑶族自治县文化馆在 2021 年举办"乡村文化富民——瑶族织绣"培训班,对瑶族织绣传承人进行自治区级非遗项目挖掘和培训,对瑶族传统织绣技艺进行宣传。金秀瑶山瑶学会和罗香乡政府主办"黄泥鼓舞——传承非遗文化"传习班,邀请黄泥鼓舞、白马舞等的 6 位老师现场授课。

金秀还加强对传承人的保护培养扶持力度,打造非遗传习基地、生产经营示范户。已有 5 个国家级黄泥鼓舞传习基地和庞伊蔓、赵凤香等为代表的 8 个瑶族服饰、瑶族织绣生产性保护示范户。每年召开的国家级、自治区级非遗项目传承人座谈会上,各传承人将自己过去一年所做的传承保护工作及重要成果进行总结发言,将本年度的学徒培养情况、公益活动情况和有影响力的非遗传播活动等进行报告,例如瑶族医药传承人主动下乡免费为贫困户看病治疗,发放草药等。同时非遗传承人也将非遗传承工作中遇到的困难以及如何培养年轻传承人,充分发挥传承人作用的一些新想法进行交流。

表 1　金秀非遗项目（部分）

国家级					
项目名称	项目类别	入选批次	项目名称	项目类别	入选批次
瑶族长鼓舞（黄泥鼓舞）	传统舞蹈	第三批（扩展项目名录）	规约习俗（瑶族石牌习俗）	民俗	第五批（扩展项目名录）
自治区级					
项目名称	项目类别	入选批次	项目名称	项目类别	入选批次
瑶族过山音	传统音乐	第三批	金秀瑶族深牌歌	传统音乐	第六批
瑶族织绣技艺	传统技艺	第三批	瑶族舞香龙	民俗	第六批
瑶族度戒	民俗	第三批	金秀瑶族黄泥鼓制作技艺	传统技艺	第七批
跳甘王	民俗	第三批	金秀瑶族灯草灸疗法	传统医药	第七批
瑶族医药	传统医药	第三批	金秀瑶族香哩歌	传统音乐	第七批
瑶族做盘王	民俗	第三批（第一、二批扩展项目名录）	瑶族离贯歌	传统音乐	第八批
金秀瑶族服饰	传统技艺	第五批	瑶鲊制作技艺	传统技艺	第八批
瑶族八仙舞	传统舞蹈	第五批	瑶医瑶药——瑶族拉珈通灸疗法	传统医药	第八批
市级					
项目名称	项目类别	入选批次	项目名称	项目类别	入选批次
瑶族瑶皇酒酿制技艺	传统技艺	第七批	瑶族蚂蟥疗法	传统医药	第八批
瑶族祈宁圣会	民俗	第七批	圣堂山传说	民间文学	第九批
瑶族做功德	民俗	第七批	瑶族大声歌小声歌	传统音乐	第九批

续表

白马舞	传统舞蹈	第八批	瑶族蒙觥舞	传统舞蹈	第九批
瑶族经筋疗法	传统医药	第八批	瑶族拉瓜嘟唔制作技艺	传统技艺	第九批
瑶族红脚艾灸疗法	传统医药	第八批	瑶族银饰锻造技艺	传统技艺	第九批
瑶族药浴坐疗法	传统医药	第八批	迗圣节	民俗	第九批

注：此表根据来宾市人民政府门户网站和金秀瑶族自治县人民政府门户网站整理所得。

3　主题内容

3.1　山水瑶城景区建设

山水瑶城景区位于金秀县城，2007 年起金秀县政府投入近亿元资金对县城进行民族化改造，将瑶族文化融入县城中。景区从北面香草湖起，沿金秀河谷有水景公园、民族团结公园、剿匪纪念公园，以及田村特色文化名村、功德桥、瑶族博物馆、瑶都广场、瑶族艺术中心等特色景观，至南面盘王谷深航假日酒店。经过打造，县城主干道临街建筑体现青瓦吊脚楼、织绣图案太阳花等瑶族特色建筑风格。

山水瑶城依山而建，创新性地结合了景区与居民区，四周群山叠翠，山谷景区小桥流水，展现了大瑶山独具特色的生态环境。沿河打造有多个瑶族特色景观小品，功德桥、三亭桥、金山桥、秀水桥等栏杆有瑶族风情图画浮雕，仿古的秀水亭以蓝色、红色灯带作为装饰，路灯也是专门整体设计，红色的瑶族长鼓式样底座，装饰有瑶族抽象式的直线纹样，顶部设有圆形灯球和卷曲式的灯管。瑶都广场、瑶族艺术中心等有众多文娱表演活动，让游客在欣赏瑶族风景名胜的同时了解瑶族文化。山水瑶城景区 2015 年评为国家 4A 级旅游景区，是广西首个县城国家 4A 级旅游景区。2019 年金秀瑶族自治县入选首批国家全域旅游示范区、第三批"绿水青山就是金山银山"实践创新基地。

3.2 "山水瑶城"非遗旅游内容

3.2.1 非遗 + 博物馆

居住在依山傍水大瑶山的瑶族人家，过着典型的山城生活，房屋建造重视与自然和谐协调。山水瑶城的民居从河谷开始，从小路逐渐依山而建。沿街建筑外墙多为青砖灰瓦样式，深色仿木门窗，有的还装饰有瑶族纹饰图案或瑶族娃娃雕像。在山下可以望见山腰的大型民族建筑就是金秀瑶族博物馆。

沿山路而上，路旁装饰有描绘瑶族斗牛、爬楼等风俗的金属浮雕，博物馆是以瑶族民居为原型的飞檐式建筑，灰白色外墙装饰红木色格栅。正门是仿木楼牌，绘有瑶族"卐"字纹纹样彩色装饰，瑶族长骨式样大理石立柱，馆名"瑶族博物馆"由著名社会学家费孝通先生题写。博物馆分 2 个展厅：第一展厅为瑶族相关历史、生活信仰文化及器具；第二展厅为中国瑶族服饰。金秀瑶族博物馆是我国建成的第一个瑶族博物馆，也是国家重点博物馆，建筑面积逾 1320 平方米，有馆藏文物 1300 余件。在金秀，瑶族博物馆是一个窗口，把金秀瑶族的民族文化、历史展现在世人面前。

景区内一些接待设施的室内装饰也具有瑶族特色，城门附近的游客中心用竹木作为墙面装饰，室内装饰有瑶族民俗绘画。特色民宿的瑶族风情气息更为浓郁，比如蒙嶷鼓传承人陶晓敏经营的民宿内，大厅摆放着金秀特有的蒙嶷鼓，室内还有木制织布机、瑶族织锦、瑶族服饰娃娃等装饰。

3.2.2 非遗 + 美食

大瑶山丰富的自然资源带给瑶族人民独特的美食文化，景区内的大小特色餐厅提供金秀瑶族"簸箕肉""瑶酒""笋酿""瑶鲊（鲊肉）"等特色菜品，还有油茶、野菜糯米糍等小吃。其中瑶族瑶皇酒酿制技艺是第七批市级非物质文化遗产，瑶鲊制作技艺是第八批自治区级非物质文化遗产。

大瑶山交通不便，瑶族人民用"鲊"这一腌渍手法保存肉类。瑶鲊将肉类加上炒熟至赤黑的大米磨成的鲊粉、食盐混合拌匀，再封坛腌制数月至上年。在瑶家，凡是肉类都可以腌鲊，比如肉鲊、蛙鲊、鱼鲊等。鲊味是瑶族人民逢年过节的重头菜，更是招待远方来客的最高礼遇，随着生活水平的提高鲊肉成为人们的日常饮食。最常见的是土猪鲊肉，瑶族鲊肉腌制技艺代表性传承人谭芝祯在工作室陈列各种鲊肉陶罐，上好的瑶族鲊肉腌制半年即可食用，放置数年的陈年鲊肉甚至可以直接食用。瑶族鲊肉黑稠黏糊，从坛中取出后简单蒸煮加热后装盘即可上桌，也可以制作鲊汤。鲊肉的制作工序并不复杂，讲究操作手法，不同材料和手法制作出的鲊肉风味口感大有不同。经过传承人的培训，当地瑶族鲊肉经营者的制作技艺不断提高。

3.2.3　非遗＋服饰

金秀瑶族服饰以黑色或深色为底色调，瑶族织绣技艺和金秀瑶族服饰都是自治区级非物质文化遗产。金秀居民在重大节日和重大场合穿戴瑶族服饰，在景区内经常可以见到头戴金色绣花盘帽的老年盘瑶妇女。大瑶山的服饰特点还保留在金秀居民的日常生活中，除了非遗传承人的服饰工作室，景区内还有多家为居民和游客手工制作瑶族服装和银饰的商铺。大瑶山五大支系的服饰可以通过织锦、手工刺绣纹样明显区分。为了更好地展示瑶族服饰制作技艺，根据5个瑶族支系的服饰特色，金秀政府工作人员分为5种样式的工作服，都是以黑色为底色，在衣襟、领口和袖口拼接红色或深蓝的瑶族织锦纹样。

如果要系统了解瑶族服饰，金秀瑶族博物馆是必去之地。金秀县文化工作人员从20世纪80年代开始收集各地的瑶族服饰，博物馆内的瑶族服装藏品不光来自广西各个瑶族聚居地，还有来自美国、泰国、越南等国家和地区的，几乎包含世界上所有的瑶族服装类型和款式，共58类90余套，是目前我国收藏瑶族服饰数量最多、种类最全的博物馆。

3.2.4　非遗＋康养

金秀瑶族瑶浴又称"庞桶药浴"，瑶族古代就有"想要长生不老，每天泡个药水澡"的说法。现已发展为"瑶药养生"旅游新业态的瑶族传统医药，拥有多项自治区、市、县级非物质文化遗产，也是金秀旅游的一项重要体验项目。

在山水瑶城景区，"瑶浴"招牌的养生门店随处可见。在体验传统瑶浴的同时，还能购买相关的瑶浴产品，根据不同的疗效有不同配方的药包、药酒等。盘王谷深航假日酒店是金秀唯一的五星级酒店，以"休闲养生、民俗文化、瑶药保健"为主题，曾被评为"十佳中国特色主题酒店"。

3.2.5　非遗＋文创产品

金秀县建立了瑶族酿酒作坊、野生炒茶坊、瑶族服饰制作作坊、瑶族织绣技艺作坊四大瑶族传统生产、生活作坊，还有瑶族医药养生体验一条街、瑶族特色商品销售长廊。"瑶族精品一条街"汇集了瑶族特色商品和养生美食，特色商品制作体验长廊则让游客参与体验非遗文化中体现活态特色的各种手工技艺制作方法。

金秀县的文创商品主要体现在景区文创商品和博物馆文创商品两方面。景区文创商品主要集中在盘王节活动展会上。作为"世界瑶都"，每年57万旅游人次的瑶族景区，文创商品主要是当地瑶族绣娘手工刺绣的绣片或机器织的工艺品，手工刺绣的文创商品一般为一块带有瑶族服饰纹样的绣片、摆件娃娃和手包，机绣的文创产品一般为绣片和衣服等。

3.2.6 非遗+节庆演绎

金秀县的瑶族文化体验主要由民俗表演和节日活动组成，大多根据瑶族的民族历史、生活风俗、信仰文化等演变而来。山水瑶城景区最重要的活动是代表着瑶族人民的智慧和文化历史的功德节和盘王节。功德节原来是道教的祈福祭祀活动，现在发展为文化旅游节庆活动。节庆期间有民族服饰方块队巡展、瑶医药文化体验活动，还有文艺展演和功德夜主题歌舞篝火晚会，充分展示金秀县瑶族迁徙、生产、婚嫁等文化习俗。游客可以欣赏茶山瑶《蒙嗷三元舞》、花篮瑶《砍田舞》、坳瑶《白马舞》、盘瑶《长鼓舞》、山子瑶《小神鼓》等各瑶族支系的非遗传统歌舞。

瑶族盘王节是瑶族人民纪念始祖盘瓠的重要节日，山水瑶城景区是金秀瑶族盘王节的主会场，在各乡镇还有瑶族文化体验展示点分别展示各个瑶族支系的文化。节庆期间集中展示盘瑶嫁郎习俗、坳瑶黄泥鼓舞、山子瑶度戒节、瑶族八仙舞、瑶族舞香龙、瑶族做盘王等非遗活动。盘王节已经发展成为大型的综合旅游节庆活动，瑶族精品戏剧展演活动在瑶族艺术中心等文化场所演出，有金秀本地编排的大型瑶族演艺，如音乐剧《黄泥鼓之恋》，歌舞《瑶韵深牌》《瑶都神韵》，瑶族小戏《瑶绣图》等；瑶乡篝火音乐会是小型户外夜间音乐会，由金秀本土艺人、表演队演唱瑶族原创歌曲；品茶评茶活动聘请专业的炒茶师、茶艺师现场炒制、冲泡金秀优质红茶，并邀请游客和群众品饮；特色商品展销活动集中在瑶族特色商品销售长廊、特色商品制作体验长廊等，有金秀传统生产、生活作坊的工艺品、民族服饰、特色食品，以及红茶、中草药等金秀特产。

3.3　疫情冲击：传统旅游模式需要改变

疫情之下，景区游客减少，旅游消费不足。包括山水瑶城在内的金秀县景区客源地除了周边县市，主要是广东和华东五市。由于金秀位于广西来宾市东北大瑶山主体山脉上，道路崎岖，游客以传统的团队游为主要群体。新冠疫情多次中断团队游和跨省游。金秀政府和旅游企业将自驾游作为旅游工作的重点，宣传自驾游线路。"本地人游本地，周边人游周边，广西人游广西"等活动中，山水瑶城景区在节假日举办线下线上活动吸引游客。金秀周边的短途游市场竞争激烈，民族文化景区存在同质化等问题，金秀县内圣堂山等传统景区更具有知名度。山水瑶城景区作为金秀文化的集中展示地，需要突出金秀地方特色，吸引散客体验民族文化，延长游客的停留时间，设法激发短途游客的消费热情。

疫情之下，非遗旅游收入降低。新冠疫情的暴发，使曾经为国家级贫困县的金秀，在经济基础薄弱的情况下，大量资金投入乡村振兴和疫情防控中，对非遗的投入有减少趋势，影响非遗相关活动的举办。团队游的减少使得景点非遗舞蹈音乐等商业表演次数锐减，一些从业者不得不寻找新的谋生方式。金秀传统技艺类非遗作品手工耗时耗力，追求原本的工艺和材料，产出量不大价格偏高，市场也比较狭窄，如黄泥鼓制作、瑶鲊等主要面向金秀本地居民销售产品。一些非遗传承人设计了文创产品，由于宣传和价格问题，即使文创获奖也没有打开销路，传统的非遗文化如何适应新的市场变化，成为非遗传承人和当地旅游企业共同面对的问题。

3.4　同心协力，景区提质升级

在地方政府的主导下，景区管理方、非遗传承人等抓住疫情期间的机会苦练内功，以迎接 2022 年金秀瑶族自治县 70 周年县庆为契机，促进景区非遗与旅游的深度融合，提高非遗旅游的社会效益、文化效益和经济效益。

3.4.1　地方政府：营造文化氛围，完善公共服务

金秀县政府为了迎接县庆，扩大街道风貌改造范围，提升景区瑶族文化氛围。原有县城沿街建筑外立面仅改造了一部分，整体风格还不统一，设计各成一派，略显凌乱且缺乏民族特色。本次改造的沿街建筑以茶山瑶风格为

主，茶山瑶原创性建筑以缓坡顶、吊脚楼、多进深、亮瓦、彩画屋檐、隔栅门为特点。本次改造从县城城门开始将建筑风格统一，增加飞檐、窗棂等装饰。在公共基础设施上，增加动物雕塑、瑶族风情浮雕墙、瑶族双娃剪纸屏风、刻字人文景观石等民族特色景观小品，将普通的路灯护栏等更新为瑶族特色路灯、沿河护栏。

瑶族博物馆进行了为期约8个月的升级改造，新的博物馆展览以瑶族文化为主线，包括瑶族石牌、瑶族服饰、瑶族织绣、瑶都神韵、大瑶山革命斗争史、瑶山人家、费孝通与大瑶山等9个全新展厅，增加了非物质文化展厅、文创产品开发研究工作室、爱国主义教育基地活动室、红色旅游展厅等文化活动空间。除了丰富展品种类数量、提升展陈方式，还增加了与观众的互动体验，结合多媒体技术复原茶山瑶爬楼等多个民俗场景，运用AR技术重现节庆活动。

景区夜景改造完成，将促进游客和居民的夜间消费。金秀在夜间经济中融入非遗特色，推广街头瑶族歌曲卡拉OK、瑶族广场舞活动，增加传统音乐舞蹈类非遗的市场活力；在瑶族医药养生体验一条街、"瑶族精品一条街"等特色街区打造瑶族风情夜市，扶持瑶皇酒、瑶鲊等传统美食和红脚艾灸、灯草灸等传统医药经营者加入。

3.4.2 景区管理者：整合现有资源，开发多样化产品

金秀瑶族自治县旅游投资有限公司是山水瑶城景区、圣堂山风景区、银杉森林公园、青山瀑布景区等多个金秀知名景区的管理者，公司股东是国有企业广西新发展交通集团有限公司和金秀瑶族自治县财政局。

在交通方面，景区管理者在金秀道路改造完成后将开通旅游巴士，连接山水瑶城景区和金秀主要景区，改变金秀没有公交巴士的现状，提高山水瑶城景区作为金秀旅游集散中心的能力，方便游客和居民出行。在产品开发方面，公司把瑶医药为代表的金秀瑶族非遗资源、圣堂山为代表的康养旅游资源、野生红茶为代表的茶文化资源结合起来，打造组合型旅游产品，提高景区二次消费能力。公司经营的"金秀瑶宝"品牌包括金秀红茶、瑶医瑶药、特色产品，其中的金秀红茶通过会展、招商宣传会、旅游超市等传统方式在中高端市场打开了知名度，在茶叶包装中加入瑶族服饰等元素，实现"茶叶+

非遗"的优势互补。公司请文创公司设计一系列的文创产品，除了传统的刺绣、织锦产品，增加了手机壳、茶饮料、面巾纸等更受年轻人欢迎的日常用品。在山水瑶城景区、圣堂山风景区建设瑶医康养馆，主打面向游客的中高端传统瑶医药理疗和度假型养老基地。

在后疫情时代，互联网宣传营销更为重要。景区管理者希望通过政企校合作，促进产学研有效结合，聘请高校专家、艺术家、设计师等专业人才为金秀非遗保护传承工作提供指导，联合高校学生开展非遗志愿者暑期实习，提高短视频制作、文案写作等新媒体宣传水平。在"金秀瑶宝"公众号中，可以对瑶族大瑶山特产、当地精准扶贫信息和电商动态进行了解，其中"大瑶山特产"分区上架了瑶族的药浴药包、按摩精油等当地具有理疗功效的实用产品；"精准扶贫"详细介绍了国家和当地政府的惠民政策和政策解读；"电商动态"则向人们详细地介绍金秀县各景区的历史起源、游览时间、民族风俗等相关知识。

3.4.3 非遗传承人：传统中寻求创新，提高非遗经济价值

非遗传承人承担着传承和发展非遗文化的社会责任和文化责任，除了参与文化宣传和传授非遗技艺，金秀新一批的年轻非遗传承人探索在坚守非遗真实性与整体性的前提下，进行非遗创造性发展和创新性转化。

黄泥鼓是瑶族长鼓的一种，是金秀特有的工艺。黄泥鼓制作技艺传承人FWB 在景区大门附近创建了黄泥鼓制作工作室，针对不同的使用场景设计了多样化黄泥鼓产品：除保留传统工艺制作传统民俗活动的黄泥鼓外，为"黄泥鼓舞进校园活动"设计和制作可以批量化生产的简化版黄泥鼓，还创作了黄泥鼓酒杯等获奖文创产品。FWB 还在向外界寻求设计者加入，创造更适应游客的文创产品。蒙虢舞传承人 TXM 将自己经营的瑶族特色民宿作为蒙虢舞传承基地，和家人组建蒙虢舞表演队、创作瑶族新歌，挖掘和传授濒临失传的蒙虢舞，打造"蒙虢舞＋民宿＋特色农产品"的旅游模式。TXM 发现在教学中，非洲鼓可以替代昂贵的蒙虢鼓达到相似的练习效果，采用轻便易得的非洲鼓作为教具促进了蒙虢舞在当地青少年中的推广，在民俗活动和文化表演中则保留了传统蒙虢舞的表演模式，用传统的方式歌颂新生活。

3.4.4 游客：分享旅游体验，宣传非遗文化

在体验经济下，非遗旅游的游客不再仅仅是景区参观者、演出观看者，而是非遗活动体验者、产品创造者。游客通过参与非遗体验活动，在与非遗传承人的沟通中，分享自己的想法，创造自己的旅游体验，为非遗传承人的创新和创作提供灵感；通过购买非遗产品支持非遗传承；通过照片、小视频等方式在新媒体分享体验，传播非遗文化。非遗传承人等旅游生产者鼓励游客在 OTA 平台、社交平台分享评论和体验。更成熟的旅游者，在满足体验需求的同时，对目的地的非物质文化遗产内涵有较深的了解，要求探寻非遗的真实意义，关注对非遗的保护状况，支持对非遗的适度开发，推动非遗旅游良性发展。

案例使用说明

一、教学目的与用途

1.适用课程

本案例适用于旅游文化学、旅游景区开发与管理等课程。

2.教学目标

通过案例观察与发散性讨论，启发学生学术水平与专业实践能力，同时为案例目的地的发展提供新思路和有益的建议。

二、启发思考题

（1）举例说明案例地涉及的非遗项目，它们属于的非遗类别、开发模式和特点。

（2）以案例资料为基础，分析非遗进景区的意义。

（3）分析案例地非遗旅游的相关者的角色。

（4）分析案例地非遗旅游相关者价值共创的过程。

三、分析思路

案例是固态的，教学是动态的。授课教师可以根据教学目的灵活使用本案例，以下建议仅供参考（表2）。

表 2　案例分析思路和步骤

案例问题	理论知识	教学目标
举例说明案例地涉及的非遗项目，它们属于的非遗类别、开发模式和特点	非遗保护和开发	非遗概念和分类、非遗开发模式
以案例资料为基础，分析非遗进景区的意义	非遗对旅游的影响	非遗进景区的经济效益、社会效益、文化效益
分析案例地非遗旅游的相关者角色	利益相关者理论	非遗进景区的利益相关者角色
分析案例地非遗旅游相关者价值共创的过程	价值共创理论	价值共创的行为过程

（1）教师根据课程进度梳理案例与理论的联系，设定案例预期目标，补充必要的信息资料，结合案例及相关信息，设计案例研讨问题。

（2）指导讨论小组的研究思路，布置指向较为明确的案例分析任务，提供案例研究的范式、建议与分析技术要求。

（3）小组调查、讨论并完成分析任务。

（4）小组汇报并在课堂展开讨论、教师引导与启发，保证案例调研与讨论取得预期目标。

（5）教师总结学生讨论结果并进行必要的补充分析，导出相关理论或应用对相关理论进行解释，提出有待深化研究的问题与启发性的问题。

（6）完成本次案例教学、形成课堂讨论记录、发现和提出新的问题。

四、理论依据与分析

（一）理论依据

1.利益相关者理论

一般而言，利益相关者被认为是在某过程中有权利和能力参与的人或组织。旅游的利益相关者指受到特定旅游发展影响的人或组织，不管该影响是积极的还是消极的。在旅游的语境下，利益相关者合作指的是主要利益相关者之间共同制定决策，去解决有关旅游规划和发展事宜的过程。通过将有兴趣的或被影响的利益相关者纳入决策制定中来，利益相关者合作过程将加强他们的责任意识、自我信赖以及对问题的认知，从而更好地实现利益共享。

对于遗产旅游而言，某遗产的保护以及该遗产的旅游使用之间存在一定矛盾。为了达到利益平衡，在社会可接受范围内实现经济收益，在旅游规划和发展过程中便需要利益相关者合作。为了保障遗产旅游中的利益相关者合作，我们首先要识别主要利益相关者及他们在发展中的利益和责任是什么。遗产旅游中包括众多利益相关者，如当地社区、旅游者、不同级别的政府和政府相关部门、遗产保护组织、公共机构、商业组织、非政府组织等。因此，多利益主体协同合作是遗产保护和旅游发展的基础和基本要求。

2. 价值共创理论

价值共创理论是在社会发生深刻变革、知识经济兴起和网络经济不断发展的背景下产生的。顾客与企业共同创造价值，具有重要的战略意义，将成为企业增强核心竞争力的新来源。Normann 和 Ramirez 在 1993 年提出价值共创思想，认为供应商和消费者之间的互动是价值创造的基本部分。学者们对价值共创概念的表述不同，可以总结为：企业和顾客通过有效互动，共同参与价值的创造和交换过程，即顾客通过企业搭建的互动平台积极参与企业产品的研发、生产和消费的全过程，并将自己的需求和意见反馈给企业，以便企业能够充分了解顾客需求，提供更好满足其需求的产品和服务，为顾客创造独特的个性化体验。理论的核心内容是参与生产、交换的各个利益方都发挥各自的特长和优势、彼此通力合作，共同生产和创造价值，并最终分享价值。企业和顾客共同创造价值中的核心价值是指顾客感知价值或顾客体验价值。从参与方角度可以将价值共创模式分为三类：企业和供应商之间的 B2B 价值共创模式、企业和顾客之间的 B2C 价值共创模式、各利益相关者共同参与价值共创的 B2B2C 模式。

传统的价值创造体系是以企业提供的产品和服务为中心，以经济价值的提取为目标，顾客被动消费产品和服务，是企业价值创造的外部客户；新的价值共创体系是以顾客为中心，顾客能够主动参与到企业价值链的各个环节，成为企业价值创造的合作者，企业通过与顾客共同创造体验来提取经济价值并共同创造价值。传统的价值创造体系通过历史交易记录和描述性数据来了解顾客需求，而企业的信息是被保护的，顾客无法获知所需要的信息，企业从信息不对称中获得了相当多的收益；在新的价值共创体系中，企业通过多个互动点、多渠道、多情境地了解顾客多方面需求，并且将生产过程的一部分信息向顾客开放，让顾客了解，以便更好地让顾客参与价值共创，同时搜集消费者与企业交互的感受和体验信息，用于企业的再生产。最后，从关注满意度的维度上看，传统的价值创造体系只关注消费过程中的顾客满意度，而新的价值共创体系则关注在价值网上各互动点的顾客满意度，即在每个互动点、渠道和环境中获得的满意度。

3. 非物质文化遗产的概念和分类

"非物质文化遗产"一词源于日语"无形文化财"的英译。联合国教科文组织在引进这一概念的过程中，最初将"无形文化财"译作"民间口头创作"或"人类口头及非物质文化遗产"，后译作"非物质文化遗产"（Nonphysical Cultural Heritage）。但在此后的使用中，认为这一译法并不十分妥帖，遂改译为"无形文化遗产"（Intangible Cultural Heritage）。我国政府在启动中国民族民间文化保护工程时，沿用了"非物质文化遗产"一词，没有使用国际社会广泛使用的"无形文化遗产"这一通用术语。

根据联合国教科文组织《保护非物质文化遗产公约》（以下简称《公约》）的定义："非物质文化遗产是指被各群体、团体、有时为个人视为其文化遗产的各种实践、表演、表现形式、知识和技能及其有关的工具、实物、工艺品和文化场所。各个群体和团体随着其所处环境、与自然界的相互关系和历史条件的变化不断使这种代代相传的非物质文化遗产得到创新，同时使他们自己具有一种认同感和历史感，从而促进了文化多样性和人类的创造力。"《公约》对此定义作了具体的说明，指出非物质文化遗产包括 5 个方面：①口头传说和表述，包括作为非物质文化遗产媒介的语言；②表演艺术；③社会风俗、礼仪、节庆；④有关自然界和宇宙的知识和实践；⑤传统的手工艺技能。在国际一级协调保护的非物质文化遗产由"人类非物质文化遗产代表作名录""急需保护的非物质文化遗产名录"以及"非物质文化遗产优秀实践名册"3 个序列组成。

2011 年颁布的《中华人民共和国非物质文化遗产法》规定，"非物质文化遗产"是指各族人民世代相传并视为其文化遗产组成部分的各种传统文化表现形式，以及与传统文化表现形式相关的实物和场所。包括：

（1）传统口头文学以及作为其载体的语言；

（2）传统美术、书法、音乐、舞蹈、戏剧、曲艺和杂技；

（3）传统技艺、医药和历法；

（4）传统礼仪、节庆等民俗；

（5）传统体育和游艺；

（6）其他非物质文化遗产。

属于非物质文化遗产组成部分的实物和场所，凡属文物的，适用《中华人民共和国文物保护法》的有关规定。

根据我国国家级非物质文化遗产名录的分类方法，将非物质文化遗产明确地分为10个类别：民间文学、传统音乐、传统舞蹈、传统戏剧、曲艺、传统体育游艺与杂技、传统美术、传统技艺、传统医药和民俗。

4.非物质文化遗产旅游的模式

非物质文化遗产种类多、内容丰富，具有身体表演、口头表达等差异化和特殊的展现形式，其旅游开发的关键是在维持非遗文化内涵的基础上，借助旅游化、市场化手段，以恰当的方式实现非遗再现或重构。无形性、活态性及可移动属性决定了非遗旅游表现形式的多样性、开发模式的灵活性，而针对不同非遗类别选择适宜的开发模式，则更有助于非遗文化内涵的诠释和表达，进而提高旅游消费者的参与性和体验性。如表3所示，传统音乐舞蹈类非遗项目艺术价值、审美价值高，宜采用与自然遗产景观相融合的实景歌舞展演模式；传统手工技艺趣味性、参与性强，可采用博物馆展示、旅游体验项目开发或手工纪念品设计等"动""静"结合的开发模式；口头文学、民间故事等可融入文化包装、歌舞表演、非遗元素景观设计等，通过无形植入强化游客感知；生态博物馆、民族村寨、主题村落等则具有综合承载功能，可作为多种非遗项目的旅游文化载体。

表 3 非遗旅游展现模式

展现模式	特点	适用类别	代表案例
博物馆陈列	静态展示为主，原真性保护较好	传统民俗、手工技艺、有关自然界和宇宙的民间传统知识和实践	天津民俗博物馆、武强年画博物馆
生态博物馆	强调原生空间维护，注重社区参与	广泛适用	贵州六枝梭戛生态博物馆、三江侗族生态博物馆、云南西双版纳布朗族生态博物馆
实景舞台演艺	与自然景观交融，以场景表演活化非遗	传统民俗、表演艺术、民间文学等	桂林阳朔《印象·刘三姐》、恩施腾龙洞《夷水丽江》、大唐芙蓉园《梦回大唐》、山西《又见平遥》
节庆开发	具有周期性，对举办地资源整合能力要求较高	民俗节庆、传统表演艺术、民族饮食、体育竞技等	羌族"瓦尔俄足节"、瑶族"盘王节"、广西百色市布洛陀民俗文化旅游节
民族村寨、主题村落	凝聚多元民族文化精华，培育多样化民族文化传承空间	分布于少数民族聚集地的非遗项目	云南民族村、昆明官渡古镇、西江千户苗寨
旅游纪念品	将无形非遗有形化、物质化	传统手工技艺、民族饮食等	朱仙镇木版年画、土家织锦西兰卡普
主题公园	可异地移植，展现形式灵活、内容丰富	民俗、节庆、民间文学、传统手工技艺	北京中华民俗园、西安大唐芙蓉园、开封清明上河园

（二）案例分析

1.举例说明案例地涉及的非遗项目，它们属于的非遗类别、开发模式和特点（表4）

表 4 案例地非遗项目

非遗项目	非遗类别	开发模式	模式特点
黄泥鼓制作	传统技艺	非遗＋文创/旅游纪念品	将无形非遗有形化、物质化，直接获得经济收入，不限于场地

续表

非遗项目	非遗类别	开发模式	模式特点
瑶族服饰	传统技艺	非遗＋博物馆	静态展示为主，原真性保护较好
瑶族做盘王	民俗	非遗＋节庆	具有周期性，对举办地资源整合能力要求较高

（通过阅读教学案例，不限定答案，举出至少3个例子）

2. 以案例资料为基础，分析非遗进景区的意义

1）经济效益

一是增加当地居民收入，扩大就业机会，带动就业，改善非遗传承人和当地居民生活质量。二是景区的知名度提高，获得更多的政府资源和更可观的旅游人次和旅游能力。三是巩固扩展扶贫成果，实施"非遗扶贫"计划，将扶贫同扶智、扶志相结合。

2）社会效益

一是增强当地民众的民族荣誉感、自豪感，提升非遗传承人的社会认可度。二是非遗进景区，改善社区环境。三是通过非遗传承，提高当地国民文化素质，提升青少年对民族传统文化的认知和爱国主义精神。

3）文化效益

一是景区对非遗的宣传展示提升了非遗的吸引力和大众游客对文化的认知，增加了景区的文化内涵。二是非遗作为本土文化，有着强大的生命力，更适合建构对当地的文化认同，通过非遗与旅游融合发展模式，提升当地民众文化自信心和非遗保护意识。三是游客在非遗体验中感受文化，产生对非遗更深刻的认识。

3. 分析案例地非遗旅游的相关者的角色

非遗在政策、资金、需求等因素的共同作用下进入旅游市场，会涉及众多利益相关者，包括传承人、社区、政府、企业、旅游者、专家、媒体和民间社团等。在众多的相关主体中，政府希望借助旅游形式拓展非遗的受众范围，让非遗重新进入人们的生活，促进文化传播和民族认同；景区通过引入非遗项目，成为非遗旅游产品的供给方，也希望借此提升自身的吸引力；非

遗传承人作为非遗保护和传承最重要的主体，主动进入市场拓展非遗的生存空间；游客希望在非遗旅游中实现其文化体验、怀旧、休闲娱乐等需求。目的地政府、景区管理方、非遗传承人和游客是促进非遗进景区这一现象产生的重要因素，也是围绕旅游体验的核心主体。

1) 政府的主导地位

第一，政府投入的经济资本。首先，举办任何形式的非物质文化遗产的旅游传承项目，都需要一定的地理空间，即需要土地资源。我国地方政府在土地资源上的绝对支配权，决定了非物质文化遗产的旅游生产性传承能否发生、发生地点，显示了政府的主导地位。其次，政府直接投入资金。在投入土地资源的基础上，尤其在非物质文化遗产旅游生产性传承的初期没有更多的旅游生产商介入的情况下，大多政府都会选择自己作为投资主体，直接投入资金，启动旅游市场的发展。本文中地方政府直接投资景区建设，景区管理者的投资方也是国企和地方政府部门。最后，政府可以用土地转让优惠、税收优惠等经济手段吸引更多的投资主体参与非物质文化遗产的旅游开发。

第二，政府投入制度文化资本。政府通过非遗项目代表作名录制度、非遗项目传承人名录制度等各种形式投入制度文化资本，各种制度对文化能力进行授权，形成体制化的文化资本。这种制度资本有官方承认的保障，使非遗项目处于持续的证明之中。

第三，政府投入社会资本。所谓社会资本就是实际的或潜在的资源的集合体。政府利用政权统治者身份的优势，直接介入非遗旅游：一是政府组织成为旅游活动的组织者，比如政府组织的节庆活动；二是用市场化的手段主导非遗旅游，例如景区管理者国有公司的背景决定了主导方仍是当地政府。

2) 景区管理方

景区管理方与其他三方的关系都比较密切，是系统价值形成的介质，被视为价值编排者。在政策引导下，景区引入不同的非遗项目为游客提供非遗产品，协调游客和非遗传承人的互动，制定与非遗传承人之间的合作模式、行为准则，并利用自身优势对非遗产品开发和市场营销制定规划。

3）非遗传承人

在非遗旅游中，非遗传承人既是文化的传播者，也是项目的经营者。传承人之间通过线上与线下的多重交流互动，相互学习借鉴，更加深刻地把握非遗的多元价值，提高对非遗项目的生产创新能力，学习新兴数字化传播推广方式，推动非遗旅游品牌的塑造传承人除了考虑非遗技艺问题外，还要从消费者的需求出发，通过年轻化、时尚化的包装策划、宣传营销等，取得消费者的认同。

4）游客

游客作为文化体验者，政府和景区管理者进行非遗旅游建设，目的是吸引旅游者。在我国旅游市场由卖方市场转化为买方市场后，旅游者的需求是旅游产品生产的推动力。旅游资源游客体验质量是衡量非遗进景区价值共创的直接指标，如果不能获得游客的认同，非遗产品就失去了市场，非遗也就失去了活态传承的土壤。

4.分析案例地非遗旅游相关者价值共创的过程

1）目的地政府

目的地政府参与价值共创的行为过程表现为营造文化氛围、完善公共服务、提供激励约束、发起非遗活动4个方面。目的地政府通过落实国家非遗保护政策、组织申报非遗项目、选拔非遗代表性传承人为非遗进景区奠定了资源基础；通过推动非遗进校园、进部队、进企业、进社区，提升大众对非遗的认识，为增强非遗对游客的吸引力营造了良好的文化氛围；通过成立非遗中心，加强对非遗传播的引导和基础设施建设，提出非遗与旅游融合发展的指导政策，对非遗聚集景区授牌，完善了公共服务；通过资助非遗项目和非遗传承人，提供非遗传承活动专项资金为非遗进景区提供了激励措施，通过提出考核要求对传承人提出了约束。对非遗旅游项目的宣传也是目的地政府的重要行为表现，一方面目的地政府发起非遗活动，借助景区场地得以实现，以此引来游客；另一方面组织非遗项目走出去，以此带来游客。

2）景区管理方

景区管理方参与价值共创的行为表现在产品开发、资源整合、平台提供3个方面。案例景区有"非遗＋旅游文创""非遗＋节庆""非遗＋演艺""非遗＋博物馆"多种业态。景区管理方根据消费者非遗旅游的动机和需求，策划、开发差异化的非遗旅游产品，采取灵活多样的方式为游客提供旅游服务，并有针对性地完善、创新旅游产品和服务。旅游企业与非遗传承人互动协作，合理分配旅游收益，最大限度地调动传承人的积极性与创造性。

3）非遗传承人

宣传支持、信息沟通、体验指导和产品创新是非遗传承人参与价值共创的具体行为。非遗进入景区之后成为景区吸引物的一部分，也成为景区的宣传亮点，不少非遗传承人参加节目、参与节庆表演，甚至跟随政府走出国门。传承人与游客互动，通过文化介绍、产品介绍、信息互动，展现非遗文化内涵。在一些体验项目中，传承人与游客共同完成产品的设计，指导游客制作达到体验共创。在与游客共同设计、共同体验的过程中，又可以不断积累经验，提升对市场需求的研判，进一步通过产品创新吸引游客。

4）游客

人际互动和体验分享是游客参与价值共创的方式。游客通过主动询问，在与非遗传承人的沟通中，分享自己的想法，实现人际互动；在参与性项目中，与传承人一起共同生产，贡献自己的知识。这都是游客凭借身体、知识、认知等操作性资源与传承人一起创造自身体验的过程。最后通过购买、拍照等方式分享自己的体验，通过自己的行为传播非遗文化。

五、背景信息

（一）金秀瑶族支系

金秀是世界瑶族支系最多的县份和瑶族主要聚居县之一，县内瑶族根据族源、习俗、语言、文化和服饰等不同，分为盘瑶、茶山瑶、花篮瑶、山子瑶、坳瑶 5 个支系，形成了五彩缤纷的瑶族风情。

盘瑶，因信奉盘王（槃瓠）而得名，又因从前盘瑶妇女所戴之帽用木板做成，故又称"板瑶"。自治县内盘瑶妇女的头部装饰有 3 种，即尖头、平头、红头。盘瑶自称"棉"或"勉"，即人的意思。

茶山瑶，以住地而得名，"茶山"是金秀瑶山中北部一个历史地名。茶山瑶自称"拉珈"，"拉"意为人，"珈"为山，"拉珈"则是指住在山上的人。

花篮瑶，因花蓝瑶妇女服饰皆绣有精美图案，色彩斑斓，极其艳丽而得名。"花蓝"也就是"花花蓝蓝""花花绿绿"的意思。花蓝瑶自称"侗耐"，意思也是住在山上的人。

山子瑶，以佃耕山地为生而得名，自称"门"，即人之意。

坳瑶，因坳瑶语"瑶"字的发音与汉语"坳"字相似，故被称为"坳瑶"。坳瑶男子的头髻，不偏不倚地结在头顶正中，故又称为"正瑶"。坳瑶自称为"标门"，"标"是自称，"门"意为人。

金秀5个瑶族支系的服饰式样各有特色，熟悉瑶族风情的人一看服装即可辨别其所属支系。

（二）金秀瑶族各支系风俗

金秀瑶族各支系住宅，都是依山而筑，按地势分上下两间或数间，摆布在一块平地上的极少，房屋结构大体可分为砖墙木架瓦盖、泥或卵石墙木架以及木架围篱三类。茶山瑶村落分布于山谷和溪流两岸较平坦的山坡上，绝大多数位于大瑶山中心地带。花蓝瑶村落分布于溪流两岸山脚，部分接近山腰和山顶，多数接近悬崖峭壁。坳瑶村落分布在山谷中，少部分居住在山脚和山腰。上述3个支系瑶族村落住户较为集中，而盘瑶、山子瑶居住较为分散，住户也不多，多数村落分布在山脊陡坡之上，也有少部分居住在山冲和山腰。瑶族建筑住宅、禾仓等，都要选择吉日，在修筑住宅上特别注重开工动土、搭架横梁及安大门3件大事，均要以鸡鸭祭祀神灵。

广西金秀县茶山瑶原创性建筑的特点为：缓坡顶、吊脚楼、多进深、亮瓦、彩画屋檐、隔栅门。茶山瑶的房屋举架较高，内厅之前设有阁楼，卧室就在阁楼上，从内厅到后门则不设阁楼。在大门外的右上方阁楼处伸出一个小吊脚楼，这是闺女的绣房，情人就是从大门旁爬上吊脚楼与姑娘谈情说爱的，这种恋爱方式称为"爬楼"。

瑶族的主食、副食及酒会都有典型的山地特点。茶山瑶、花蓝瑶、坳瑶因进山时间较早，占有山场和荒地，开垦了稻田，其主食为水稻，个别地区掺杂吃一些木薯、红薯和芋头。盘瑶、山子瑶因少有土地，几乎没有水田，粮食和蔬菜以山地种植玉米为主，菜肴以野生居多。肉类方面，猪肉、鸡、鸭为瑶族的主要肉类，但因粮食饲料少、圈养方法不当，数量较少。瑶族多有饮酒的嗜好，酒均自酿，有的人一日三餐酒，有客来定以酒相敬。

瑶族节令繁多，各支系节令既有共性也有个性。春节、社节、清明节、七月祭祖等为5个支系瑶族共同的节日，其中春节最为盛大，过节都要杀猪、杀鸡、杀鸭，打"糍粑"，做年糕，备足各种年货。其他节日，各支系的庆祝方式也有所差异。此外，各支系还有自己的特殊节令。为防旱保苗，茶山瑶、盘瑶过分龙节，茶山瑶、花蓝瑶过保苗节。农历四月初九，是长垌、罗香、六巷一带山子瑶的"禾魂节"。在农作物将要收割的农历八月末至九月初，茶山瑶、花蓝瑶、盘瑶过尝新节，全家人吃新米饭，欢庆丰收。

金秀瑶族风土人情浓郁，瑶族文化、民俗风情保持得十分完好。著名社会学家费孝通先生称"世界瑶族文化研究中心在中国，中国瑶族文化研究中心在金秀"，并为金秀县亲笔题词"瑶族之乡"。

（三）非物质文化遗产

非物质文化遗产的地方性

非物质文化遗产具有地方性。《保护非物质文化遗产公约》中对"非物质文化遗产"的界定是在各社区和群体适应周围环境以及与自然和历史的互动中，被不断地再创造，为这些社区和群体提供认同感和持续感，从而增强对文化多样性和人类创造力的尊重。以社区为代表的地方要素被列为非物质文化遗产的必要组成部分。根据《保护非物质文化遗产的伦理原则》的要求，保护实践须建立以社区为中心的保护体系。《中华人民共和国非物质文化遗产法》中通过组织保障强化了非物质文化遗产的属地原则，特别是第21条界定的"相同的非物质文化遗产项目，其形式和内涵在两个以上地区均保持完整的，可以同时列入国家级非物质文化遗产代表性项目名录"，强调非物质文化遗产的地方性，将地方与非物质文化遗产紧密地联系在一起。

非遗旅游资源依附于一定地域环境而存在，具有很强的地方性，同时也具有不受时空限制的"超地方性"，而非遗旅游开发则可视为地方建构的过程。根据非遗地方性建构方式的差异，可将非遗旅游开发分为原生自然式开发、原地浓缩式开发、集锦荟萃式开发、主题附生式开发等模式。不同的非物质文化遗产旅游形式建构地方的方式也不同。原生自然式对地方的依赖程度最高，是在某种非物质文化遗产的原生地，以在地居民或村民的自然生活生产和村落的自然形态为旅游内容。原地浓缩式则是在一定行政功能文化区界限内，把散布在该级行政区级别之下的非物质文化遗产集中开发成非遗景区或者作为某个景区的非遗功能区部分，集中呈现其非遗的精华。原地浓缩式的开发方式，是基于行政区划的尺度放缩，已经呈现出一定的超地方性，但往往将某功能文化区的非物质文化遗产集中在一起，主要为市、县级的非遗体验基地或带有非遗体验功能的景区。集锦荟萃式则完全是超地方的，将不同功能文化区上的非物质文化遗产集中在某个主题景区内呈现，主要为大城市中的非遗体验景区，将遍布各地的非遗项目集中于一处。还有主题附生式的非遗旅游方式，将某种非遗文化主题与特定功能的旅游业态结合，非遗的地方性成为游客体验性的附庸。

六、关键要点

本案例分析的关键要点如下：

（1）了解熟悉与本案例相关的背景信息；

（2）了解熟悉与本案例相关的基础理论，包括非物质文化遗产、利益相关者理论、价值共创理论等；

本案例锻炼学生理论现实相结合分析问题的能力，也需要学生对旅游行业有足够的认识和了解，需要学生具备综合分析问题的能力。

七、建议的课堂计划

（一）时间计划

本案例可以作为专门的案例讨论课来进行。如下是按照时间进度提供的课堂计划建议，仅供参考。整个案例课的课堂时间控制在80~100分钟。可以选择将本案例作为学生的小组作业，要求其以小组报告的形式予以课堂展示，由教师负责引导讨论、评价和分析（表5）。

表5　课堂时间安排

课程计划	课程任务	任务内容	时间安排
课前计划	课前准备工作	教师提前将启发思考题发给学生	课前3~5天
		请学员在课前完成案例正文阅读和初步思考	

续表

课程计划	课程任务	任务内容	时间安排
课上计划	教师案例回顾	教师带领学生回顾案例的内容并重申启发思考题	10 分钟
	学生分组讨论	4~6 人形成一个小组，每个小组内部进行自由讨论，对启发思考题各抒己见	30 分钟
	小组代表发言	由不同小组成员发表问题分析要点及结论，由教师结合各问题发言过程进行问题总结，归纳要点以及提取重点	30 分钟
	教师案例总结	由教师对学生的发言做出总结，并给出自己相应的意见	10 分钟
	理论要点讲解	将本案例所涉及的知识点以及知识点之间的逻辑关系进行梳理和提炼	10 分钟
课后计划	学生课后反馈	请每位学员就相关问题的讨论进行分析和总结，可选择要求写出书面报告	课后 2~3 天

（二）课堂提问逻辑（表 6）

表 6　课堂提问逻辑

案例问题	理论知识	教学目标
案例地涉及的非遗项目，它们所属的非遗类别、开发模式和特点	非遗保护和开发	非遗概念和分类、非遗开发模式
非遗进景区的意义	非遗对旅游的影响	非遗进景区的经济效益、社会效益、文化效益
非遗旅游相关者的角色	利益相关者理论	非遗进景区的利益相关者角色
非遗旅游相关者价值共创的过程	价值共创理论	价值共创的行为过程

（三）板书设计

板书一：非物质文化遗产及开发模式（图 1）。

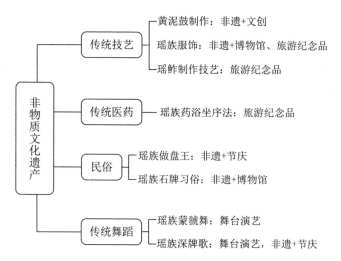

图1 非物质文化遗产及开发模式

板书二：围绕价值共创理论，对其中涉及的关键要素及其原因进行具体展示（图2）。

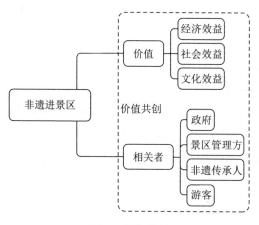

图2 价值共创

本案例参考文献

［1］何琳．瑶族民居的多样性探究［J］．四川建筑，2015，35（4）：78-80+83.

［2］于旭妍.山东省草编非物质文化遗产旅游活化研究［D］.山东财经大学，2022.

［3］姚小云，刘水良.武陵山片区非物质文化遗产保护与旅游利用［M］.重庆：西南交通大学出版社，2015.

［4］欧阳红，代美玲，王蓉，马晓龙.国内非物质文化遗产旅游研究进展述评［J］.地理与地理信息科学，2021，37（5）：124-132.

［5］戴俊骋，李露.非物质文化遗产旅游和地方建构［J］.旅游学刊，2019，34（5）：3-5.

［6］鲍黎丝，黄明珠，刘红艳.乡土文化遗产保护与乡村旅游的可持续发展研究［M］.成都：四川大学出版社，2019.

［7］徐云，阎石发.从"平面"到"立体"——金秀瑶族自治县旅游文创产业系统［J］.桂林理工大学学报，2021，41（2）：444-453.

［8］马振.非物质文化遗产的旅游生产性场域研究［M］.北京：九州出版社，2018.

［9］俞逸晖.金秀瑶族自治县民族文化产业与旅游产业融合模式研究［D］.广西大学，2020.

［10］李军红，吴承踩.非遗旅游的多主体互动与价值共创［J］.人文天下，2022（8）：30-35.

［11］宋晓，梁学成，张新成，赵媛.非遗进景区：多主体价值共创的逻辑与机制——多案例研究［J］.旅游学刊，2022，37（11）：85-100.

［12］苏明明.遗产保护与旅游发展［M］.北京：中国旅游出版社，2019.

百魔洞：健康旅游景区发展之路 ①

摘 要： 巴马瑶族自治县是我国著名的"长寿之乡，人瑞圣地"。百魔洞是以健康养生为主题的景区，近些年，逐渐成为巴马健康养生旅游的代名词，拥有神奇的水、空气、地磁、微生物、土壤等资源。百魔洞位于巴马瑶族自治县甲篆乡坡月村西侧，是较为雄伟壮观的石灰岩溶洞，是典型的喀斯特地貌，有着"天下第一洞，巴马长寿源"的美誉，每年都吸引全国各地乃至全球各地的游人慕名而来。本文以百魔洞景区为案例地，介绍案例地的背景，包括位置、地形、地势、气候条件、水资源情况，人口特征、经济发展状况等，阐述百魔洞"魔"在何处，即能够吸引游客旅游的原因；阐明百魔洞景区的发展阶段，即发展初期、成长阶段、发展巩固阶段、疫情影响下的调整阶段；总结各阶段发展的特征以及因时、因势采取的做法。

关键词： 巴马；百魔洞；健康旅游

Hundred Devil Cave: the Road to the Development of Healthy Tourist
Attractions

Abstract： Bama Yao Autonomous County is a famous "hometown of longevity and holy land of human glory" in China. Hundred Devil Cave is a scenic spot with the theme of health preservation. In recent years, it has gradually become the synonym of Bama health tourism. It has magical water, air, geomagnetic, microbial, soil and other resources. Hundred Devil Cave, located in the west of Poyue Village,

---

① 1.本案例使用说明由广西大学工商管理学院的赵赞、徐烨、陈莫莹撰写，作者拥有著作权中的署名权、修改权、改编权。

2.由于企业保密的要求，本案例中对有关名称、数据等已做必要的掩饰性处理。

3.本案例只供课堂讨论之用，并无意暗示或说明某种管理行为是否有效。

Jiazhuan Township, Bama County, is a magnificent limestone cave. It is a typical karst landform. It has the reputation of "the best hole in the world, the source of longevity in Bama". Every year, it attracts people from all over the country and even the world. Taking Hundred Devil Cave Scenic Area as a case, this paper introduces the background of the case, including the location, terrain, climate conditions, water resources, population characteristics, economic development, etc., and expounds where the "magic" of Baimo Cave is, that is, the reason for attracting tourists to travel; It clarifies the development stages of Hundred Devil Cave Scenic Area, the initial stage of development, the growth stage, the development and consolidation stage, and the adjustment stage under the influence of epidemic situation. The characteristics of each stage of development and the measures taken according to the time and situation are summarized.

Keywords: Ba ma; Hundred Devil Cave; health tourism

1 引言

"天下第一洞，巴马长寿源"是对百魔洞旅游形象进行的概括、提炼和升华。1987 年，当我国和英国的岩溶地质专家踏进百魔洞，进行联合考察后，一致认为该洞集天下岩洞之美于一身，因此有了"天下第一洞"之美誉。长期以来，百魔洞与巴马的"候鸟人"之间形成了比较稳定的关系。百魔洞也总是和健康旅游、养生旅游、休闲旅游、养老旅游等词汇紧密联系在一起。经过多年艰苦卓绝的建设历程，百魔洞终于面世。面世之后其经营与管理权一直掌握在国家手中，随着社会主义市场经济的不断发展，百魔洞的经营权也不断发生变化。最初百魔洞由搞农业的种植专家经营，后来经过一轮招商引资，巴马寿乡旅游股份有限公司（以下简称寿乡公司）获得百魔洞经营权之后，百魔洞的各项经营指标逐渐攀升。进入 2010 年后，寿乡公司针对游客的特征不断地调整经营策略。2017 年以来，随着我国主要矛盾发生变化，主要矛盾已经转变为人民日益增长的对美好生活的需求同发展的不平衡、不充分的矛盾，人们对健康旅游的要求也越来越高。百魔洞景区正是在满足市场需求的前提下得到不断地巩固与发展。2020 年随着新冠疫情的暴发，百魔洞景区做出了许多调整措施以应对新冠疫情。本案例首先介绍巴马瑶族自治县的基本情况并试图通过分析百魔洞景区如何吸引游人参观、百魔洞景区在发展过程如何参与市场竞争、百魔洞景区怎样巩固发展、面对突如其来的疫情百魔洞景区为何仍保持吸引旅游者的"魔力"，进而揭示百魔洞保持"魔力"的秘诀，揭示健康旅游景区发展的一般特征和规律。

2 背景介绍

巴马瑶族自治县位于广西壮族自治区西北部，境内山丘遍布，有中低山约 980 座，山多地少，地貌千姿百态，地势三面高中间低，由西北向东南倾斜，境内海拔 300~800 米。巴马地处南亚热带季风气候区，年均气温 20.4℃，年降雨量约 1560 毫米，相对湿度 75% 以上。巴马境内河流属于珠江水系，共有大小河流约 130 条，水资源总量 13.1 亿立方米，主要河流有盘阳河、百东河等，盘阳河是红水河在巴马境内的最大支流，由北向南将巴马一分为二，是巴马的生命之河。巴马生态环境优美，除有天然草地面积逾 10 万亩外，还有大面积的疏林草地、大面积蕨类植被。

巴马世居有壮、汉、瑶、苗等 10 个民族。全县总人口约 26 万，少数民族人口约占 85%，劳动力 10 万左右，有 1 个镇，9 个乡，103 个村。巴马经过长期的发展形成了较为独特、包罗万象、历史悠久的文化。

百魔洞位于广西河池市巴马瑶族自治县甲篆乡坡月村西侧，东经 107.1 度、北纬 24.31 度、距县城大约 34 公里。百魔洞是 4A 级景区，是巴马盘阳河长寿旅游带重点景区。百魔洞景区规模不大，但资源分布集中，是巴马最为雄伟壮观的石灰岩溶洞。

百魔洞景区发展阶段依照其所有情况和营收状况可大致分为 4 个时期，即景区发展初期，发展中期，参与市场竞争、巩固和发展期，疫情时期影响之下的调整期。

3 百魔洞，吸引旅游者的"魔力"在哪里

百魔洞，是在流水侵蚀作用下形成的天然溶洞，溶洞顶不住顶部巨大的

岩石的重量，坍塌出一个天坑，后被世人发现。"百魔"壮语为"泉口"，因百魔洞靠近盘阳河出水口，洞口有泉水，泉水边的壮族村落叫百么村，洞名便取名"百魔"，也体现其神奇瑰丽的色彩，而不是因为洞里有什么灵异的妖魔鬼怪。但是，百魔洞经过梳理确实与其他流水作用形成的溶洞不太一样，还是具有一定的"魔"力。

"魔"力之一：地磁场强度高。有科学研究结果表明，流经巴马的地下泉水在超强地磁场的作用下，形成永久磁化的小分子弱碱性水。据一项关于巴马水的研究显示，这里的水源完全符合原生态健康水源的要求，源水接近零污染，通过检验，源水不含有机物、重金属、放射元素、微生物等污染；水中 pH 值 7.38~7.53，属于弱碱性，接近人体血液 pH 值。天然的弱碱性水里往往含有钾、钙、钠、镁、偏硅酸等多种营养物质，长期饮用弱碱性水可以促进身心健康，这也是巴马人长寿的秘诀之一。地磁高的另一体现就是，百魔洞有专门的磁疗区。百魔洞平均地磁高达 0.58 高斯，最高地磁之处可达 0.8~0.9 高斯，是一般地区的 2~5 倍。高地磁对疾病具有磁疗作用，特别适合人们健康养生。

"魔"力之二：洞内空气质量优良且负氧离子含量高。洞中每立方厘米负氧离子最高可达 50000 个，是北京和上海等大城市的几十倍。空气负氧离子对人体健康十分有益，被誉为"空气维生素"。它能改善肺的换气功能，增加肺活量，起到止咳、平喘、祛痰的作用，能改善和调节神经系统和大脑的功能状态，调节抑制、兴奋过程，起镇定、安眠、稳定情绪的作用，能促进人体的生物氧化和新陈代谢，能改善心肌功能。

"魔"力之三：洞内洞外温差大，是国内外游客的避暑胜地。无论春、夏、秋、冬四季何时游览百魔洞，最好多准备一件衣物，以防进洞之后温差太大造成身体不适，出现感冒等症状。据气象部门测算，溶洞内年均气温保持在 18℃~22℃，洞内的平均气温会比外面低 3℃~4℃。

"魔"力之四：游览线路长、景观雄伟壮丽。百魔洞的主要游览路线长达 4000 米，洞内可分为四大殿堂，其中最为壮观的是洞内高逾 100 米、几百米宽、长逾 1000 米的大殿堂，堂内伫立着几十个高 70~80 米、直径 3~5 米的钟乳石柱，构成庞大的石塔群，挺拔高耸、雄伟壮丽。

"魔"力之五：洞内景观有"故事"。图1左图中有两处景观，一处是洞口和水中的倒影形成的一张巨大的脸，另一处景观是上面那只"眼睛"下方的巨石酷似一只老鼠和一条狗，狗阻拦了老鼠下山的路，故名"狗拿耗子"。图1右图景观酷似一对新人在面对龙凤烛拜天地，后面还有一位老寿星前来祝贺，从不同的角度看，又似一条龙和一只凤凰的景象，故称为"镇洞之宝"。

图1 百魔洞洞内景观图

"魔"力之六：洞内有珍稀植物桫椤。桫椤别名蛇木，是桫椤科、桫椤属蕨类植物，有"蕨类植物之王"赞誉。桫椤是能长成大树的蕨类植物，又称"树蕨"。桫椤的茎直立，中空，似笔筒，叶螺旋状排列于茎顶端。桫椤是目前发现的唯一的木本蕨类植物，极其珍贵，堪称国宝，被众多国家列为一级保护濒危植物，有"活化石"之称。

"魔"力之七：景区内有神秘的长寿文化和独特的民族风情。景区内村寨拥有典型的、独具特色的长寿文化风情，流域内民风淳朴、孝道敬老的习俗蔚然成风、代代相传、社会风尚良好，社会风气较好。这里居住着勤劳善良、独享宁静的高山土瑶，保留着浓郁的民族风情和丰富的民俗活动。由此，百魔洞把自然风光和民族风情融合相得益彰。

4 百魔洞景区发展历程

4.1 发展初期阶段：政府行政管理、承担外事接待功能（20世纪90年代—2005年）

20世纪90年代以前，百魔洞还只是一个天坑，刚被发现时也仅用于科学研究。后来由于其地质条件比较复杂，需要相关部门予以鉴定，所以自被发现起，经过简单的修整，百魔洞便由当地政府旅游管理部门管理，其管理工作主要集中在接待外事，体现出较强的政治性特征。百魔洞周围、巴马县域范围内外事接待办、招待所在当时比较盛行。百魔洞的管理还处在相对初级的阶段。

在此阶段，其产业化发展特点完全没有得到体现。受资金、人才、技术的影响，其规模也没有扩大。旅游资源还比较原始，洞内还有许多资源未得到开发，并且当时处于计划经济时代，所以具有计划经济时代共有的一些特性。比如凭相关的票证进入、经费支出由国家财政承担、参观的人员范围也比较受限。

随着社会主义市场经济成为主流经济形式，尽管百魔洞景区的管理权依旧掌握在政府部门的手中，但是其管理目标发生了一些变化，盈利的目的逐渐得到体现。这时，百魔洞的旅游资源得到了一定的开发，但同时，因为旅游资源仍然属于国家，百魔洞景区所占用的土地都是由国家来划拨，一方面为百魔洞景区的初步建设提供了一定的土地保障，但同时也在一定程度上制约了百魔洞的快速发展。

这时，另外的表现，便是百魔洞景区管理方面依然缺乏合理且科学的手段，都是头痛医头脚痛医脚。这时的巴马并没有完整地、科学地、有效地对百魔洞旅游景区进行开发和规划，同时，百魔洞景区的管理地对资源以及环境保护重视程度也不够高，都是粗放型的开发与建设。

4.2 成长阶段：转变经营方式，推动可持续发展（2006—2015 年）

直到 2006 年，百魔洞景区管理才得到初步转型，政府直接管理的模式已经无法适应时代的潮流。百魔洞景区开始采取购买等方式将经营和管理的权利转移出去，体现出所有权和经营权相分离的状态。这种经营管理方式很大程度上优化了资源的配置，使其得到更加有效的利用，是企业资本与国有资源实现重组的先行者。这时，巴马政府找到经营种植业的经营者来经营，结果由于用非专业的人做了专业的事，经营状况没有什么起色。后来，在巴马政府的不断推介下，吸引来了寿乡公司。寿乡公司通过收购的方式最终获得了百魔洞的经营权。不管是寿乡公司和还是种植业经营者，经营权和所有权的分离是提高管理效率的根本原因。

2008 年金融危机的爆发使得没有哪一个企业能够独善其身，这就是经济全球化的重要体现。百魔洞的营业额或多或少受到一些影响，爆发当期较去年同期有所下降。但通过旅游管理部门一系列"救市"相关政策和自身经营战略目标的不断优化和调整，百魔洞景区在金融危机过后很快便有了"复苏"的迹象，以更加积极的姿态面对市场竞争，主动求变，在经营过程中不断地进行创新。

2009 年，随着巴马开始全域红红火火地开展健康旅游，巴马政府针对百魔洞提出"全面规划、全面迁出、全面践行"三全的政策要求，巴马百魔洞的健康旅游逐渐朝着有目标、有方向、有计划、有落实的方向发展与前进。

2010 年之后，百魔洞更有趁势而上的趋势。随着来自北方的"候鸟人"逐渐增加，"候鸟人"开始体现以更加深度、停留时间更长、质量要求更高为特征的游览和观光特征。百魔洞紧紧与健康旅游、休闲旅游等词汇联系在一起，主要经营情况明显有所提升。这时，百魔洞各种规划文件的编写也纳入日程，可持续发展的规划理念深入人心。

2012 年《巴马百魔洞养生旅游度假区控制性详细规划》出台，此规划的上位规划依据是巴马瑶族自治县控制性详细规划。巴马百魔洞养生旅游度假区的建设开始有据可依，为未来开工建设巴马百魔洞养生旅游度假区提供了细致的指导和建议，对未来度假区的谋划起到了重要的作用，为百魔洞景区的可持续发展提供了重要的参考。

4.3 景区发展巩固阶段：以各种方式提高可持续发展能力（2015—2020年）

在社会经济发展和老龄化进程不断加快的时代背景下，健康旅游业作为旅游业的一种新兴业态快速发展，且国内健康旅游资源丰富，显示了巨大的发展潜力。百魔洞景区的经营也实现了跨越式发展，营收逐渐增加，游客人数也逐年递增。景区通过有效地发挥联动作用，推动周边村落实现乡村振兴，不断提升内在"修为"来实现景区的巩固与发展并提高景区的可持续发展能力，如对灯光进行升级改造，加强智慧景区建设等。

乡村振兴战略是习近平总书记在党的十九大报告中提出的。百魔洞景区所在的坡月村的群众每年都能从企业利润中分到资源受益金。寿乡公司还吸纳农村集体资金入股，年均保底 8% 固定分红，每年给村集体分红约 120 万元，对口驻点扶贫的模式提高了扶贫的效率，提升了帮扶的水平。村民们拿到了实实在在的利润与分红，提高了村民投资的积极性与创造性，从而形成一个良性的循环。百魔洞景区所处村实现"一村一品"，如坡月村以发展民宿为主，坡月村的民宿、旅店、酒店等短租住宿业应运而生。百魔洞景区按照统一规划、统一标准建成商铺，全部无偿提供给当地村民经营，销售农产品、手工艺品和土特产等，平均每家商铺月收入约 2000 元。百魔洞景区还为当地村民提供售票员、导游、船工、保安等多种岗位，直接吸纳当地群众约 700人就业，人均月工资约 2500 元，解决当地群众的就业问题。

目前，巴马瑶族自治县越来越多的乡村依托长寿文化和山水美景、特色民俗，开发多种特色旅游业态，让游客乐在其中，乐享其成，让当地群众从中受益。未来，乡村振兴的美好愿景终会实现。

自 2018 年 7 月 20 日起，百魔洞投入资金 200 万元，开展百魔洞景区灯光升级改造工程。灯光的升级改造目的是为提高其内在的"修养"，给游客一个良好的旅游体验。本次升级改造工程所采购的光源都是特制冷灯，特制冷灯是专门根据百魔洞的温度变化而特别设计定制的一种灯光，可以根据温度调整亮度，增加了彩色光的数量等设计理念。灯光与百魔洞的山石、水体等融为一体，既能提升景区的美观程度，又能很好地保护景观从而节约能源消耗。

公司副总经理熊小宏指出，百魔洞景区灯光的升级改造要本着绿色照明的核心理念，从景区特点出发，结合人文特色，打造特色景点，营造景区意境。由于旅游景区环境的特殊性，在保障光彩照明功能性、实用性的同时，还要兼顾艺术性、文化性以及科技性，施工部门要在不破坏原有生态环境以及景观的基础上，按照高标准完成施工任务。

为更深层次助推旅游实体经济与大数据深度融合，在县委县政府大力协助下，在县文旅部门大力支持下，在游客广泛参与下，百魔洞景区结合智慧旅游建设，推出"有声景区"服务项目。"有声景区"智慧服务项目建成二维码自助语音导览系统，自助导览系统可应用 AI 技术，为传播巴马长寿文化等发挥重要作用；书香巴马有声图书馆的建成，可以满足游憩游客阅读的需要，降低纸质图书馆的运营成本，用巴马的有声明信片，向全世界传达来自广西河池巴马最诚挚的问候以及最美好的祝福。

近年来，文旅融合成为旅游业的新趋势，寿乡公司充分挖掘、整理、提炼百魔洞旅游景点的自然、人文等文化元素，充实景区文化内涵，提升景区形象。本次百魔洞"有声景区"的智能升级，使得游客们在日常的景观游览中，只需用手机扫一扫，就可以听到绘声绘色的语音讲述源远流长的巴马长寿民俗文化，让游客在享受自然美景的同时受到文化的熏陶，感受巴马传统文化魅力，以文旅融合走出巴马传统文化保护传承新模式。与此同时，通过手机扫一扫，就可以自己制作具有浓厚巴马元素的有声明信片，轻轻一点，就可以通过智能设备将特色明信片发送给家人、朋友，对巴马长寿文化的传播起到了积极的推动作用。百魔洞"有声景区"的智能升级减少了碳排放和传统纸张的使用，对景区的可持续发展作出了一定的贡献。

百魔洞景区在不断巩固与发展中提升内在"修为"，淬炼景区的"内力"，巩固发展的过程中亦不忘带动附近村镇实现乡村振兴。道路宽了，景区来了，村民的腰包变鼓了，百魔洞相关指标自然而然也就水涨船高。

4.4 疫情影响之下的调整阶段：为适应疫情做出调整（2020年至今）

新冠疫情对旅游业冲击很大，对百魔洞景区的冲击也不例外，当时又恰逢春节黄金周，很多公司为了节庆营销做了大量前期资金、人力、物力等投入，损失惨重。面对巨大的资金压力，一些旅游公司不得不面临转型。

2020年春节前夕，百魔洞景区共投入逾300万元广告宣传费用，同时，景区合计投入近几十万元，用于购买灯笼、绿植雕刻、喜庆吉祥物等物资，烘托春节气氛，喜迎八方来客。然而突如其来的疫情打乱了百魔洞景区正常的经营节奏，百魔洞景区不得不做出一定的调整以减小疫情对其经营产生的影响。其中包括营造"家"文化、站好防控岗、不裁员、主动寻找方法进行市场突围、借疫情"空窗期"修炼内功、与各方开展务实合作等措施，在一定程度上取得了一定的成效。

1）营造"家"文化

无论是员工培训还是其他方面，百魔洞景区都会为员工营造一种"家"

文化。因此，有部分员工在公司微信群里发起倡议，愿意与公司共患难，在新冠疫情期间，公司没有工作安排的，自愿申请无薪休假，不需要公司补助，相信很快将迎来春暖花开的旅游旺季！

在发起倡议的同时，有的员工更表示："现在疫情之下，每个企业都不容易，公司一直以来就把我们员工当作家人，既然我们都是一家人，就要用家人的心态去面对本次疫情事件。"

疫情期间，百魔洞景区的工作人员也得到了企业的关怀，如每天健康打卡、定期核酸检测，公司与员工共克时艰。"家"文化的营造为公司克服困难战胜疫情创造了有利的条件，大家携手一心，共渡难关。

2）站好防控岗

哪里有危险，党的组织就在哪里。在党的坚强领导下，为做好防控工作，公司党支部在疫情防控一线分别设立景区疫情防控党员先锋岗。

在景区每天 24 小时值班防控工作中，总是党员冲在第一线，带领职工积极开展防控宣传、卫生防疫、疫情排查等工作。巴马百魔洞景区旁的百么屯，是来自全国各地"候鸟人"较集中的居住地，约有上万名外地人居住，疫情排查工作难度很大。

百魔洞景区工作人员发挥老党员的先锋模范带头作用，利用百魔洞在"候鸟人"中极高的威望，主动请缨参与疫情排查，克服各种困难，白天黑夜、楼上楼下，一家家耐心细致做思想动员工作，配合政府出色地完成了"候鸟人"的疫情排查工作。

疫情防控中，党员的先锋模范带头作用体现得淋漓尽致。正是这些共产党员的贡献与付出，才实现了对疫情的初步阻断，避免了疫情在更大范围内的传播与蔓延。

3）不抛弃，不放弃，不裁员

2020 年年初，湖北武汉暴发新冠疫情，受到了多方面的关注，各地调集医生和护士支援湖北。寿乡公司发扬"一方有难，八方支援"的精神，公司捐款捐物，支援前线抗疫工作。

寿乡公司旗下所有部门积极响应政府号召并坚决贯彻落实县委县政府关于防控防疫的部署，员工休假在家，百魔洞景区关闭。旅游业遭到重创，企业经营形势极为严峻，景区关门一天，经济损失就要达到数万元。虽然景区于 3 月份开始营业，游客也是寥寥可数。面对如此严峻的形势，公司更加感到如履薄冰和责任重大，企业的背后是数以百计的员工，员工的背后就是数以千计的家庭，而家庭的背后，是社会的稳定与和谐。

与此同时，百魔洞景区鼓励其员工积极参加网络直播课程，提升旅游服务技能，为复工做好准备。公司在认真抓好疫情防控工作的同时，根据政府相关部门的要求及建议，稳步有序地组织复工复产，与全国人民同舟共济，共克时艰。

不抛弃，不放弃，不裁员的政策稳定了公司员工的情绪，减少了公司多次招募员工产生的成本。坚持住，挺过去，百魔洞景区终于渡过难关，迎来春暖花开。

4）以发展理念主动突围，寻找市场

"疫情期间，我们思考的是定位，主抓的是市场和品牌宣传。"寿乡公司负责人李美孝介绍，"从谋划市场，区内宣传，联系了 1000 多家旅行社。只要到一个地方，就要邀请当地的主流媒体、自媒体为巴马百魔洞进行宣传推介，此模式取得了很好的效果。"

为提升巴马旅游形象和定位，提出"巴马+"概念。以巴马的优势，规划多条旅游精品线路，以此提升全市的旅游层级和巴马旅游辐射带动作用。据悉，在 2020 年 5 月底至 6 月初赴全区 13 个地市开展"广西人游河池"文旅推介活动中，就分别推介了"巴马+东兰+金城江+宜州，3~4 日游""巴马+东兰+金城江+南丹，3~4 日游""巴马+东兰+凤山，2~3 日游""巴马+大化 2~3 日游"等多条精品线路产品，百魔洞景区在此被重点推荐。

酒香也怕巷子深，宣传推介必不可少。为此，寿乡公司积极参与百魔洞宣传，进一步强化与媒体的合作，分别与《广西日报》《南国早报》《今日头条》等媒体签订合作协议。

持续地宣传与不遗余力地推广为后疫情时代更好地打开市场做了铺垫，也是百魔洞景区更加积极、更加主动应对危机姿态的重要体现。

5）借疫情"空窗期"修炼内功，提升品牌形象

受疫情影响，百魔洞旅游业有一段"空窗期"。疫情防控最严格的 2020

年 2 月份，从 1 月 24 日起在广西率先关闭景区景点，旅行社从 1 月下旬至 4 月几乎没有接团。

百魔洞景区率先响应政策要求，同时为确保疫情期间不乱阵脚、不让金字招牌声誉受损，在巴马县委、县政府的支持下，景区利用"空窗期"积极稳定队伍，潜心修炼内功，对从业人员业务水平和服务能力进行线上培训，加快产品创新研发，既为应对疫情后旅游市场回暖复苏做好充分准备，又进一步巩固和提升品牌影响力。

百魔洞景区就安全意识、服务意识、礼仪制度、环境卫生、服装形象等细节进行培训。景区更强调责任意识，提高景区讲解员的服务接待能力与水平，更加积极主动为游客提供热情、周到并令游客满意的服务，并且注意自身仪容仪表，提高服务水平与服务效率。

6）开展务实合作

受新冠疫情影响的这些年，各项数据除 2020 年暴发之初有一个急剧下降外，近两年随着疫情常态化的发展，疫情防控的各项措施也常态化，都维持在比较稳定的水平。2022 年夏季，广西短暂恢复跨省游，跨省游的恢复为景区带来一部分游客。一些长久待在家里的游客有着强烈的意愿去外面走走，于是百魔洞迎来这部分增量游客，但是，夏季广西北海又暴发比较大规模的疫情，刚刚恢复的跨省游又按下暂停键。所以，从整体上看，百魔洞经营情况依然比较平稳，没有太大的波动。为了恢复旅游业，百魔洞景区于 2022 年开始与政府部门、行业协会、企业内部等渠道开展合作，共同创造美好的未来。

（1）党和政府部门牵头的合作

2022 年 9 月 28 日，第 29 期精品项目交流对接活动（乡村振兴巴马专场）在巴马举办，活动签署相关合作协议。百魔洞景区与相关政府、企业成功签约。与会嘉宾还赴河池巴马长寿博物馆、巴马水谷、深巴科技创新中心、仁寿源景区、百魔洞等地进行项目考察调研。

（2）由协会推动合作

百魔洞景区的经营方寿乡公司作为巴马旅游协会的代表与贵州荔波旅游协会会员单位开展深度交流，开展务实合作并于后期召开座谈会，会后，巴马旅游行业协会与荔波县小七孔镇旅游服务行业协会签订友好合作协议书。考察人员一行还到巴马百魔洞景区、仁寿乡舍五星级乡村旅游区、宾达斑斓五星级乡村旅游区、寿乡公司进行实地走访。

（3）发挥自身景区间联动作用

寿乡公司利用自己在巴马旅游行业中的龙头地位，一方面，自疫情发生以来，其旗下经营巴马水晶宫、百鸟岩、百魔洞等景区，在政府部门指导下，在旅游部门的支持下，在国有银行、中国银联等金融机构的合力赞助下，开展"一元"游玩景区、广西人半价游、纳入广西旅游年卡项目等常态化活动；另一方面，寿乡公司在重要的法定节假日，如春节期间、广西壮族三月三、五一劳动节、十一国庆节等，推出水晶宫、百鸟岩、百魔洞等景区联票，推动景区之间的优势互补与合作，满足游客一站式游玩的需求与想法。

5　结语

长久以来，百魔洞吸引旅游者的"魔力"主要分为两个方面。一方面是自然原因，包含空气、磁场、水、生态环境、洞内外温差、颇为雄伟壮观的大堂景观等。另一方面是人为原因，既有吸引人去看和听的"故事"，又有高山瑶族的民族文化风情等。

百魔洞之所以能一直保持这样的魔力，一是百魔洞天然条件优越，各种资源一应俱全；二是因为百魔洞的所在地巴马基本没有污染和能耗较高的工业，当地以发展第一产业、第三产业为主；三是因为百魔洞的游客比较文明，他们基本没有破坏生态环境，也没有惊扰高山瑶族的生活。

以健康旅游为主题的景区对健康旅游者产生"魔力"的重要因素包括两个方面，一方面，景区所在地要有一定的自然条件，比如森林比较多，最好邻水，气温降水都比较适中。另一方面人文条件也不可或缺，如有自己景区的文化特色、有丰富多彩的景区活动等。

那么作为一个健康旅游景区，怎样保持"魔力"呢？一方面，其所在的地区应该保持良好的生态环境，使它们免遭环境承载力下降所造成的危害，要处理好经济发展与生态环境的关系。另一方面，在发展的过程中杜绝人为破坏，如违背自然规律的开发与建设、森林的乱砍滥伐、有效地对游客不文明行为进行劝导等。

从发展初期到疫情影响之下的调整阶段，百魔洞景区各阶段的做法都有一定值得借鉴之处。如初期利用外事接待提高其景区影响力和知名度，成长阶段经营权与所有权分离，巩固阶段落实乡村振兴战略，升级改造和智慧景区建设等提升内外"修为"，疫情以来通过不裁员、参与合作等尽量把疫情对景区经营与管理过程中的影响降到最低。

总之，上述措施可以概括为审时度势、因时因势、积极主动地做出相应的调整，以适应时代的变化。

案例使用说明

一、教学目的与用途

1. 适用对象和课程

本案例可作为综合研讨案例，主要适用于 MTA 和旅游管理专业高年级本科生《景区服务与管理》《旅游营销》等课程的相关教学，也可作为相关课程的延伸阅读案例。

2. 教学目标

本案例以真实案例为基础进行采编。首先，简要描述了百魔洞的基本情况、所处位置，说明了百魔洞究竟"魔"在哪里，为什么那么令人神往，提高学生的学习兴趣。其次，了解百魔洞景区发展的阶段，以及每个阶段的发展特征，使学生对百魔洞的过去、现在有一定的了解，并对百魔洞的未来产生一定的思考。再次，展示了健康旅游景区在发展与管理方面如何遇到问题解决问题，具有较好的代表性。最后，本案例主要目的是通过案例观察与发散性讨论，启发学生通过学习解决实际问题，帮助学生对景区开发与保护、营销宣传、重大决策等景区管理问题进行深入思考。

二、启发思考题

（1）百魔洞究竟"魔"在哪里？为什么会吸引"候鸟人"在那里健康养生？

（2）百魔洞发展初期有哪些特点？

（3）百魔洞是怎样融入激烈的市场竞争的？

（4）百魔洞在发展和巩固阶段做了什么？

（5）百魔洞景区面对疫情是如何处理的？开展了哪些务实合作？

三、分析思路

本部分为 5 个启发思考题的分析思路，主要在于启发学生掌握相关理论，学会将理论要点融入案例中进行系统分析，并提出合理的解决策略。案例中涉及的问题多数都是开放性的，这里仅提供案例相关问题的参考分析思路，教师可以根据自己的教学目标灵活使用本案例（表 1）。

表 1　案例详细分析思路和步骤

	案例情景	启发思考题	理论	教学目标
分析过程	百魔洞究竟"魔"在哪里？列出七大魔力	百魔洞究竟"魔"在哪里？为什么会吸引"候鸟人"在那里健康养生？	营销管理	通过分析百魔洞景区的情况，引导学生分析百魔洞吸引游客的条件，提炼百魔洞的特点
	百魔洞经营权从起初到现在有变化	百魔洞发展初期有哪些特点？	产权理论	基于百魔洞发展初期的认识，引导学生了解百魔洞历史，理解百魔洞最初的经营形式和主要游客来源
	百魔洞景区转变经营方式、依赖于政策的支持	百魔洞是怎样融入激烈的市场竞争的？	波特五力模型	基于竞争者的波特五力模型，引导学生树立主动融入市场竞争意识
	百魔洞为实现乡村振兴、改造景区环境	百魔洞在发展和巩固阶段所作所为？	可持续发展理论	通过展示百魔洞在发展和巩固阶段所作所为，引导学生提高境界，着眼未来。领会百魔洞景区在不断适应市场变化所做出的努力与尝试
	百魔洞景区通过 6 项措施应对眼下的危机	百魔洞景区面对疫情是如何处理的？有哪些具体的措施？	危机管理	通过分析百魔洞景区克服疫情影响所做的努力，了解百魔洞景区面对危机是如何管理的，引导学生探究疫情背景下健康旅游景区应该如何经营
		百魔洞开展了哪些务实合作？	旅游合作	通过从"合作"视角分析百魔洞景区所采取的维稳"措施"，引导学生充分认识加强合作的重要意义

第一，通过分析百魔洞景区的情况，引导学生分析百魔洞吸引游客的条件，总结、概括提炼百魔洞的特点。

第二，基于百魔洞发展初期的认识，引导学生了解百魔洞历史，理解百魔洞最初的经营形式和主要游客来源。

第三，基于竞争者的波特五种竞争力模型，引导学生树立主动融入市场竞争意识，培养学生的商业化思维。

第四，通过展示百魔洞在发展和巩固阶段所作所为，引导学生提高境界，着眼未来，领会百魔洞景区在不断适应市场变化所做出的努力与尝试。

第五，通过分析百魔洞景区克服疫情影响所做的努力，了解百魔洞景区面对危机是如何管理的，引导学生探究疫情背景下健康旅游景区应该如何经营。

四、理论依据与分析

本案例虽然反映的是百魔洞景区在不同发展阶段面临的难点及决策实施过程，但究其实质，反映的是健康旅游企业在激烈的竞争市场上如何及时关注宏观形势和客户需求，调整经营战略，保持高效持续运营，实现利润提升和满足人们日益增长的消费需求的问题。只有具备区位理论、旅游营销、产权理论、波特五力模型、可持续发展理论、危机管理、旅游合作理论等相关知识，具备一定的创新能力才能透彻分析本案例，最终解决问题。

1. 区位理论

区位理论亦称"选址论""空间论"，是旅游规划与开发的重要理论，指旅游中心地应避免过分聚集，避免破坏生态环境，但同时也应当发挥规模效应，各目的地不应过于分散。其研究视角既包括对某地总体旅游发展情况的分析，也包括对某地区发展专项旅游形式的区位条件分析。

在旅游目的地与景区开发管理中，区位理论的观点往往是研究问题、引出问题的关键理论。在教学中要提示学生思考在健康旅游景区开发中挖掘利用健康资源特色，发挥区位优势的基本方法、规律；结合百魔洞所处的巴马瑶族自治县范围内拥有众多健康旅游资源的客观情况，讨论相关健康旅游资源如何在区域发展中寻找竞争力，避免在开发管理中重复开发、恶性竞争，进而总结同类型旅游资源在开发利用中的近邻效应；针对有能力的学生，教师可指导其在综述相关近邻效应理论研究的基础上，进行学术论文或调研报告的写作。

2. 旅游营销 4P 理论

旅游营销 4P 理论实际上是从管理决策的角度来研究旅游市场营销问题，将旅游经营活动中的因素分为两大类：一是企业不可控因素，即营销环境，包括微观环境和宏观环境；二是可控因素，即营销者自己可以控制的产品、商标、品牌、价格、广告、渠道等。旅游产品组合、旅游产品定价、旅游产品渠道、促销推广服务是旅游营销 4P 理论的主要内容。

随着新媒体、智慧旅游、"互联网＋"等新概念的渗入，景区旅游营销发挥空间无限延展，如何不落窠臼，激发旅游市场活力，拓宽旅游产品的销售渠道、适应旅游市场新常态，创新旅游营销新模式，成为百魔洞景区营销突破瓶颈的当务之急。

3. 产权理论

产权理论的基本观点为：市场无疑是一种配置资源的有效方式，但要使它有效地运转起来，交易者还必须对所要交换的东西有一种明确的、排他性的、可以自由转让的所有权。这就促使经济学家探讨产权的制度和安排，分析不同的产权结构对人类行为的影响。这类研究表明，对社会来说，重要的不是企业的所有权采取哪种形式，而是这种形式的产权结构能否解决激励问题，是否能够让那些与资本无关的企业成员或多或少分享一部分企业剩余价值。有些经济学家还运用这种思路，重新分析历史，探讨个人所有权是怎样出现的等问题，并进而形成制度创新与变迁的一般理论。

百魔洞起先从国有产权国有经营经过了初期的发展，逐渐过渡到国有产权集体经营，再过渡到市场化经营，一方面，经营的方式与手段等都出现显著的变化，另一方面，由于 20 世纪 90 年代后期至 2005 年这个阶段全国的可自由流动逐渐实现，使得游客人数和收入也随之变化。

4. 波特五力模型

波特五力模型将大量不同的因素汇集在一个简便的模型中，以此分析一个行业的基本竞争态势。5 种力量模型确定了竞争的 5 种主要来源，即供应商和购买者的讨价还价能力，潜在进入者的威胁，替代品的威胁以及最后一点，来自同一行业公司间的竞争。竞争战略从一定意义上讲是源于企业对决定产业吸引力的竞争规律的深刻理解。任何产业，无论是国内的或国际的，无论生产产品的或提供服务的，竞争规律都将体现在这 5 种竞争的作用力上。因此，波特五力模型是企业制定竞争战略时经常利用的战略分析工具。

2006 年，百魔洞景区管理模式发生变化，政府直接管理模式的弊端逐渐显现。寿乡公司通过收购的方式最终获得了百魔洞的经营权，经营权和所有权的分离提高了管理的效率。在激烈的市场竞争大环境中，要想使旅游景区得到长远的发展，就要让市场在资源配置中起决定性作用，加入激烈竞争的行列中。

5. 可持续发展理论

旅游业可持续发展就是合理、科学地开发利用旅游资源，在保持和增进未来发展，满足旅游者和旅游地居民需要的同时，达到旅游和自然、文化及人类的生存环境协调和平衡发展，实现经济发展与社会发展相统一的目标。保证当代人在从事旅游活动的同时，不损害后代为满足其旅游需求而进行旅游开发的可能性。

在案例教学中应结合百魔洞属于自然景观资源、所处区域内自然景观旅游资源规模大、健康旅游资源重复性高、重复投资比例大的现实情况，运用可持续发展理论进行分析，分析其现状、趋势以及将要面临的机遇与威胁，并从健康发展与可持续发展角度展开专门、深入的讨论。

6. 危机管理

危机管理理论认为企业管理者需要主动将危机工作任务按 4R 模式划分为 4 类——减少危机情境的攻击力和影响力，使企业做好处理危机情况的准备，尽力应对已发生的危机，以及从中恢复。

百魔洞景区面对新冠疫情的不利影响，按照自治区、河池市、巴马瑶族自治县各级管理部门的相关规定，采取关闭景区、限流、三码联查、健康监测等具体方式，在营造员工"家"文化、站好防控岗、不裁员、主动寻找市场、修炼"内功"，提升品牌形象等方面做足功课。

7. 区域旅游合作理论

旅游业是一项开放性、关联性程度极高的产业，在当前区域旅游合作广泛开展的大背景下，开展旅游协作是体现"大旅游、大市场、大产业"观念的必由之路，也是我国旅游业与国际接轨的必然趋势。协作的开展，有利于避免为抢占市场份额而产生的地方旅游保护主义倾向；避免以行政区域代替客观上的旅游区域，从而造成市场恶性竞争、旅游产品重复建设、旅游精品线路分割等违背客观规律等问题的发生。

为了恢复被疫情影响的旅游业，百魔洞景区于 2022 年通过政府部门、行业协会、企业内部等渠道架起与广西区内、区外同业或异业开展合作的桥梁，共同创造美好的未来。

五、背景信息

1. 国家对健康旅游的重视

在社会经济发展和老龄化进程不断加快的时代背景下，健康旅游业作为旅游业的一种新兴业态快速发展起来，且国内健康旅游资源丰富，显示出巨大的发展潜力。健康旅游产业逐渐受到政府的重视和支持，并出台《促进健康服务业发展的若干意见》《国务院关于促进旅游业改革发展的若干意见》《关于大力发展体育旅游的指导意见》《关于开展国家中医药健康旅游示范区（基地、项目）创建工作的通知》《关于促进健康旅游发展的指导意见》《关于促进森林康养产业发展的意见》等优惠政策以引导健康旅游产业快速发展。同时，中共中央、国务院印发《"健康中国2030"规划纲要》，提出将"健康中国"上升为国家战略，要求建立体系完整、结构优化的健康产业体系，主要包括医疗机构、医药产业和健身休闲运动产业，并提出健康要与养老、旅游、食品相融合，催生新产业、新业态、新模式。这些支持性政策在投资、审批、税费、土地、管理、人才等方面给予健康旅游产业多种扶持性政策，加速国内健康旅游产业跨越式发展。

2. 广西巴马长寿养生国际旅游区

巴马长寿养生国际旅游区是广西三大国际旅游目的地之一，位于广西壮族自治区西北部，范围为河池市的巴马瑶族自治县、东兰县、凤山县、天峨县、都安瑶族自治县、大化瑶族自治县和百色市的右江区、田阳县、凌云县、乐业县，共包含 10 个县（区），总面积 2.69 万平方公里，总人口 335 万人，是世界长寿养生资源富集区、国家重点生态功能区、国家级铜鼓文化（河池）

生态保护实验区。截至 2020 年，巴马长寿养生国际旅游区基本建成，接待游客总量达到 4000 万人次，年均增速为 13%，旅游总收入达到 702.2 亿元，年均增速为 30%，其中，入境游客突破 22 万人次，入境旅游收入达到 1.5 亿美元，成为国际一流的长寿养生健康旅游目的地和国家旅游扶贫示范区。

巴马长寿养生国际旅游区以巴马瑶族自治县为核心的著名世界长寿之乡，拥有丰富独特的长寿养生旅游资源、世界级的岩溶地质景观、世界级的自然山水风光、国家级的铜鼓文化资源、原生态的壮瑶民俗风情、优良的自然生态环境和舒适的宜居度假气候。境内有世界长寿之乡巴马瑶族自治县、乐业县，国际长寿养生基地凤山县，中国乐业—凤山世界地质公园，巴马、东兰、凤山、大化、天峨、乐业、凌云 7 个县都是我国长寿之乡。这里的长寿人口之多、长寿占比之高、长寿基数之大世界少有，同时也是全球百岁老人长寿率上升最快的地区。目前，国际认定的世界长寿之乡的标准是每 10 万人至少有 7.5 位百岁健康老人，世界长寿之乡巴马瑶族自治县有百岁寿星 96 位，是世界长寿之乡国际认定标准的 4.3 倍，是世界唯一长寿人口持续增长的长寿地区。

3. 百魔洞

百魔洞位于县城西北 25 公里的坡月村，是巴马最为雄伟壮观的石灰岩溶洞。1987 年由中英岩溶地质专家组成的联合探穴队在洞中历时 9 天的探险考察，被该洞洞内那些世界上岩溶洞穴中罕见的具备独特性、典型性、稀有性的扁状体钙化堆积，多层溶洞立体分布遗迹，巨型穴珠遗迹和河流连续穿洞遗迹所震惊，一致认为该洞集天下岩洞之美于一身，堪称"天下第一洞"。

百魔洞洞中有天，南、北洞间，有个桶形的天坑，垂直峭壁，高达百米。天坑边上世代居住着勤劳善良、独享宁静的高山土瑶族人。天坑内是方圆 4 亩的草药园，人称"世外桃源"。洞中空气每立方厘米含负离子 2 万 ~7 万个，洞口的泉水是弱碱性的小分子团水。空气负离子对人体健康十分有益，被誉为"空气维生素"。因此，每天到洞里来"吸氧"的游客络绎不绝。百魔洞的长寿老人绝大多数都饮用这里的山泉水。喀斯特地形的山泉水，保持着特有的清澈。据说这里的水有滋润护肤的功效，其中最为著名的是那桃乡班交村长绿山的泉水，在当地被称为"神仙水"，能治百病。

4. 百魔洞景区发展大事年表（表2）

表2 百魔洞景区发展大事年表

阶段	年份（年）	大事	阶段特征
发展初期	1987	百魔洞天坑被发现，我国和英国的岩溶地质专家踏进百魔洞进行联合考察后一致认为：该洞集岩洞之美于一身，可称"天下第一洞"	政府行政管理、承担外事接待功能
发展初期	1995	百魔洞进行旅游开发，由当地政府旅游管理部门管理，产权经营权属于国家	
成长阶段	2005	百魔洞景区被政府交给一种植业专家经营，经营状况基本维持但没有起色	改变经营方式，适应市场竞争
成长阶段	2007	1. 巴马政府招商引资，寿乡公司应邀收购百魔洞景区； 2. 编制百魔洞景区控制详规，百魔洞的发展从此有计划可依； 3. 百魔洞景区被评定为国家3A级旅游景区	
成长阶段	2009	百魔洞景区开始以"生命、生活、生态"为理念，遵循保护性开发原则，以农耕文明为主线，致力于打造具有巴马长寿特色的世界级生态文明样板	
成长阶段	2012	出台《巴马百魔洞养生旅游度假区控制性详细规划》，百魔洞的发展开始有了更详细的指导意见和规划遵循，逐渐由点及面地发展	
巩固阶段	2017	1. 景区周边的旅游环境设施设备升级改造工程开始实施，景区设备内部设施实现更新换代，如灯光； 2. 景区开始贯彻执行乡村振兴发展战略，推进与坡月村民的入股，以龙头企业的身份带动村民致富	游客量逐年增长，营收递增
巩固阶段	2018	1. 景区全面升级改造完成，基础配套设施得到完善； 2. 百魔洞景区代表巴马国际旅游重点景区参与"寻找中国最美冬季——2017冬季旅游热力榜"评选活动，并斩获全国十佳，以第三名的成绩荣誉上榜，被评为"优秀冬季旅游目的地景区"	
巩固阶段	2019	1. 百魔洞游客服务中心成立百魔洞门市部，把游客服务中心的功能扩大化、多元化，起到规范当地旅游市场的作用； 2. 与国酒茅台集团合作，在百魔洞藏酒文化区进行洞藏酒封坛仪式； 3. 百魔洞景区结合智慧旅游建设，推出"有声景区"服务，建成二维码自助语音导览系统以及书香巴马有声图书馆，有声明信片等智慧景区功能，率先完成"有声景区"智能升级，为游客带来全新体验	

续表

阶段	年份（年）	大事	阶段特征
调整阶段	2020	疫情伊始，采取关闭景区、限流、三码联查、健康监测等具体方式，在景区经营困难之际，坚持不裁减员工，保障员工基本收入	受疫情影响较大，为适应疫情做出调整
	2021	1. 参展 2021 广西全域旅游大集市：巴马寿乡旅游携旗下百魔洞、水晶宫、百鸟岩、长寿岛 4 个国家 4A 级旅游景区参展； 2. 利用"空窗期"积极稳定队伍，对从业人员业务水平和服务能力进行线上培训，加快产品创新研发，既为应对疫后旅游市场回暖复苏做好充分准备，又进一步巩固和提升品牌影响力； 3. 寿乡公司携百魔洞景区参加 2021 西江生态旅游带宣传推广联盟和文化旅游推介会	
	2022	1. 百魔洞登上湖南卫视《天天向上》节目，开启新一轮宣传； 2. 东巴凤旅游公交一体化景区一票通抖音网红发布会在百魔洞举行； 3. 接待各界专家、领导、企业开展生态保护、生物多样性等调研	

5. 广西巴马寿乡旅游股份有限公司

广西巴马寿乡旅游股份有限公司成立于 2005 年，是一家以旅游业为主，多元化经营的股份制旅游企业。经过不断发展壮大，形成了完整的旅游产业链，经营范围包括巴马旅游景区、酒店、旅行社、大型实景表演、生态农业、旅游特产、商品开发销售、养生度假等多个领域。

公司以满足人民日益增长的美好生活需要为己任，秉持"健康产业，服务大众"的发展理念，牢牢根植于"世界长寿之乡——巴马"这块沃土，通过不断整合优质旅游资源和企业间的兼并、重组，着力实施品牌战略、项目带动战略。公司目前已发展成为巴马乃至河池最具规模的旅游企业，拥有 4A 级景区水晶宫、4A 级景区百鸟岩、4A 级景区百魔洞、4A 级景区盘阳河景区、赐福湖长寿岛景区、4A 级景区凤山三门海世界地质公园，有山水实景演出——《梦·巴马》、寿乡国际大酒店（四星级）、华昱假日酒店（四星级）、高端养生度假山庄百鸟庄酒店、渔人码头餐厅、德米特农法三生有机农场等近 20 个项目，同时开发了交乐天坑、龙田石林，拥有巴马唯一的游客水上运输经营权。

六、关键要点

1.案例分析中的关键

案例分析中的关键指案例内容与理论联系的梳理、案例问题与目标设计及案例讨论中的管理与启发、案例总结与导出理论的系统完整性。

2.案例教学中的关键知识点

健康旅游、景区管理、危机管理、运营模式、旅游营销、旅游合作、景区可持续发展。

3.案例教学中的关键能力点

案例教学中的关键能力点为教师对案例讨论的任务分配及分析思路的启发、学生讨论、教师对案例讨论的控制与归纳。认识和了解事物的能力［启发思考题（1）］、综合分析问题的能力［启发思考题（3）、（4）］、解决问题的能力［启发思考题（5）］，通过分析和解决问题，使学生在掌握理论知识的同时得到能力的锻炼和提升。通过开放式问题，鼓励学生探究百魔洞的未来发展规划和运营，目的是让学生体验和掌握解决具体问题的思路和方法，学会结合实际情况积极、自主地思考，重点并不在问题本身，而是如何提升独立思考、独立分析问题的能力。

七、课堂安排建议

本案例可以作为专门的案例讨论课采取专题性启发式教学的方式进行。课堂进展的时间进度可以参考以下计划，主要分为3个部分：课前准备部分、课中讨论部分和课后总结归纳部分，仅供参考。从教师的角度，重点引导学生对案例进行深入讨论和进一步的延伸思考。

1.时间计划

1）课前准备（提前一周）

（1）教师发放教学案例，并提出启发思考题及相关背景资料，请学生在课前阅读中就思考题进行思考，并做出相应的处置意见。

（2）教师根据课程进度梳理案例与理论的联系，制定详细的教学计划，包括案例讨论的形式、步骤，每个讨论点的时间划分；设定案例预期目标，补充必要的信息资料，结合案例及相关信息，设计案例研讨问题。

2）课中时间安排（整个案例课的课堂时间控制在90分钟左右）

（1）教师开场（10分钟）

介绍健康旅游景区的发展现状和竞争态势，就案例的背景信息进一步阐述，然后对案例的主要问题进行总结，明确教学主题和要求，简要的课堂前言，阐明观点；指导讨论小组的研究思路，布置指向较为明确的案例分析任务，提供案例研究的范式、建议与分析技术要求。

（2）讨论交流（30~40分钟）

分组展开讨论，每组3~5人，告知讨论内容，明确小组发言的要求，在讨论过程中，教师要注意围绕教学思路，结合讨论题适时地推进讨论过程，引导与启发学生更深入地思考，保证案例调研与讨论取得预期目标。

（3）分组汇报（40~50分钟）

各组按讨论结果进行交流汇报。

（4）进一步讨论和教师归纳总结（10~20分钟）

教师结合课前准备和课堂讨论总结学生讨论结果并进行必要的补充分析，对相关理论、应用进行解释，提出有待深化研究的问题与启发性的问题，进一步引导学生进行深层次讨论，并对所讨论的知识点进行归纳总结，提炼问题的共性，评价小组讨论情况，有侧重地对学生争论集中点进行分析和关联知识拓展。

3）课后计划

教师根据授课过程对案例进行修订或补充相关背景知识；学生就讨论发言内容进行总结，完成本次案例教学，形成课堂讨论记录、发现和提出新的问题。让学生写出感受，并撰写百魔洞的未来发展规划方案，如果有需要，学生可以通过报告的形式给出更加具体的解决方案，为后续章节内容做好铺垫。

2.课堂提问逻辑

1）景区管理

（1）什么是景区管理？

（2）景区管理都管些什么？

（3）怎样管理好景区？（引入案例阅读第一节）

（4）巴马的百魔洞有哪些特征？（引入案例阅读第二节）

（5）你了解巴马和巴马百魔洞吗？（引入案例阅读第三节）

（6）百魔洞的"营销"有哪些优势？（引入案例阅读第四节）

（7）怎样从百魔洞发展历程中发现"新优势"？

（8）景区管理的内容是怎样体现的？（引入案例阅读第五节）

（9）再次思考（1）、（2）、（3）的问题。

2）景区旅游营销

（1）什么是旅游营销？

（2）旅游营销都营销哪些内容？

（3）怎样将营销发挥得淋漓尽致？（引入案例阅读第一节）

（4）案例的逻辑是怎样的？（引入案例阅读第二节）

（5）你了解巴马和巴马百魔洞吗？（引入案例阅读第三节）

（6）百魔洞的"营销"有哪些优势？（引入案例阅读第四节）

（7）怎样从百魔洞发展历程中发现营销的"新优势"？

（8）旅游营销在案例中又是怎样体现的？（引入案例阅读第五节）

（9）再次思考（1）、（2）、（3）的问题

3. 课堂板书设计

1）景区管理

（1）景区管理的定义。

（2）景区管理的范围及内容。

（3）景区管理的主要理论知识。

（4）怎样做好景区管理。

（5）本案例的逻辑是怎样的？（整体读一遍进行讨论，请同学回答，回答完公布答案）

（6）你了解巴马和巴马百魔洞吗？（若了解，谈一谈了解什么？若不了解请说明理由）

（7）百魔洞景区的"营销"有哪些优势？（小组讨论后，每组请一位代表发言，然后公布答案）

（8）怎样从百魔洞发展历程中发现景区管理的"小妙招"？（小组讨论后就重点段落进行分析）

（9）想一想景区管理是如何在案例中体现的。（小组讨论后就重点段落进行分析）

（10）返回第（1）页、第（2）页、第（3）页板书，看看这个案例验证了谁的观点？（小结）

2）旅游营销

（1）旅游营销的定义。

（2）旅游营销的内容。

（3）旅游营销的主要理论知识。

（4）怎样做好景区营销。

（5）本案例的逻辑是怎样的？（整体读一遍进行讨论，请同学回答，回答完公布答案）

（6）你了解巴马和巴马百魔洞吗？（若了解，谈一谈了解什么？若不了解请说明理由）

（7）百魔洞景区的"营销"有哪些优势？（小组讨论后，每组请一位代表发言，并公布答案）

（8）怎样从百魔洞发展历程中发现景区营销的"小妙招"？（小组讨论后就重点段落进行分析）

（9）想一想景区营销是如何在案例中体现的（小组讨论后就重点段落进行分析）

（10）返回第（1）页、第（2）页、第（3）页板书，看看这个案例验证了谁的观点？（小结）

本案例参考文献

［1］朱婷.养生旅游度假区规划策略研究［D］.华中科技大学，2011.

［2］姜永育.神秘大怪咖——百魔洞［J］.发明与创新（C），2014（1）：28-29.

［3］姜永育.百魔洞里流出神仙水［J］.今日中学生，2019（31）：27-28.

［4］黄晗.基于spss的百魔洞景区满意度影响因素分析［J］.西部旅游，

2023（20）：20-22.

［5］罗秀香.生态资源富集镇发展旅游带动乡村振兴的实践启示——以广西河池巴马甲篆镇为例［J］.中共桂林市委党校学报，2019，19（03）：51-55.

［6］姜璠.河池市甲篆镇［J］.广西城镇建设，2019（10）：102-103.

［7］王健.神奇的巴马［J］.上海企业，2013（10）：98.

［8］苏星.长寿圣地养生天堂［J］.当代广西，2013（16）：53.

［9］黄晓霞.巴马县研学旅游线路的设计探究［J］.当代旅游，2021，19（16）：92-94.

［10］陈道远.广西生态旅游基地建设问题的思考［J］.广西经济，2013（8）：32-33.

［11］孙绍宁，牙茜.民间体育养生在巴马旅游业推广的价值研究——以"瑶拳"在百魔洞景区推广为例［C］.//全国少数民族传统体育与长寿养生文化学术研讨会论文集.2017：343-350.

［12］姜永育.探秘"百魔洞"［J］.青少年科苑，2013（9）：11-13.

［13］郑坚.长寿有秘诀吗？［J］.祝您健康，2015（11）：13-13.

［14］船舷.去巴马，真的可以祛病长寿吗［J］.知识就是力量，2013（11）：20-22.

［15］廖梓伶.广西巴马旅游环境承载力研究［D］.广西大学，2010.

［16］高婷.广西巴马：文旅康养新活力［N］.中国文化报，2024-03-23（002）.

［17］刘圆圆.广西巴马：长寿之乡的蜕变［N］.人民政协报，2023-12-01（009）.

［18］梁茜.广西卫视原创养生文化节目《百寿探秘》研究［D］.广西大学，2020.

［19］黄圭成，汤朝阳，丁丽雪，等.神奇秀丽的风光——喀斯特地貌［J］.华南地质与矿产，2018，34（4）：369-373.

［20］顾玲玲.养生旅游好去处——美丽寿乡巴马［J］.双足与保健，2013（4）：66-71.

疫情下主题类景区的发展探索

——以南宁极地海洋世界为例 ①

摘　要： 南宁极地海洋世界前期由融晟集团投资数亿元打造，现由南宁勤海文化旅游有限责任公司经营，是国内一流、规模大、业态丰富的室内海洋馆，也是广西首家大型极地海洋世界。2020年新冠疫情的暴发给旅游业带来了结构性的挑战与压力，但南宁极地海洋世界在旅游市场大环境低迷的情况下能够存活并实现盈利，这与它经营策略的及时调整、品质的保持以及优秀的市场营销密切相关。本小组选择南宁极地海洋世界这一主题类城市旅游目的地作为案例地，目的是通过调查研究，了解企业发展历程、经营现状、营销手段、产品开发策略和当前面临的挑战，分析其成功的因素，为同类型主题类景区的转型与经营提供参考，也为旅游管理专业的案例教学提供素材。

关键词： 极地海洋世界；新冠疫情；转型升级；营销

Exploration on the Development of Theme Scenic Spots under the Epidemic Situation——Taking Nanning Polar Ocean World as an Example

Abstract： Nanning Polar Ocean World is a large polar ocean world built by Rongsheng Group with an investment of hundreds of millions of yuan in the early stage and now operated by Nanning Qinhai Cultural Tourism Co., Ltd. It is the first-class, larger and richer indoor aquarium in China, and also the first large polar ocean world in

---

① 1.本案例由广西大学工商管理学院林轶教授、研究生权妙璇和张凯悦撰写，作者拥有著作权中的署名权、修改权、改编权。

2.由于企业保密的要求，本案例中对有关名称、数据等已做必要的掩饰性处理。

3.本案例只供课堂讨论之用，并无意暗示或说明某种管理行为是否有效。

Guangxi. The outbreak of the COVID-19 in 2020 has brought structural challenges and pressure to the tourism industry. However, Nanning Polar Ocean World has been able to survive and make profits in the downturn of the tourism market, which is closely related to its timely adjustment of business strategies, maintenance of quality and excellent marketing. This group selected Nanning Polar Ocean World as the theme city tourism destination, with the purpose of understanding the development history, operation status, marketing methods, product development strategies and current challenges of the enterprise through investigation and research, analyzing the factors of the success of Nanning Polar Ocean World, providing reference for the transformation and operation of the same type of theme scenic spots, and providing materials for case teaching of tourism management specialty.

Key words: Polar Ocean World; COVID-19; transformation and upgrading; marketing

1 一度辉煌——从配套到主角

南宁极地海洋世界位于广西壮族自治区首府南宁市，是融晟集团携手海昌海洋公园投资数亿元打造的大型极地海洋世界，是国内一流、分类细致、业态丰富的室内海洋馆，也是广西首家体验式极地海洋公园。

南宁极地海洋世界整体建筑面积达 15 万平方米，总水体量达 15000 立方米，主体建筑为 3 层，局部建筑为 4 层。场馆共有四大展区，分别为海洋传说展区、极地风情展区、欢乐海洋展区和极地探秘展区，其中海狮欢乐秀、水下奇幻秀（美人鱼表演）、萌宠马戏等是具有创意和震撼力的特色表演。此外，场馆引进鲸鲨、白鲸、北极熊、海豚、海狮、斑海豹、北极狼、北极狐、南极企鹅等多种大型极地海洋动物，以及逾 20000 尾珍贵鱼类。极地海洋世界作为南宁旅游板块的"硬核"新力量，吸引全国游客纷纷涌入，创造了月营收过百万的销售奇迹，也促使南宁从旅游"中转站"转变为"旅游目的地"。2019 年 10 月 9 日，该极地海洋世界所属的融晟天河海悦城被评选为国家 4A 级旅游景区，自此开启了南宁玩乐经济的新时代。

融晟天河海悦城是集旅游观光、主题展览、家庭娱乐、休闲购物、社交餐饮、"互联网+"等为一体的"家庭式都市旅游目的地",该极地海洋世界是海悦城整体版图中的配套设施之一。融晟天河海悦城在建设之初,曾进行大力宣传推广,一度成为南宁市最具吸引力的文旅商业综合体。但由于前期经营不善,餐饮、酒店、购物等业态地区竞争激烈,使得融晟天河海悦城的商业热度很快褪去,客流稀疏,营收不佳,最终导致商铺大规模撤店撤柜。与之相较,该极地海洋世界自身的海洋生物资源与海洋文化资源极为丰富,且在南宁市内仅有南宁海底世界、南宁动物园两家同类型的竞争者,放眼广西,与北海海底世界、北海海洋之窗和桂林融创海世界相比,也具有独特之处(表1)。在地区竞争市场中,该极地海洋世界作为地区独树一帜的海洋文旅品牌,在建设规模、产品种类、产品特色等多方面均占据比较突出的优势,这使得该极地海洋世界开始从"配套"转变为"主角"。

表1 竞争者分析

名称	简介	票价	地理位置	优势	劣势
南宁极地海洋世界	集大型海洋生物展示、海洋动物表演、人鱼表演秀、360°海底奇观、儿童教育与体验多媒体互动无水海洋世界于一体的海洋文化体验场馆	130元	南宁市江南区	场馆品质高;极地海洋动物品种丰富	周围没有地铁,需自驾或打车到达;票价较高
南宁海底世界	南宁地区甚至广西的海洋教育中心及海洋动物保护区,被评为2005年南宁市优秀旅游景区	40元	南宁市人民公园内	基本海洋动物品种齐全;票价低;交通便利	场馆设施陈旧;通风做得不好,臭味严重;展缸小
南宁动物园	以观赏野生动物为主,集野生动物保护、饲养管理、科学研究、繁育专业性大型动物园	50元	南宁市西乡塘区	开业早,广为人知;交通便利,周围有地铁可直达;不仅有海洋馆还有其他种类野生动物	海洋动物品种少,以海豚、海狮表演为主

续表

名称	简介	票价	地理位置	优势	劣势
桂林融创海世界	桂林首个大型复合海洋世界,由海洋馆和泡泡泉小镇两个区域组成,集观赏、互动、娱乐、科普、演绎等为一体	165元	桂林市	可观看的表演多;游乐设施丰富;依托桂林,旅游客流量大	服务设施不人性化;二次消费
北海海底世界	国家4A级旅游景区、全国海洋科普教育基地,以展示海洋生物为主,集观赏、旅游、青少年科普教育为一体的大型综合性海洋馆	168元	北海市	海洋动物品种齐全;知名度高;依托北海,旅游客流量大;互动体验性强	地域限制
北海海洋之窗	海洋科技时尚、传播海洋文化品位、领略海洋无限风光的大型综合性海洋博览馆	148元	北海市	依托北海,旅游客流量大	设施陈旧;地域限制

该极地海洋世界在营销推广方面下足了功夫。在其开业典礼上,邀请南宁市工商联主席、相关部门负责人与融晟集团董事长共同剪彩,并拉开海悦城圆梦助学基金的序幕,树立了良好的企业公益形象。仅开业首日,该极地海洋世界就接待近3万游客,游客的热情从白天延续到夜晚,盛况空前。在一周年之际,该极地海洋世界举办生日庆典活动,邀请近万人见证全南宁最燃的极地狂欢盛典,现场人潮汹涌、热闹非凡。此外,该极地海洋世界借助新媒体营销手段,在马蜂窝、携程网、去哪儿网等大型在线旅游平台进行景区推送,并在南宁旅游、南宁本地宝、南宁周边游等本土网络公众号进行软文宣传,迅速提高了该极地海洋世界的知名度、美誉度、影响力,为进一步提高市场竞争力奠定了坚实基础。

2019年在南宁市教育局的牵头下,该极地海洋世界与南宁科学技术学会共同打造海洋文化科普教育基地,从此走上"研学旅游"之路。如今,该极地海洋世界已成为多所学校及教育培训机构开展学生社会实践活动的热门研学目的地。2019年该极地海洋世界共计接待研学团队68团,约5000人次。2020年12月17日该极地海洋世界成功申报南宁首批中小学研学实践教育基地。与此同时，为进一步迎合市场发展，提供更优质的产品与服务，该极地海洋世界重新调整战略部署与市场定位，积极进行产品创新与升级，打造全龄人群"商、游、乐、购"的游玩胜地，正式成为融晟天河海悦城的"主力军"。

2 遭遇寒冬——从爆款到小众

该极地海洋世界自开业以来，凭借多渠道大规模的宣传营销、经营前期商业热度不减的天河海悦城引流、干净整洁的室内环境、品质上乘的展陈设施、丰富的极地动物拥有量以及作为补充的海洋科普研学，一跃从南宁众多主题景区中脱颖而出，即使是160元一张的门票，游客依然络绎不绝。然而好景不长，最初的热闹过后，家族企业的弊端开始显现，导致该极地海洋世界经营的后劲不足，加之突如其来的疫情，全国的旅游行业瞬间陷入死寂，管理层对其进一步扩大市场份额的美好愿景也成为泡影。

2.1 家族企业的弊端

融晟集团作为一家家族企业，不免有一些家族式企业的通病，在组织框架结构、经营体制、成本控制和场馆管理等方面有所欠缺，导致公司的发展受阻，跟不上市场发展的步调而走下坡路。尤其在疫情发生后，没有专业人士的参与，场馆的能耗控制不好，每天的水电、饲养、人工等费用多达数万元，收支勉强达到平衡。

2.2 新冠疫情的影响

造成极地海洋世界收入下滑最直接的原因是2020年春节前夕突如其来的新冠疫情。这场疫情汹涌而至，迅速在全国范围内蔓延。这场突发的公共卫生事件给正处于高质量发展转型进程中的我国旅游业造成了重大的冲击：境内外团队旅游被紧急叫停，自由行受到限制，游客纷纷取消出行计划，各大景区游客接待量、旅游企业收入几乎"归零"，我国旅游业进入了从未有过的停摆期。疫情对于各行各业的打击最为明显和致命的就是旅游及相关行业，最直接的影响是全国各主要景点关闭、大型文化娱乐活动取消，进而导致国内旅游市场全面阻断，旅游收入呈现断崖式下降。2020年前三季度的国内旅游总消费较2019年同期分别下降71.5%、49.2%和9.7%，广西全区的国内游客接待量较 2019 年同期分别下降 72.6%、45% 和 4.1%，与全国数据下降趋势基本相同。第四季度由于疫情控制初见成效，国内旅游市场出现"报复式出游"的小高潮，国内游客接待量和国内旅游总消费相较于去年同期有所增长（表 2）。

表 2　2019—2021 年假期国内出游人次及增长率

年份	春节		清明节		劳动节		国庆节	
	人次（万）	收入（亿元）	人次（万）	收入（亿元）	人次（万）	收入（亿元）	人次（万）	收入（亿元）
2019 年	41500 7.6%	5139 8.2%	11200 10.9%	478.9 13.7%	19500 13.7%	1176.7 16.1%	78200 7.81%	6497.1 8.47%
2020 年	15000 −63.86%	−5000 −97.30%	4325.4 −61.4%	82.6 −80.7%	11500 −32.33%	475.6 −58.58%	63700 −21%	4665.6 −30.1%
2021 年	25600 −38.31%	3011 −41.40%	10200 −8.93%	271.68 −43.27	23000 100%	1132.3 138.08%	51500 −19.15%	3890.61 −16.61%

由于国内外疫情严重，所有的出境游和入境游业务也处于完全停滞状态，2020 年前三季度全区接待入境游客量较 2019 年同期分别下降 81.7%、99.8% 和 99.1%。南宁作为边境省会城市且临靠东南亚各国，外国游客量占据一定比重，此次疫情造成南宁的国外游客几乎消失，且由于国外疫情的不稳定性，入境旅游市场低迷状态呈持续态势，入境游恢复缓慢。该极地海洋世界想要靠良好口碑吸引邻近国家游客的想法暂时也无法实现。

此次新冠疫情的暴发也揭露出我国目前主题类旅游景区发展现状的些许弊端。我国主题公园"靠天吃饭、靠自然吃饭、靠游客吃饭"，非常脆弱，外部环境依赖性极强，疫情将主题公园的这种脆弱暴露得淋漓尽致。缺少国外主题公园大 IP 的加持，没有强大的用户黏性，在遭遇这类天灾人祸时只能眼睁睁看着游客流失，虽然因客观因素引起，但策划主题特色仍然需要动足脑筋，打造属于自己的 IP。

融晟天河海悦城的商业店铺在疫情期间也遭遇了巨大的打击，在防控期间严禁人员流动的防疫措施，使得各类店铺的经营几乎停滞。疫情的出现使得游客的出游意愿锐减，该极地海洋世界的客流受到严重冲击。此外，与该极地海洋世界一同打造的海悦鲸鲨餐厅、奇葩世界、西卡汽车小镇、易飞碰床乐园、亚天 VR 主题公园、MY-ZOO 萌宠乐园、希尔顿花园酒店等商业综合体也由于游客的骤减而受到冲击。假期是人们的出游旺季，春节黄金周本是该极地海洋世界非常重要的盈利时间，前期投入由于疫情的突然出现都打了水漂。

一方面该极地海洋世界要为收入锐减而烦恼，另一方面支出的困难也无法避免，海洋馆不同于其他行业，虽然裁员是一项手段，但是其特殊的营业性质带来的动物饲养成本却不可避免，房租、水电、人员工资等费用仍需支出，长期内无法恢复营业或者客流量不足将会导致成本支出和现金流压力，景区前景岌岌可危。受到新冠疫情的影响，大多数旅游企业的经营性现金流状况持续恶化，现金紧张问题异常突出。该极地海洋世界虽然背靠融晟集团，短时间内资金不会有明显的短缺现象，但是融晟集团的业务支柱房地产行业现状也不容乐观。该极地海洋世界目前已经走到了发展的十字路口，是冲破疫情桎梏寻找一条新出路，还是跟随大环境与绝大多数行业一同沉沦，是管理层亟需思考的问题。

3　路在何方——从融晟极地海洋世界到南宁极地海洋世界

融晟在经营极地海洋世界的这些年里，在当地游客中有口皆碑，但其存在的经营问题也暴露出当前经营模式的短板，这让融晟高层领导不得不重新思考是否需要放弃海洋馆这个板块。经过多方面探讨，融晟集团敲定在 2022 年将极地海洋世界的经营管理权转让给南宁勤海文化旅游有限责任公司。勤海接手后对极地海洋世界包括南宁市场环境进行了详细的考察，制定并采取一系列措施对场馆进行改造提升，为极地海洋世界未来的发展从顶层开始进行布局谋篇。

3.1　丰富品类，降低成本

该极地海洋世界在前期的经营中动物品种单一，造成整体品质下滑，并且之前海洋馆的动物种类和南宁其他海洋馆具有重复性。勤海接手后引进企鹅、海狮、海豹及花鲸（全国可供观赏的花鲸只有 8 只）等新动物丰富可观赏的种类，这样稀有的产品展示可以吸引有猎奇心和好奇心的游客。场馆重新编排海豚表演秀，增加"花鲸"表演，连通二三楼的巨大展缸，游客在二楼和三楼均能近距离观赏，增加互动性。

对于旅游景区来说，低成本是取得竞争优势重中之重的因素，是获得超强持续获利能力的基础。先前融晟极地海洋世界由于管理体制中存在松散化和人情化等系列问题，在企业运行过程中产生了不必要的成本，增加了企业的负担。勤海接手后，对极地海洋世界的饲养成本和人工成本进行控制，使每天的经营成本降低到合理的范围之内。通过勤海的努力，该极地海洋世界正在摆脱疫情的阴霾朝着光明走去。

3.2 提质升级，创新营销

南宁极地海洋世界原来的场馆三楼被设置成萌宠乐园，本来这样的设计是为了吸引小朋友，可以通过喂养羊驼和小猪等动物增加游玩乐趣。但勤海集团认为这样的设计与极地海洋主题稍有不符，显得比较杂乱，于是将往日只有在研学活动才拿来展示的珊瑚标本放在展示柜里集中展示，作为日常的展出项目。现如今，蒙尘的珍贵珊瑚标本得以重见天日，免费面向全体游客日常展出。此外，场馆为了方便孩子们观赏动物，展示柜的设计充分体现人性化管理，场馆根据孩子们的身高等特点，结合动物的生活习性，调整展缸动物的展示位置。为了丰富孩子们的游览体验，景区将原来馆场负一层的小小饲养员活动开展地，改造成为现在的游戏区。

此外，勤海在展缸外的围栏扶手处增加了软包装，提高了安全系数，方便"小游客"更好地观展；将部分展缸改为半封闭式，增加游客与动物的互动性及体验感；在部分区域也增加了科普类知识展示，多面科普墙将海洋知识和实践紧密结合起来，让大家边玩边学，更好地开展海洋生物科普类研学工作，丰富游客的旅游体验。

在营销板块，重新开业的南宁极地海洋世界因疫情闭馆无法进行线下营销推广，因此增加线上直播作为新的宣传和营收手段（每一个大型动物都有专属直播间），通过直播的方式，花鲸、海豚、海狮、北极狼等极地动物纷纷成了小明星，拥有了自己的粉丝，这种新的引流手段为南宁极地海洋世界带去了精准的顾客群体。

3.3 研学助力，推进发展

2022 年 6 月开馆后，又一次突如其来的疫情对南宁这个热闹的城市造成巨大的打击：曾经人满为患的商场和景区瞬间渺无人迹，该极地海洋世界又被迫闭馆，愁坏了刚刚接手的勤海管理者。说起海洋馆，就一定会联想到科普研学（表3）。在此之前，该极地海洋世界的研学由南宁市教育局牵头，作为科协的科普教育基地，科协会拨经费开展研学活动。融晟组织自己的员工做导师，但是由于没有经过系统培训，组织的研学活动质量较差。又由于场馆范围较小，接待规模有限，无法提供支撑1000多人研学的人力和空间。此外，活动安排也需要进行调整，由于参观时间冲突，游客无法看完所有的表演，这些都导致先前融晟整体的研学产品品质不佳。一般而言，海洋馆对于带有小孩的家庭而言极具有吸引力。海洋馆的单张票价并不便宜，而研学是按学生人数收费，因场馆和学校、研学机构等有合作所以票价便宜，因此研学活动的开展得到了老师和家长的大力支持。受疫情大环境的影响，如何解决淡旺季游客量的巨大落差成为困扰管理者的难题。

海洋馆对一个城市来说有其独特性和重要性，是一个城市文化建设与发展必不可少的组成部分，更是一个城市的名片。酒香不怕巷子深，要打造海洋馆的特色产品，吸引相应受众群体从而增加客流，勤海为此做出相应的改变。勤海研学活动能弥补淡季游客量的空缺，让研学活动在生产经营的淡季进行，利用学生周一到周五的空闲时间开展课外研学活动，能充分填补淡季游客的空缺。先前融晟的研学课程不像方特、大王滩有专门研学部门、专门的研学专家可以针对当前的课题进行研究，打造受学生欢迎的产品，此外先前的师资和课程也达不到研学标准，因此勤海在后期将着力于这个板块的调整。

首先对海洋研学体系缺乏进行产品设计，采取科学的研学路线设计和研学考核评估。关注地域转移涉及的时空要素，进一步精确未来课程组织的时间节点、行程距离、配套交通条件以及成本。并将安全意识教育贯穿于海洋研学旅游全员全过程，落实好制度保障、课程资料保障、食宿保障，畅通人力、物力、财力调配。做到精心布置、周密计划、安全监控，确保整个海洋研学旅行活动的高效进行。

其次聘请专业高素质的研学老师讲解海洋知识，在研学产品执行过程中执行人员不仅担任介绍和接待的"导游"一职，更担任负责对前来参加研学旅游的中小学生"讲解"与"引导"的"教师"一职，通过传授知识的方式激发学生的学习热情并拓展学生的相关知识深度，从而解决"只游不学"的现象（其目前研学产品见表4）。通过一系列的提升手段和措施，南宁极地海洋世界在游客市场中慢慢恢复了口碑。

表3　南宁极地海洋世界研学资源

极地海洋世界资源			
大类	主类	资源举例	场所
自然科普	科普资源	鲸鲨、白鲸、北极熊、海豚、海狮、斑海豹、北极狼、北极狐、南极企鹅、20000余尾珍贵鱼类及海洋生物	海洋传说展区、极地风情展区、海底大花园、大洋展区、科普项目展、水母繁殖基地、海洋馆水质实验室、海洋馆幕后游
人文科普	人文资源	涉海类传统文化、涉海类非遗传承、现代海洋人文类旅游资源、爱国主义教育	表演秀场、科普教室、大洋展区

表4　南宁极地海洋世界目前研学旅行产品

研学项目	主要任务和内容	五育主要关联点
海底隧道	记录最感兴趣的生物、完成研学单上的海洋科学知识学习、开展有关海洋的成语竞赛等	智育
游历珊瑚园	了解珊瑚的生长条件、理解珊瑚的作用和共生关系的概念等	
走进水母	了解水母的基本特点、生长过程，学会区分不同的水母，画出水母的身体构造等	
实验探究	进行海水变淡水实验，探究科学的奥秘	
制作海洋生物标本	学习海洋生物标本以及海洋瓶的制作过程和方法	劳育
创意制作	学习鱼拓、米塑等传统技艺的制作方法	
海洋剧场	欣赏美人鱼表演和水中芭蕾等舞蹈	美育
	观看海狮表演、水上足球、单手倒立、空中跳跃等，开展游泳比赛等	体育
宣誓签名	创作保护海洋的标语并宣誓和签名等	德育

4 不断探索——从冒进到求实

从南宁市亲子旅游目的地的热榜，到接待服务跟不上致使品质下滑、口碑下降，再到经历疫情客流量锐减、收入大幅缩水，南宁极地海洋世界不断地调整策略以解决当前遇到的窘境。案例组从旅游管理学的学科视角出发，结合南宁极地海洋世界的现实困境，在与勤海管理层沟通交流后共同为该极地海洋世界设计了新的发展思路，也为同类型城市主题类景区在疫情过后的发展带来一些启发和可借鉴之处。

4.1 挖掘潜在客源市场，重视县城消费能力

南宁极地海洋世界目前客源市场狭窄，主要客源为南宁城区常住人口，以散客为主，旅行社团队较少。产生这一现象的主要原因是南宁作为广西境内的旅游中转地，难以造成旅游者的长久停留。目前县城居民对于品质消费有更多的需求，但是县城内部市场暂时满足不了其高品质服务的要求。因此，南宁极地海洋世界应重视横州市、宾阳、上林、马山、隆安等周边县城，挖掘县城客源市场以及其潜在的消费能力，组织专门人员到县城开展营销宣传，打开其在县城的知名度，开设该极地海洋世界直通县城的旅游大巴车，为县城居民来往提供便利服务。

4.2 线上线下相结合，多种收入方式并举

单一的景区型海洋主题公园，由于收入构成单一（主要为门票、纪念品、饮食等）、重游率低、游览时间短（大约 2~3 小时），很难维持自身的持续发展。南宁极地海洋世界也以门票收入作为主要的营收来源，在旅游淡季以及非节假日与学校、研学机构展开合作，开展研学旅游作为补充。疫情发生后，南宁极地海洋世界营业收入锐减，正常情况下只能达到疫情前收入的1/3。受疫情影响，南宁极地海洋世界增加线上直播作为新的营收手段（每一个大型动物都有专属直播间），同时在直播间售卖海洋馆周边产品。线上渠道是疫情时代增加营收的必要途径，直播的内容除极地动物外，还可以带货广西特色海产品，如海鸭蛋、贝雕、花胶、珍珠等，将直播内容与本土文化相结合。馆内负一层也可以增设餐吧、水吧等，既满足了线下游客的就餐需求，也增加了二次消费。

4.3 改善外部商业环境，增加餐饮等配套设施

南宁极地海洋世界外部的海悦城众多商家倒闭关门，形势萧条，给游客带来的第一印象比较差，影响游客旅游体验。因勤海文化旅游公司仅具有极地海洋世界的经营权，融晟天河·海悦城商业体的所有权和经营权仍归融晟集团拥有，要解决这一问题需要勤海公司和融晟集团在达成共识的基础上进行进一步的合作，将商场重新招商引资，完善餐饮、购物、娱乐等配套设施，解决游客在旅游前后的需求。

4.4 与周边项目形成联动，提高满意度和重游率

疫情改变了人们的出行半径和旅游方式，随着疫情的反复，人们的出游频率降低，但是出游需求并没有减少，因此每一次出行都希望行程尽可能丰富。因此，南宁极地海洋世界要想留住游客，提高满意度和重游率，就应该丰富自身的产品，在现有游览项目的基础上增加互动类和体验类的项目，如勤海规划后续在科普长廊增加一些高科技互动装置，或者将废弃的奇葩世界和改成幼儿园的冰雪世界改造成室内主题乐园、室内露营基地、3D球幕影院等游乐项目。同时，还应与周边项目联动发展，如与天骄草原国家滑草场和大王滩风景区组成联合套票，为非自驾游的家庭提供专车服务，动静结合，丰富家庭的出游体验。

4.5 合理营销方式，多渠道实现精准引流

受疫情影响，居民收入减少、就业率降低、害怕公众场合传染疫情等原因，南宁极地海洋世界客流量变少。海洋世界初始运营期间进行了多种类、大规模、大范围的营销活动，短期内取得了良好的效果，单日客流量曾多达几十万人。但由于参观游览人数的大幅增长，出现了一系列的问题，如场馆维护不及时导致游览体验感变差，接待能力有限导致游览服务跟不上，大规模游客蜂拥而至产生极大的安全隐患，最终致使南宁极地海洋世界在游客群体中口碑下降，游客人数减少。勤海公司接手后，在总结原有问题的基础上，力求品质的升级和改造，通过提升整体游览体验感来提升游客口碑，增加客流量。提升品质固然重要，但在这个全民营销的时代，"酒香也怕巷子深"，要通过有效的宣传，才能提高知名度，吸引游客再度到此体验。因此在与抖音、微信等线上媒体资源进行合作的同时，对于目标客源要做到精准营销，

如积极与中小学、研学机构开展合作，赞助一些中小学举办比赛和活动，为学校家长会准备定制小礼品和宣传册等，主动在线下渠道广泛宣传，做到精准引流。

4.6 优化人才培养，多方位发掘人力资源

人才短缺严重制约了南宁极地海洋世界的发展。该极地海洋世界主要缺乏专业的营销人才和作为营业收入一大补充的研学相关人才，这两类人才应该得到更多的重视。就研学而言，南宁极地海洋世界目前存在以下问题：(1)研学导师由海洋馆的员工担任，没有经过系统的研学相关课程培训；(2)南宁极地海洋世界不像方特、大王滩有专门的研学部门和专人负责研学课题，没有专业部门和分管人员；(3)南宁极地海洋世界师资和开设的研学课程达不到研学相关标准。因此，针对研学短板，首先应加大对研学导师的培养，通过招聘专业的研学导师、外包给研学机构或是通过系统培训自己的员工成为研学导师来解决这一问题；其次要有专业部门和人员制定符合需求的研学课程，按照政策要求以符合研学相关规定和标准。就营销而言，要招聘专业的营销人才，尤其要具有主题类景区工作经验，组织员工多和高校教师、同行、营销达人进行交流，学习最新的营销手段。

案例使用说明

一、公司背景介绍

1.融晟天河集团简介

融晟天河集团成立于2000年，集团总部位于福建省福州市，多年来致力于房地产领域的开发与投资，是一家专注产品和服务品质的专业综合型地产开发公司。融晟天河集团为中华文化促进会的理事单位，一直致力于研究文化和地产相结合的新发展方向。2012年，集团在战略上做出全面升级，转变为以文化旅游为主导方向，以文化树品牌、以旅游旺市场、以市场促发展，全面转向"商业文化旅游"发展。南宁极地海洋世界是融晟天河集团携手海昌海洋公园投资数亿元打造的大型极地海洋世界，自2018年开业，打造了南宁独树一帜的海洋文旅品牌，但因后期经营问题，2022年将经营管理权转让给南宁勤海文化旅游有限责任公司。

2. 上海勤海实业有限公司简介

上海勤海实业有限公司创办于 2005 年，总部位于上海，主要项目分布于河南、江苏、四川、广西等近 10 个省市地区，是一家集海洋主题公园投资、规划、建设及运营于一体的全方位现代化企业。上海勤海实业有限公司秉承以市场为导向、以客户为中心、以人才为资本、以品质为前提、敦行致远、合作共赢的发展理念，经过多年的稳健发展，已确立行业领先优势。近年来，上海勤海实业有限公司持续发挥现有优势，拓宽运营思路理念，向更具品牌特色的文旅集团不断深化。目前，南宁极地海洋世界由上海勤海实业有限公司在南宁注册成立的独立分公司（南宁勤海文化旅游有限责任公司）负责日常运营与管理。

3. 南宁极地海洋世界简介

南宁融晟极地海洋世界是国家 4A 级旅游景区项目，位于广西壮族自治区首府南宁市，由融晟集团携手海昌海洋公园共同打造，是融晟海悦城项目的配套设施之一，前期由融晟天河集团负责运营管理，2022 年转让给南宁勤海文化旅游有限责任公司，后更名为南宁极地海洋世界。

南宁极地海洋世界拥有完整的配套设施条件和充实的文旅项目内涵，2022 年南宁极地海洋世界对原有的四大展区产品进行升级，着力于提高游客的感官性与体验性。目前，表演类体验产品包含美人鱼表演、人鲨共舞、海豹表演、海狮表演、海豚表演等；互动类体验产品包含钓鱼互动、锦鲤祈福、小小饲养员等；研学类体验产品包含海洋科普、走进水母、制作海洋生物标本等。在海洋生物展示方面，南宁极地海洋世界通过海洋传说展区、极地风情展区、欢乐海洋展区和极地探秘展区，向游客展示鲸鲨、白鲸、北极熊及花鲸等大型海洋生物，以及逾 20000 尾珍贵鱼类，让游客深切感受到海洋生物与海洋文化的无穷魅力。

二、教学目的与用途

本案例适用于旅游管理硕士 MTA 及经管类研究生和本科生《战略管理》《旅游市场营销》《旅游产品设计与开发》等课程的教学和管理培训。

本案例的教学目的是通过案例分析，使学生能够对疫情背景下旅游景区面对的常见问题和应对措施有更为深刻地认识和理解，具体包括在疫情背景下企业如何自救、如何采取有效的营销手段、如何选择合适的战略等问题的认识。本案例有助于激发学生对企业经营战略的思考，加深学生对于旅游产品相关理论的学习，提升学生对于旅游市场营销相关知识的实践感知。

三、启发思考题

（1）南宁极地海洋世界所面临的内外部环境是怎样的？请运用 SWOT 分析法进行分析。

（2）结合案例中提到的营销理论分析南宁极地海洋世界运用的具体营销手段。你认为哪种营销手段的使用能产生更好的引流效果？

（3）疫情对南宁极地海洋世界产生了哪些方面的影响？结合案例分析企业为了在疫情中生存分别采取了什么应对措施。

（4）结合波特的竞争战略理论分析南宁极地海洋世界疫情前后能够采取同一种竞争战略吗？如果不能，分别应该采取哪种战略并说明理由。

（5）你希望当地政府发布什么样的创新政策来支持极地海洋类主题景区未来的发展？

（6）请总结海洋馆获得成功所需的因素（图1）。

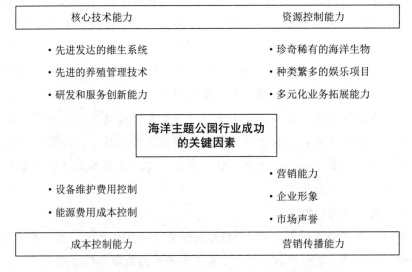

图1　南宁极地海洋世界成功因素分析示意图

四、分析思路

本案例属于开放讨论式案例，教师可以根据具体的教学目标灵活使用本案例。通过案例正文的阅读，引导学生收集相关背景资料、整理南宁极地海洋世界发展现状、疫情对企业的影响以及勤海集团接棒融晟集团后所面临的机会和挑战。运用 SWOT、一般环境、行业环境等分析方法（这些方法可通过教师概括讲解＋学生课后自学及结合案例应用的方式进行教学），对企业生存、发展的宏观行业环境情况进行分析和归纳。在形成个人观点后，进一步选取理论和方法，如基本竞争战略、STP 理论、体验式营销、口碑营销等理论对案例具体营销手段进行分析。最后基于企业核心竞争力，分析后疫情案例企业的战略转向和产品转型。以下分析步骤仅供参考。

步骤 1：根据案例正文企业介绍和附录信息，引导学生进入"疫情下企业转型和塑造企业文化迸发新活力"知识情景并进一步主动收集、整理相关背景资料，对企业的疫情应对措施、多种营销手段使用、新企业在原有基础上如何焕发新活力有所认识，为案例分析提供铺垫，增加学生参与讨论的兴趣与信心。

步骤 2：从宏观背景和行业环境出发，运用 SWOT、一般环境、行业环境等分析方法（教师可以推荐其他分析方法，对于其他方法的学习并在案例分析中加以应用的，可作为学生自主学习的加分项）分析企业所面临的内外部环境，产业发展的优势、劣势，产业面临的竞争，并结合疫情的影响和措施进行风险防范分析。

步骤 3：南宁极地海洋世界的营销深入南宁市民内心，结合企业的核心竞争力，运用 STP 理论、体验式营销、口碑营销等理论分析其具体营销手段及对企业引流产生的正面、负面影响。

步骤 4：通过步骤 2 和步骤 3 的分析，基于企业的核心竞争力，为了减少需求的不确定性及同行业竞争的压力以及维持生存，企业在疫情后进行的战略转向和产品转型。

五、理论依据与分析

1. 基本竞争战略（Competitive Strategies）

基本竞争战略由美国哈佛商学院著名的战略管理学家迈克尔·波特提出。

基本竞争战略有 3 种：成本领先战略、差异化战略和专一化战略。企业必须从这 3 种战略中选择一种，作为其主导战略。要么把成本控制到比竞争者更低的程度；要么在企业产品和服务中形成与众不同的特色，让顾客感觉企业提供了比其他竞争者更多的价值；要么企业致力于服务于某一特定的市场细分、某一特定的产品种类或某一特定的地理范围。这 3 种战略架构差异很大，成功地实施它们需要不同的资源和技能，若企业文化混乱、组织安排缺失、激励机制冲突，夹在中间的企业还可能因此而遭受更大的损失。南宁极地海洋世界地处南宁市内，受地理位置和发展空间限制，无法达到大型海洋主题公园的规模经济，选择总成本领先战略是不适宜的，该极地海洋世界在区位、组织、技术、资源、品牌、网络等方面具有竞争优势，基于其在动物驯养方面及海洋生物养殖的技术实力和作为科普教育基地的品牌及网络优势，以及组织管理和业务资源优势，实施差异化战略和多元化战略是最合适的选择。

南宁极地海洋世界在选择内涵式发展模式的基础上，以其拥有的丰富的海洋资源为基础，致力于提升游客的游览体验、提升场馆的观赏价值，不断创新。主要发展期核心业务为海洋生物展示，适度进行外延项目的开发，正是因为海洋馆对主业的专心经营，积累了先进的养殖技术和丰富的鱼类资源，铸造了优秀的管理团队，为未来多元化发展奠定了基础。该极地海洋世界的未来发展战略定位是以自身发展为依托，以海洋生物展示为核心主业，夯实产品基础，扩大社会效应，充分发挥海洋生物展示方面的核心竞争力，借助海洋馆主业资源优势和品牌效应，进行业务多元化的拓展延伸，不断挖掘海洋馆带来的商业附加值，创造新的发展点和利润增长点。

2. 企业内外部环境的综合分析法——SWOT 分析

SWOT 分析法是由旧金山大学的管理学教授于 20 世纪 80 年代初提出，SWOT 中的 4 个英文字母分别代表优势（Strengths）、劣势（Weaknesses）、机会（Opportunities）和威胁（Threats）。所谓 SWOT 分析法，就是对企业自身存在的优势、劣势以及外部环境带来的机会、威胁进行综合分析，据此构思、评价和选择企业战略方案的一种战略分析方法。进行 SWOT 分析，通常可按以下步骤进行。

外部环境包括机会因素和威胁因素，它们是外部环境对公司发展有直接影响的有利和不利因素；内部条件包括优势和劣势，它们是公司在其发展中自身存在的积极和消极因素（图2）。

优势（Strengths） 极地海洋动物品种丰富 场馆品质高 业态丰富 ……	劣势（Weaknesses） 客源市场较窄 ……
机会（Opportunities） 县城的消费需求 ……	威胁（Threats） 疫情影响 桂林融晟海洋世界 ……

图2　南宁极地海洋世界 SWOT 分析示意图

（1）优势是组织的内部因素，具体包括有利的竞争态势、充足的财政来源、良好的企业形象、技术力量、规模经济、产品质量、市场份额、成本优势、广告攻势等。

（2）劣势也是组织的内部因素，具体包括设备老化、管理混乱、缺少关键技术、研究开发落后、资金短缺、经营不善、产品积压、竞争力差等。

（3）机会是组织的外部因素，具体包括新产品、新市场、新需求、外国市场壁垒解除、竞争对手失误等。

（4）威胁也是组织的外部因素，具体包括新的竞争对手、替代产品增多、市场紧缩、行业政策变化、经济衰退、客户偏好改变、突发事件等。

3. STP 理论

1956 年，美国市场学家温德尔·史密斯（Wendell R. Smith）首次提出了市场细分的概念，菲利普·科特勒（Philip Kotler）进一步发展和完善了市场细分的理论，并最终形成了成熟的 STP 理论，即市场划分（Segmentation）、目标市场选取（Targeting）和定位（Positioning）。STP 理论是战略营销的核心内容，在市场细分的基础上，公司定义目标市场，并最终将产品或服务定位在市场的确切位置。

STP 理论的根本要义在于选择确定目标消费者或客户，或称市场定位理论。根据 STP 理论，市场是一个综合体，是多层次、多元化的消费需求集合体，任何企业都无法满足所有的需求，企业应该根据不同需求、购买力等因素把市场分为由相似需求构成的消费群，即若干子市场，这就是市场细分。企业可以根据自身战略和产品情况从子市场中选取有一定规模和发展前景，并且符合公司的目标和能力的细分市场作为公司的目标市场。随后，企业需要将产品定位在目标消费者所偏好的位置上，并通过一系列营销活动向目标消费者传达这一定位信息，让他们注意到品牌，并感知到这就是他们所需要的。

细分包括3个步骤：研究、分析和细分。正确理解市场细分概念的关键在于配置标准不是基于类型或产品线，而是基于消费者需求的差异，购买行为的差异以及偏好的差异。基于市场细分的重要性，它为选择目标市场和制定营销策略，促进新市场发展，在目标市场集中和增强人力和物力资源铺平了道路。实际上，市场细分是根据消费者的不同需求对市场进行不同的细分，以实现最大的经济效益。该细分市场主要采用4种方法：简单标准法，前导系数排列法，综合标准法和系列系数法。企业可以根据自己的市场情况和所处环境决定使用哪种营销方式。

南宁极地海洋世界客源市场主要是中高端消费人群中的家庭群体和猎奇的青壮年并兼顾大众消费群体，按照不同分类标准可以将客户群体定位如下：

（1）根据消费者的年龄可以分为儿童、少年、青年、壮年、中年；

（2）按照社会阶层可以划分为中产阶级及以上的阶层、普通大众的消费阶层；

（3）按照地域划分可以分为南宁本地及南宁以外广西以内的社会群体，主要以南宁市区游客为主。

该极地海洋世界在开业初期就进行了一系列的宣传：借助盛大的开业仪式、丰富多彩的开业活动来吸引猎奇人群的眼球；通过融晟天河海悦城和南宁市文化广电和旅游局等微信平台的官方公众号以及一些南宁本地吃喝玩乐相关的大V号等进行宣发，运用官方平台和民间平台共同造势。

该极地海洋世界每逢节假日都会及时开展相应的活动，如国庆节举办水下升国旗、快闪乐队歌唱祖国等；在广西重大传统节日"壮族三月三"举办民俗文化海洋节、民俗文化会演、水下刘三姐、对山歌、抛绣球、跳竹竿、童趣捉泥鳅等活动；春节举行原始人闹极地表演、虎年海底秀、海狮贺新春、海底名画展等众多新奇有趣的活动。同时也采取了转发文章到朋友圈集赞享受门票半价优惠、女神节女士半价优惠等营销措施。

六、关键要点

本案例通过对南宁极地海洋世界进行多次实地调研，分析该企业的发展现状、产品组合、行业背景，主要引导学生对企业发展的内外部环境进行分析。既要明确自身所具有的资源优势、市场定位、发展战略，还要对外部环境的竞争状况进行分析，达到识别风险与机遇的目的。目前，我国现有海洋主题景区数量难以满足游客的需求，且现有海洋主题景区经营内容同质化现象严重，可见该行业仍有较大的发展空间。因此，如何挖掘地域特色打造文化 IP，开发有核心竞争力的产品是海洋主题景区战略选择过程中应考虑的重点。

自新冠疫情暴发以来，旅游业务几乎停滞，旅游景区陷入收支难以平衡的困境。2022 年勤海接手极地海洋世界，迎来新的局面。南宁极地海洋世界在面对疫情危机的巨大冲击下，通过自身的战略转向、产品转型、市场转变，不仅实现了企业"自救"，还找到了未来发展的曙光。

近年来，国内研学旅游呈井喷式高速发展，当下正处于"从自发走向自觉，从小众走向大众"的阶段。南宁极地海洋世界在分析了先前的系列问题后做出了市场定位、产品、成本方面的调整。在确立自身发展研学旅游的条件及目标客户市场特征后，将企业战略调整为差异化与多元化战略，将核心产品由原来的观光类旅游产品逐步转向为研学旅游产品，并提出了应对市场变化的营销策略。

因此，本案例在撰写的过程中运用基本竞争战略理论、SWOT 分析法、STP 理论等作为指导思想，对南宁极地海洋世界的发展实践进行分析，具有重要的理论和实践价值。

七、建议的教学计划

本案例可以作为专门的案例讨论课来进行。如下是按照时间进度提供的课堂计划建议，仅供参考。整个案例课的课堂时间控制在 80~90 分钟。

1. 课前计划

课前一周，将案例发到学生手中，请学生提前阅读案例，思考启发思考题。给学生提供教材及论文等相关资料，让学生了解南宁极地海洋世界的基本情况，以及与本案例相关的理论知识。

2.课中计划

简要的课堂前言，明确主题（5分钟）。分组讨论（30分钟，告知发言要求）。小组发言（每组5分钟，控制在30分钟内）。引导全班进一步讨论，并进行归纳总结（15~20分钟）。

3.课后计划

案例讨论结束一周内，各个小组组长将本小组详细的讨论结果以书面报告形式提交，作为评分依据。

请学生根据不同的海洋馆和动物园，写出相应的案例分析报告。

八、案例的后续进展

本案例主要探讨了疫情背景下南宁极地海洋世界如何通过调整经营战略、经营策略、营销方式等手段实现企业自救，为主题类景区的转型之路提供借鉴意义。然而，南宁极地海洋世界在实现企业转型的过程中虽取得了阶段性成果，但要重新焕发生机仍有很长的路要走，因此如何挖掘地域特色打造文化IP，开发具有核心竞争力的产品是南宁极地海洋世界被勤海接手后应该考虑的重点。因此本案例将对南宁极地海洋世界进行后续进展追踪，为教学讨论提供更多的实践信息。

本案例参考文献

［1］李想，李咪咪.全球疫情下旅游研究实践相关性的再思考［J］.旅游学刊，2020，35（8）：15-17.

［2］陈勇."大事件"，需求波动与旅游业经济周期：新冠疫情的影响及其他［J］.旅游学刊，2020，35（8）：11-13.

［3］孙坚.蹲低深思：疫情之下旅游企业如何生存［J］.旅游学刊，2020，35（8）：5-7.

［4］刘俊，陈琛.后疫情时代研学旅行行业可持续性生态系统的构建［J］.旅游学刊，2020，35（9）：7-10.

［5］李柏文，张文静.构建与常态化疫情防控相适应的旅游"疫中运行"模式［J］.旅游学刊，2021，36（2）：8-10.

［6］张文建.市场变化格局下的旅游业态转型与创新［J］.社会科学，2011（10）：30–38.

［7］张杨.我国研学旅行迈入"从自发走向自觉，从小众走向大众"阶段［N］.中国文化报，2021–11–16（8）.

［8］王润，张增田.研学旅行：价值取向与问题透视［J］.河北师范大学学报（教育科学版），2017，19（6）：90–95.

［9］任唤麟，马小桐.培根旅游观及其对研学旅游的启示［J］.旅游学刊，2018，33（9）：145–150.

［10］张琰，杨稀莉.地方认同视角下的中小学研学旅行影响机制及发展对策［J］.旅游学刊，2020，35（9）：4–6.

［11］魏雷，朱竑.研学旅游：真实性导向下旅游情境与教育的整合［J］.旅游学刊，2020，35（9）：6–7.

［12］高歌农.基于STP的企业营销创新分析和研究［J］.中国商贸，2011，（34）：109–110.

［13］李平.基于STP战略的差异化营销与同质化现象探析［J］.枣庄学院学报，2011，28（5）：80–83.

［14］牟敏，熊元斌.体验经济时代的旅游体验式营销［J］.湖北广播电视大学学报，2007（1）：127–129.

［15］刘建新，陈雪阳.口碑传播的形成机理与口碑营销［J］.财经论丛，2007（5）：127–129.

［16］杨仕梅，周小波.信息媒介升级下消费者行为模式和营销对策的变迁历程［J］.商业经济研究，2020（6）：67–69.

［17］蓝海林.企业战略管理［J］.经济理论与经济管理，2015（12）：113.

［18］蓝海林.企业战略管理："静态模式"与"动态模式"［J］.南开管理评论，2007（5）：31–35+60.

桂平西山泉汽车（房车）露营基地发展的困境与对策 [①]

摘 要： 随着我国经济社会的快速发展和人民生活水平的不断提高，以汽车（房车）自驾为主的休闲旅游方式成为人民对美好生活的向往与追求，国内的汽车露营地旅游也应运而生，在相关政策鼓励下，广西的汽车露营地建设方兴未艾。本案例以广西桂平西山泉汽车（房车）露营基地为研究对象，通过文献法、实地考察法和访谈法，重点了解西山泉汽车（房车）露营基地项目背景，对西山泉汽车（房车）露营基地主要旅游产品进行整理分类，分析西山泉汽车（房车）露营基地的建设条件及其发展优势。西山泉汽车（房车）露营基地存在旅游产品体系不完善、规划理念不够创新、文化建设不足、营销宣传不到位、品牌知名度不高、重建设轻运营、缺少战略合作等问题。主要原因为相关政策和服务体系不完善、规划布局与产品开发创新不足、运营宣传管理不到位。西山泉汽车（房车）露营基地通过完善基础设施、优化服务体系、主推运动赋能、加快文化融合、利用新媒体加大宣传力度、推动旅游多元产业主体战略合作等措施，不断对基地进行提升建设，从而成为全国首批5C级自驾车旅居车营地，为广西乃至全国汽车（房车）露营基地的开发建设提供一定的实践借鉴意义。

关键词： 西山泉；品牌升级；露营地；产品创新

---

① 1.本案例由广西大学工商管理学院王朝勇、闫安然、霍梓旭、马帅、林丽晶撰写，凌常荣教授指导，作者拥有著作权中的署名权、修改权、改编权。

2.案例只用于教学目的，不对企业的经营管理做出任何评判。

3.本案例仅供课堂讨论之用，并无意暗示或说明某种管理行为是否有效。

The Dilemma and Countermeasures of the Development of Guiping Xishanquan Automobile（RV）Camping Base

Abstract：This case takes Xishanquan Automobile Camping Base in Guiping, Guangxi as the research object. Through the methods of literature, field investigation and interview, it focuses on understanding the background of Xishanquan Automobile（RV）Camping Base, sorting out and classifying the main tourist products of Xishanquan Automobile（RV）Camping Base, and analyzing the construction conditions and development advantages of Xishanquan Automobile（RV）Camping Base. Xishanquan Automobile（RV）camping base has problems such as imperfect tourism product system, insufficient innovation in planning concept, insufficient cultural construction, inadequate marketing publicity, low brand awareness, heavy construction over operation, and lack of strategic cooperation. The main reasons are that the relevant policies and service system are imperfect, the planning layout and product development and innovation are insufficient, and the operation publicity management is not in place. Xishanquan Automobile（RV）Camping Base has continuously improved and built the base by improving the infrastructure, optimizing the service system, promoting sports empowerment, accelerating cultural integration, using new media to increase publicity, and promoting strategic cooperation among tourism diversified industries, thus becoming the first batch of 5C self-driving RV campsites in China, It will provide some practical reference for the development and construction of automobile（RV）campsites in Guangxi and even the whole country.

Key Word：Xishanquan；brand upgrading；camping area；product innovation

1 引言

伴随着全球经济水平的快速发展，人民生活水平也在不断提高。汽车露营，作为一种新型的社交方式及户外运动，愈发地受到了人民群众的喜爱和追捧。作为游客，不需要考虑晚上住在哪里，也可以按照自己的想法烹饪自己喜欢的食物；可以呼吸到新鲜的空气，在野外看星星，尽情地享受大自然；还可以认识许多爱好相同的人，一起享受美妙的户外生活。汽车露营带给每个人不一样的感受，也有着不同的意义。如果你是一个冒险家，那么它就是一种野外体验；如果你生活中遇到了困难，它是帮助你远离压力，与家庭一起放松的机会；如果你拥有一辆房车，那么这就是你的生活方式。

汽车露营最初源于 19 世纪的美国，到现在已有近百年的历史。早期时，旅游者仅仅是带着简易的帐篷、食品等驾车出游，露宿野外。但是因为汽车的高度普及，使得自驾游、房车旅行的市场不断壮大，现在已成为主流的休闲方式之一。有数据显示，美国汽车露营从 2011 年的 3990 万晚增长到 2012 年的 4250 万晚。在欧洲，人们 1/6 的夜晚是在露营地度过的。放眼全世界，当属澳大利亚和新西兰的露营者最为狂热。86% 的澳大利亚人和 80% 的新西兰人一生中至少有过一次露营的经历。汽车营地的发展也摆脱了早期的"穷人"度假或"公路边的肮脏汽车旅馆"的标签，住宿条件得到了很大的提升，已经从最开始简陋的帐篷发展到现在的大篷车、娱乐车和豪华房车等，满足不同层次人群的舒适性、风格和独特性的追求。

汽车露营在国内的发展则主要在新千年后。进入 21 世纪后，我国经济快速发展，人民生活水平不断提高，汽车露营需求快速膨胀，对应的，国内的汽车露营地也如雨后春笋般出现。为了推广并规范相关产业的发展，国家旅游局、国家体育总局于 2016 年共同印发《关于大力发展体育旅游的指导意见》。在这一政策的推动下，各省市的露营地建设呈爆炸式增长。各地方政府也加快形成协同增效，大力推动自驾游发展，露营地建设势头加快。同时，鼓励旅游胜地因地制宜建设特殊的娱乐设施，重点建设露天山地露营地和自行车大篷车露营地，使得国内汽车露营相关基础设施不断完善，发展势头良好，汽车露营也成为人们关注的焦点。在各个省市中，广西是国内较早开展汽车露营地建设的省份。早在 2007 年，广西旅游部门就制定了《广西汽车旅游营地发展规划》，并于 2009 年发布关于汽车露营星级评定的地方标准文件。2020 年，广西公布了更为详细的评定准则和星级划分规范，为广西汽车露营旅游的规范发展提供新的保障。桂平西山泉汽车（房车）露营基地则是广西众多汽车露营地中的佼佼者。2020年，全国第四届中国汽车（房车）露营大会、国际航空文化旅游节在桂平西山露营基地举办。2020年9月下旬，广西壮族自治区文化和旅游厅开展2020年度四星级以上汽车旅游营地评定验收工作，评定验收专家组广西旅游规划设计院周声发院长一行对西山泉汽车（房车）露营基地进行了五星级汽车旅游营地的评审并对营地的创建工作予以充分的肯定。桂平西山泉汽车（房车）露营基地成功于2020年11月2日成为广西壮族自治区首家五星级汽车旅游营地。在旅游市场受疫情影响普遍低迷的大环境下，西山泉汽车（房车）露营基地积极提振桂平的旅游市场。

2　项目背景介绍

2.1　西山泉汽车（房车）露营基地的基本介绍

西山泉汽车（房车）露营基地经营主体为广西西山泉文化投资有限公司。西山泉汽车（房车）露营基地位于广西壮族自治区桂平市白兰开发区，处于黔、郁、浔交界，是泛珠三角和泛北部湾两个经济圈的交汇处，同时有多条高速线路，交通便利。其自然环境得天独厚，附近还有水产丰富的黔江，风景优美的龙潭国家森林公园。该营地拥有可同时容纳上千人的主会场，拥有各式个性化的住宿产品和不同营位，此外，还有多种游玩项目，作为国家体育总局旗下广西首个五星级运动休闲旅游基地和桂平市旅游协会的常任理事单位，是一个有着户外娱乐、观光游览、度假养生等丰富项目的营地。2020年10月被自治区文化和旅游厅评定为五星级汽车旅游营地，是广西目前唯一一家五星级汽车旅游营地。

2.2　西山泉汽车（房车）露营基地的目标定位

广西首个运动休闲旅游基地是贵港市桂平西泉车（房车）露营基地，其目标定位为五星级标准，发展宗旨：成为广西旅游休闲度假精品旅游目的地。由于营地发展较早，目前已经逐渐形成更多的拓展功能：（1）教育培训营地，可以提供对青少年素质的高端户外教育培训，拥有优秀的培训师资和专业户外运动器材，有助于培养青少年坚强意志和独立能力；（2）团队建设营地，企事业单位可以在这里开展团队建设活动或相应的餐饮活动，如烧烤等活动，有利于提高团队凝聚力;(3)家庭游营地,由于疫情的影响,家庭周边游成为一项热门活动,以家庭为单位,房车露营地作为周末郊区家庭度假目的地也是一个不错的选择,有利于人们亲近自然,增进亲子关系;(4)大型娱乐营地,可作为大型综合性文化娱乐公共活动场所;(5)亲友郊游营地,为自驾的人群提供交流和结交朋友的平台。

2.3 基于广西的资源空间优势

2.3.1 广西优势旅游资源

广西壮族自治区南临北部湾,海岸线约 1600 公里,有近 700 个岛屿,是我国著名的海滨旅游胜地。随着我国山地旅游的兴起,广西政府将建设和改善大明山(MDM)、山隆基、铜陵峡谷(MDM)等 10 多个山地旅游景点。以桂林—南宁—北海为高速路线也促进了广西汽车露营的便捷性。广西驾驶员数量和乘用车保有量同样是推动自驾旅游发展兴盛的主要因素,据统计,广西驾驶员数量由 2011 年的 460 万人增加到了 2021 年的 1351 万人,驾驶员数量在近十年内平均增速高达 14%。与此同时,乘用车保有量由 2011 年的 137 万台增加到了 2021 年的 721 万台,广西乘用车保有量近十年来平均增速高达 18%。家用汽车百户普及率也由 2019 年的 29 台提升到了 2021 年的 35 台,表现出强劲的增长态势。

2.3.2 广西空间地理优势

随着广西交通条件日益改善和一些精品旅游景区的不断推出,对周边省区的游客形成了强大的吸引力。根据广西及周边自驾车旅游市场的消费行为特征与发展态势,广西在桂林乐满地休闲世界、南宁乡村大世界、北海田野、贺州姑婆山、贺州紫云洞天、百色横山古寨等地建成首批 9 个汽车营地,正式接待自驾车游客以来,游客数量不断增长。广西的汽车露营地主要集中分布在桂林、南宁、河池等地,而钦州、贺州、梧州等地较少,地区分布差异较大。根据《广西高速公路网规划(2019—2030 年)》规划,广西将规划建设 1 环 1 横 13 纵 5 联的全新高速路线。随着广西高速公路便捷性的提升,房车出行也越来越受到人们的青睐。

2.4 项目经营产品介绍

营地内设有可同时接纳游客 6000 余人住宿的帐篷主会场,同时还设有多种个性化住宿产品，例如帐篷汽车旅馆、房车旅馆、野奢帐篷、火星营房等；营位共 318 个，其中自驾游房车营位共 18 个，自行式房车营位共 58 个，拖挂式房车营位共 21 个，轻体房营位共 57 个，帐篷营位 164 个。同时，营地主营娱乐产品以更加自由、开放、富有高度挑战性等为建设主旨，打造高海拔低空探险、真人 CS 野战、场地自行车等有趣的娱乐项目，是休闲放松的好场所。此外，营地美食产品不仅可以让游客体验到舌尖味蕾的美味，也可以让游客回归自然的美好。

2.4.1 住宿产品："营"在山水间

野奢帐篷。野奢帐篷可以分为尊享和舒享两大类型。其中尊享帐篷的房型为：两房一厅和 2 张 1.8 米大床；舒享帐篷的房型为：一房一厅和 2 米的大床 +1.2 米的小床。预定野奢帐篷的顾客可以享受 4 份精致美味早餐以及欢迎礼品、免费停车场、客房 Wi-Fi、独享卫生间 24 小时热水等优质服务。坐落山顶之处，以一顶帐篷幕天席地，近享万亩山林清新扑鼻，远观建设中的桂平大藤峡水利枢纽。枕山而居，睡入云海，让你享受野趣的同时，兼得五星级酒店的舒适体验。

房车旅馆。以车代房，车内是家，也可以住得很舒适；车外是绿树环绕，莺啼鸟鸣，白天草地撒欢，晚上来一顿香气四溢的 BBQ，度假的幸福感不言而喻。房型有大床房：1 张双人床和 2 张单人床，空间 30 平方米，有窗，禁烟，含 2 份精美早餐。傍山尊享房车：1 张双人床和 1 张大床，空间 32 平方米，有窗，可吸烟，含 3 份精美早餐。

汽车旅馆。炫彩工业风的集装箱旅馆，兼顾如星级与轻奢感觉，自带停车位和专属酒店般设备一应俱全，前院，随时开启属于你的私人户外空间。房型有大床房：1 张 1.8 米大床；亲子房：1 张大床和 1 张单人床。空间 30 平方米，有窗，禁烟，含 2 份精美早餐。

溪谷木屋。窗外绿树葱郁，在阳台享受沐浴阳光，空气清新，每一口呼吸都是小确幸，睡觉时还能伴随潺潺流水声入眠。尊享的房型为：2 张 1.35 米双人床，舒享的房型为：1 张双人床和 1 张单人床。空间 40m²，有窗，禁烟，含 2 份精美早餐。

2.4.2 主营娱乐产品:"玩"在林野中

热气球。热气球主要分为两类:系流飞和自由飞。其中产品定价:系流飞(儿童票)80 元/次/人;自由飞(儿童票)800 元/次/人;系流飞(成人票)180 元/次/人;自由飞(成人票)1200 元/次/人。高空热气球,从升空到降落约为 10 分钟,在 30~55 米高度上眺望群山碧水,在广阔的营地乘坐热气球,如同自己长了翅膀一样畅快和自由地在天空中飞翔。

卡丁车。卡丁车主要分为两类:单人卡丁车和双人卡丁车。其中产品定价:单人卡丁车 80 元/5 分钟/次/人,双人卡丁车 100 元/5 分钟/次/双人。游客可以在跑道上,通过自己掌握卡丁车,和家人好友你追我赶,共同体验美好时光。

丛林野战(真人 CS)。想要体验野战游戏的乐趣,游客身临其中,不同于虚拟世界,在真人 CS 战场上,可以体验到现实的压力与快感。队友团结协作、敌人步步紧逼等,实战再现。团队协作攻略也有利于团队或者集体凝聚力的培养。产品定价:50 元/次/人;30 分钟/场。

丛林穿越。丛林穿越主要分为 ABC 3 种穿越线:A 初级线,B 闯关线和 C 挑战线。其中产品定价:A 初级线 30 元/次/人,B 闯关线 60 元/次/人,C 挑战线 40 元/次/人。立体式丛林穿越体验,让游客身临其境体会一种全新的、有趣的充满挑战的娱乐体验,释放亲近自然的天性,大汗淋漓畅意无比。感受不一样的野趣,这是一场勇气与胆量并存的挑战。

2.4.3 主营美食产品:"食"在美好中

由于营地主要游客群体是团体游和亲子游。针对亲子游推出的健康套餐,例如 99 元双人餐,168 元四人餐,268 元六人餐。健康菜品是营地餐厅不可错过的美食打卡点之一,时令菜、家常菜、烧烤美食、甜品、小食、冷盘热菜应有尽有,菜品有农家风味,受到游客一致好评。针对团体游推出的烧烤套餐,其中 188 元超值烧烤套餐备受游客的欢迎,其中包含烧烤炉,2.5 公斤炭火,烧烤所需用具,非常划算。

3　西山泉汽车（房车）露营基地的发展优势

3.1　交通便利，区位优势明显

基地位于广西壮族自治区桂平市白兰开发区，前河、禹江、浔江交汇处，是泛珠三角与泛北部湾经济圈的交汇中心。广东省和广西壮族自治区是华南地区两个重要的省级行政区，自古以来就保持着密切的联系。西山泉营地距离首府南宁只有 255 公里，地理位置优越，有利于实现经济文化的共同发展。

3.2　旅游资源丰富，汽车露营发展较早

广西首个运动休闲旅游基地是贵港市桂平西山泉汽车（房车）露营基地，其目标定位为五星级标准，发展宗旨：作为青少年户外训练基地，旅游休闲度假精品旅游目的地。依山傍水，景色清幽，旅游资源丰富。营地发展较早，已经逐渐形成规模。首先，基地可以提供对青少年素质的高端户外教育培训，拥有优秀的培训师资和专业户外运动器材，有助于培养青少年坚强意志和独立能力。其次，企事业单位也可以在这里开展团队建设活动，与之相应的餐饮活动如烧烤等也很受欢迎，有利于提高团队凝聚力。同时，由于疫情的影响，家庭周边游也成为一项热门活动。以家庭为单位，房车露营地作为周末郊区家庭度假目的地也是一个不错的选择，有利于人们亲近自然，增进亲子关系。再次，汽车露营地可作为大型综合性文化娱乐公共活动场所。最后，汽车露营地为自驾的人群提供交流和结交朋友的平台。

3.3　基础设施完善，露营车位充足

小设施大民生，小空间大文明。西山泉景区道路、接待大厅、厕所等基础设施都建设完善。考虑到房车旅行的特点，营区在给供水等生活需求方面十分关心，如水槽、洗碗池、电源插座等都考虑到位，从而方便营位露营者使用。该基地占地约 33.33 公顷，作为一个可以同时容纳 6000 余人 997 平方米的主会场，基地的项目可谓多样，还可以按照个人需求定制住宿产品：例如观赏帐篷、野营帐篷、汽车旅馆、溪谷木屋等。并且露营车位充足，游客也可预订露营车位，完成一个自给自足的房车旅行。

3.4　旅游产业发展较好，政策支持露营地建设

西山泉汽车（房车）露营基地作为桂平市旅游协会的常任理事单位，

2011 年被桂平市政府列为中国—东盟博览会重点签约项目。基地位于岭南佛教圣地、广西桂平西山脚下，自然环境得天独厚，附近还有水产丰富的黔江，风景优美的龙潭国家森林公园。同时，浔州市区也十分繁华热闹，带动商业区及产业发展。西山泉规划将围绕养生活动展开，例如竹悦、万荷；相关文化活动主要有浔州文化互动区；相关的资源度假区主要有温泉度假区等功能建设区。该项目总投资约 36 亿元人民币，受到广西壮族自治区政府的极大关注。

4 西山泉汽车（房车）露营基地存在的发展困境

通过与营地工作人员沟通以及现场实际调研，不难发现，营地游客的数量相对较少，尤其是外地游客。根据西山泉营业数据显示，2022 年国庆期间，到访西山泉汽车（房车）露营基地的外地游客仅占游客总人数的 20%~30%，人均消费在 80~100 元。从 2020 年起，西山泉汽车（房车）露营基地同样深受新冠疫情的影响，人们出行自驾旅游受到了极大的制约，跨省跨市自驾有许多阻碍，因而到西山泉自驾露营的人群比例越来越集中于本地居民，这对于西山泉汽车（房车）露营基地的长远发展而言，极为不利。当然，除了受疫情的重要影响，西山泉也面临以下发展困境。

4.1 旅游产品体系不完善，缺乏亮点项目，游客吸引力不足

在西山泉汽车（房车）露营基地，我们可以看到不同的住宿形式，可以满足不同消费群体的需求。比如远看像是积木搭建而成的汽车旅馆，环境清幽的溪谷木屋，一次容纳多人的火星营房，宛如座座蒙古包的野奢帐篷，独具特色的榻榻米风铃小屋等，每一种都能给游客带来不一样的感受。来到这里就像进入了一个被大自然包围的童话世界，可以呼吸最原始的空气，倾听大自然的鸟语花香。

但是更直观的感受是，"食、住、行、游、购、娱"在这里更突显的只是"住"这一个方面。虽然营地也不乏一些娱乐项目，比如浪漫十足的热气球、极具挑战的高空攀岩、速度与激情齐备的卡丁车等，但是由于外界的一系列限制条件，抑或相关设备的基础化，导致营收不够理想，有些项目亟待改进。

同时，调研中我们发现，营地中缺少一些参与性产品设计，体验类旅游

产品也不是很完善，游客的参与度相对不高。即使在节假日等旅游旺季期间，虽然客流量大，但露营的比例不高，仅吸引了少量自驾车的旅游者前来露营，且过夜游客不多。与工作人员沟通后，我们了解到，西山泉汽车（房车）露营基地目前日均接待量约 500 人，但是留在营地内过夜的占比并不高，客房入住率在 13%~20%。可想而知，在旅游淡季客流量本来就少，再加上可参与的活动少，想要留下游客就显得更为困难。

4.2 规划理念不够创新，文化建设不足

西山泉汽车（房车）露营基地位于桂平市，据搜索显示，桂平市作为广西历史最悠久的城市之一，拥有多种文化元素，革命精神、佛教文化、道教文化以及瑶族文化等，还拥有自治区级非物质文化遗产项目。据不完全统计，桂平的"非遗"美食多达 30 余项，比如罗秀米粉、西山茶洗石庵素菜等。

调研过程中，我们发现营地在规划中，没能很好地立足桂平市全局对现有自然资源进行充分利用，对露营文化和桂平当地的民俗文化内涵挖掘的深度也略有不足，契合露营文化的建设不够充分，住宿环境清幽但也缺失了露营气息。与此同时，没能将当地的多种文化因素融入营地建设，与地方文化因素结合的创新型露营旅游产品比较少。"食"作为旅游六要素的重要一环，如果能结合当地的饮食特色，在景区打造一条美食街也将成为增强顾客黏性的发力点。据工作人员表示，西山泉汽车（房车）露营基地改造升级的一个重点项目，便是打造这样的特色美食街，期待改造中可以融合当地的饮食文化特色，成为一个亮点项目。

4.3 营销宣传效果不佳，品牌知名度不高

通过调研我们了解到，西山泉汽车（房车）露营基地拥有自己的公众号等自媒体账号，但并没有充分利用起来。其最初的营销手段主要有以下两种：其一，平台推广，通过美团、支付宝等生活服务电商平台进行推广，针对目前比较热门的抖音、小红书等平台的推广较少；其二，口碑传播，通过南宁比较具有影响力的吃货圈、朋友圈等进行宣传，主要客户群体为南宁人，如通过社交达人将汽车营地推荐到车行、银行等圈子，有针对性地挖掘潜在客户。同时，西山泉汽车（房车）露营基地除了在住宿方面与美团、飞猪、携程等 OTA 平台有合作，在其他产品方面，比如娱乐项目等并没有太多的宣传

渠道，如与旅行社的合作，进驻小红书平台等。

4.4 重建设轻运营，经营方式落后

随着众多旅游景区、主题乐园、露营基地等景区景点的建成运营，以及旅游新产品、新技术、新模式的开发和投入使用，大大丰富了景区的旅游业态和游客的体验方式，也使得汽车露营地行业出现了竞争加剧、迭代加快、更新换代等问题和现象，西山泉起初没有重视这个问题，依然沿用传统的经营模式，具体表现为运营团队职业素养和技能偏低，管理粗放；景区运营效率低、管控弱、服务差；产品老化，迭代周期长、盈利模式单一；造血、输血功能差，无法推动可持续发展等。汽车露营地的发展离不开与旅游活动主体的互动，只有多方合作，整合资源，才能实现各方主体利益的发展。品牌塑造意识淡薄，缺乏系统的产品销售网络，营地信息传播面较窄，知名度较低；举办的体育赛事活动较少，缺乏与露营行业的沟通交流。与其他省市发展比较成熟的汽车露营地相比，广西营地的综合竞争力较弱，市场影响力较小。

综合而言，该营地的品牌知名度还未完全建立起来，营销方式较为单一，需要制定更加系统科学的营销策略，进一步完善网络预订系统，打破传统的营销方式，加强消费者对品牌的记忆。

5 西山泉汽车（房车）露营基地发展困境的原因分析

鉴于西山泉汽车（房车）露营基地目前所存在的问题，本案例从多方向、多角度分析产生问题的原因，归纳整理如下。

5.1 相关政策和服务体系不完善

相比于国内，国外拥有包括法律法规、资金保障、保险业服务等较为健全的汽车露营地管理和服务体系，我国自驾车旅游及汽车露营地发展较晚，法律、资金、保险等方面对汽车露营地的支持力度不明显，汽车露营地在规划、开发、建设及运营的全过程受到一定程度的影响。体制机制不健全确实影响当前我国汽车露营地的发展，因而对每一个想要开发汽车露营地的企业而言，需要利用好现有的政策且充分发挥主观能动性，才能实现行业引领。尽管当地政府部门对西山泉汽车（房车）露营基地在土地、资金、金融等方面的政策支持不断增大，但是如何运用好政策措施，使其发挥最大效能，对于西山

泉来说，仍是处于"摸着石头过河"的探索阶段。西山泉需要充分运用好国家、自治区在汽车营地建设中提供的保障措施来加快汽车露营地开发和建设，推进汽车露营地在运营过程中，设施更加完备，功能更为齐全，服务更为贴心，以完善的设施和优质的服务体系增强游客的旅游体验感和幸福感。

5.2 规划布局与产品开发创新不足

西山泉汽车（房车）露营基地在规划开发初期，未立足于长期发展，对现有自然资源利用不到位，对未来发展局势把握不够准确。一方面，在营地模式规划时，西山泉主要参照国内外成功露营地的模式进行开发，缺乏创新，对露营地的资源没有进行充分的利用，主要以汽车营位、拖挂式房车、帐篷营地为主，营地产品类型相对单一，同质化现象严重，产品竞争力相对薄弱。另一方面，西山泉对桂平市的民俗文化内涵挖掘不够深，没有与汽车露营地进行紧密结合，难以凸显西山泉营地的文化特征。对文化与旅游的融合、体育与旅游的融合等方面的产品开发重视不足，目前营地的旅游产品中规中矩，既没有体现当地独有的民俗文化和精神品质，也缺少竞技性、比赛性、体验性强的体验产品。营地建设初期，产品开发的思路不够宽广，局限于跑跑卡丁车、滑草场、高低空网阵、丛林探险、攀岩等常规产品，这些产品便于在短期内实现盈利，而游客一次体验过后，很容易就会变为摆设，难以产生二次消费。

5.3 运营宣传管理不到位

西山泉既是国家 5C 级汽车露营地，同时也是国家 4A 级旅游景区，还获得了广西唯一五星级汽车旅游营地、最具潜力露营地等诸多品牌。西山泉是依托露营基地建立起来的景区，仅依靠汽车（房车）露营，虽然阶段性效益较好，但从长期来看，汽车露营受到季节、交通、假期等因素的影响较大，易导致淡旺季明显、区外到访游客较少、景区旅游人数偶发性井喷等问题，如何通过开展活动、开发产品、加强合作等渠道解决这些问题是西山泉当前面临的重大课题。互联网宣传方面，现在信息交换迅猛，但是在互联网上很少能搜索到西山泉汽车（房车）露营基地的详细资料，包括具体的营业时间、营位数量、服务设施、特色项目、到达方式等内容，说明西山泉在营销宣传方面还需要加快改进，尤其要重点吸引区外旅游消费群体。总体而言，西山泉汽车（房车）露营基地现有的营销手段方式单一，覆盖面较小，营销宣传质量不佳，难以带来实际性的宣传效果。此外，西山泉对招聘和培养专业人才的重视程度不够，没有充分意识到专业人才对于汽车露营地的巨大价值，在职工的职业发展规划、薪酬体系和福利待遇等方面存在不足，人才流失较为严重，职工的工作积极性和服务意识有待进一步加强和提升。

6 西山泉汽车（房车）露营基地的提升对策

6.1 完善基础设施，优化服务体系

西山泉积极完善基础设施建设，以高质量高标准要求推动露营地服务需要的配套设施，满足适当的游客接待量并提升游客的体验满意度。在打造优质舒适的旅游设施场所方面，不仅需要给游客提供干净舒适的卫生环境，更要从游客满意度出发，提供安全性高、观赏性强、娱乐性丰富的游乐设施。

一是为露营游客提供开放的公共自助厨房、公共简易洗衣房区域等户外露营体验公共辅助基础设施，提供公共户外就餐休闲区域，配备合适数量且多样的公共简易户外桌椅，满足露营游客丰富的室外露营体验式需求。在露营地提供服务项目方面，实现露营地全部区域无线网络覆盖，以满足游客的无线网络使用需求。

二是借鉴当前国内其他发展阶段较为完善成熟的露营地旅游区公司的管理运营流程及运营管理工作经验，以此为指导标准，因地制宜研究制定旅游露营地管理机构工作服务规范准则，加强管理人员对本景区管理工作或人员操作服务工作的专业规范性。

三是引进大量专业化强的后勤管理技术和社会服务人才，要求工作人员以热情亲切的服务态度接待游客。在精心打造的露营地的各种设施服务中，提升露营地整体的环境观赏感及体验感，增加游客多样化的体验营地项目，丰富的旅游产品体验，优化旅游服务供给体系等。

四是建设对车辆提供保障功能的营地服务技术工作站，完善对营地车辆提供服务技术功能保障，同时努力持续提升营地服务保障科技水平，为游客的露营活动提供更多便利的服务。

6.2 主推运动赋能，实现体旅融合新体验

西山泉针对露营地地形地貌特征，组织多样化的体验式活动。比如定期举办风筝大赛、攀岩比赛活动等，吸引当地游客及更多的外地游客参与到这些赛事当中，身临其境地体验不同项目的欢乐，进行情境休闲游及沉浸文化体验游。进而对潜在游客的宣传传递效果层层递增。还可以定期举办关于红色思想传统教育活动等的 VR 展览，通过研学和旅游两个方面进行宣传，邀请周边的学校一起进行国防教育、体育团建、红色思想教育等活动。通过运动项目赋能机制来组织进行传统体育项目大赛的集中举办。

西山泉将整合营地与周边市场资源，推出四季休闲露营度假产品。以各种节庆活动、户外运动经验和日常生活技能提升等方面为主题组织亲子营活动或组织周末户外主题营活动。并以春秋两季为主线，以春秋二十四节气和其他传统重要节假日活动为组织基础，推出一系列春秋主题亲子户外露营产品，如喂养小动物、摘菜、摘水果的活动。紧跟青年人的潮流风，组织进行飞盘比赛活动。注重项目与活动组织设计方式的多层次及丰富性，打造活动有皮划艇竞速比赛、独木舟水上大游行、射箭活动、钓鱼体验、丛林探险穿越等一系列内容丰富化、多元化、层次化的户外主题特色游玩娱乐项目，还可以提供集装箱酒吧、篝火广场表演等一系列充满娱乐休闲参与性及最贴近都市居民生活文化的休闲运动情趣的户外游玩体验。

6.3 挖掘文化特色，加快文化融合新发展

露营地可充分融入广西当地少数民族特色和地方历史文化因素，打造地方特色文化度假旅游品牌。西山泉将结合本地少数民族文化活动特色并融入公司日常经营的产品规划方案策划中，推出三月三国潮文化节、国航文化节开幕式等各类特色主题活动，将露营活动与民族元素文化进行融合，推出壮族体验式房车露营、苗族体验式房车露营等。

积极开发本地休闲露营类旅游住宿项目，增添当地主题旅游露营特色活动。积极开发引入野外探险、刺激类活动方式来进一步丰富民宿入住者自身的旅游露营与文化体验性生活，例如山顶观星、定向越野探险等活动项目，推出一系列具有本地人文特色元素的特色主题休闲露营类活动形式来营造更为浓厚健康的户外露营氛围。

6.4 采取科学宣传策略，利用新媒体加大宣传力度

西山泉充分利用移动新媒体进行体育宣传，突出营地"体育＋旅游"的户外品牌特色。同时还利用各种网络传播营销渠道在各个网络平台进行宣传，提升户外露营地企业的知名度。

首先，当地旅游政府部门机构与当地负责相关业务的交通行业部门进行各种大型营销活动的组织策划合作，共同策划并加大对汽车露营地周边的各种旅游企业品牌推广宣传合作的推广力度，包括借助微信、微博等本地旅游信息自媒体平台共同进行活动营销，并同时在包括驴妈妈、去哪儿网等国内多个大型热门露营垂直旅游电子商务平台网站和包括汽车旅游露营网、房车旅行露营网等多个大型汽车露营类垂直旅游网站平台上，加大房车自驾露营与摩托车自驾旅行露营类的汽车旅游和度假酒店产品及营销平台的网络品牌营销宣传策略和投放力度等。

其次，利用抖音、快手等手机平台工具积极进行户外网络短视频推广营销，将大量手机广告元素融入网络短视频内容营销推广策略当中，吸引更多忠实客户粉丝群共同关注，助力户外营地品牌建设；利用户外自驾游平台中的一些旅游相关产品营销及借助网络平台功能进行户外活动的推广营销，根据当地市场旅游淡旺季、不同活动形式，比如大型旅游及赛事活动类型和户外大型节事活动等形式特点等来适当调整宣传产品价格，不定时和有针对性地采取针对本地一些户外及营地客户群体进行的打折销售或优惠促销活动等宣传手段，吸引外地更多忠实的本地户外和自驾游爱好者前来自驾露营。

最后，西山泉积极利用互联网各种最先进、最新式高效便捷的媒体营销与网络整合营销等互动传播的沟通方式，使提供汽车露营类户外旅游项目相关配套产品或服务企业的服务产品信息有效传递的效果更为真实与透明、更快捷、更准确，从而进一步全面有效提升汽车营地游客服务的整体社会知晓度、向往度指数值和相关行业美誉度。

6.5 推动旅游多元产业主体战略合作，增强国际露营地市场综合竞争力

建立一个由国内各地政府单位联合主导、通过多元社会投资为主体、多方参与共建的国际旅游投融资合作的平台，整合国内各地资源，互利互惠，增强推进露营地旅游区作为世界汽车自驾游中国主要区域目的地产业发展战

略的国际化影响力。加强促进其与周边各个学校主体部门社团的有效交流合作。西山泉借助学校开展的与国内其他多所学校有合作基础的校际学术科技合作项目交流，赞助校园社团组织建设竞赛和全国大学生素质能力综合应用拓展实践大赛等多种实践活动，宣传及组织适合广大在校学生和各中小学教师参加的大型冬夏令营活动。一方面积极寻求与当地知名中小学之间的教学合作，共同策划开展冬季越野汽车营地的体验和教育配套服务工作，以及青少年夏令营及研学教育考察等旅游与培训相关活动；另一方面，与区内外其他相关行业高校共同开展教育合作，鼓励双方为其各自专业分别开展合作，建设相应学科类型相关的高端旅游培训课程网站，共同建设创立相关行业校企合作课程教学基地实训平台、教学实验基地平台等，在为加快学校培养高端文化旅游教育专业人才创造条件的同时，扩大了教育对外合作在校内学生中的宣传力度。

加强企业内部与其他国内外各相关露营行业主体单位开展的多层次广泛合作。西山泉注重建立与多家国外著名露营俱乐部协会、汽车协会和组织机构之间密切友好的长期联系以及合作，并还将进一步借助完善其自身媒体宣传和营销传播平台网络等资源来全面快速有效提升其在旅游汽车露营地市场领域的旅游产品知名度，从而更加有效地吸引全球更多高端优质专业的户外露营和旅游者前来游览，或自行开展其旅游及露营相关产品活动以及体验；同时还通过互联网如携程、去哪儿网、驴妈妈旅游网等国内多家大型热门在线旅游平台及多家全球各类型知名的旅行社等达成全面合作，旅游者在官网可以随时查询发现目的地产品资讯并在线实时咨询关于露营地及旅游景区的国内外最新相关信息。与各相关专业社会公益组织共同携手，在汽车营地园区共同发起或举办呼吁增强环境保护意识等一系列环保公益活动，在大幅提升汽车露营地企业自身良好的绿色环境美誉度和经济效益的同时，也有效地增强并提升汽车营地整体的行业社会影响力。

7 结语

2021年1月，全国5C级自驾车旅居车营地评定结果出炉，全国仅选出6家，而西山泉则是其中之一，同时，西山泉旅游景区还获得了广西4A级旅游景区称号。至此，西山泉汽车（房车）露营基地的基础设施更加完善、产品开发更加新颖、旅游业态更加丰富、产业融合更加成型、营销手段更加有力、品牌价值更加壮大、品牌影响力更加巨大，西山泉汽车（房车）露营基地整体实力有了质的飞跃。

随着人们对于汽车自驾旅游和露营活动的追捧，在这一新生市场还有非常大的潜力可挖。但是相比于旺盛的潜在需求，目前露营地的建设仍有待提高。使露营地特色化、规模化，并且不丢失每个地方的地域特色，不掉入千篇一律的复制陷阱，同时合理全面地开发、拓展汽车露营地项目，对我国旅游产品结构的优化，以及旅游市场的拓展等方面有着积极的促进作用。近年来，由于新冠疫情的影响，西山泉营地也像其他营地一样面临游客减少的困境，但其主动加强与学校的合作，积极开展素质拓展等夏令营类活动，推出一系列主题活动来营造氛围，营地本身也在大力建设升级以满足更多游客的需求。同时，积极借助新媒体等宣传平台提升自身的知名度，提升自身社会影响力，从而吸引更多的游客前来。相信随着时间的推移，在自驾旅游市场不断壮大和企业自身的努力之下，西山泉汽车（房车）露营基地的未来会更加美好。

案例教学说明

一、教学目的与用途

1. 适用课程

本案例适用于《旅游目的地开发与管理》《旅游经济》《旅游市场营销》等相关旅游领域的课程。

2. 适用对象

本案例适用于旅游管理本科生、硕士（MTA）研究生作为教学案例使用。

3. 教学目标

通过桂平西山泉汽车（房车）露营基地品牌升级的案例，使学生对汽车露营地的规划建设、市场发展前景和定位有一定的认识，引导学生挖掘汽车露营地及旅游景区等级划分和评定的流程、评定的方法和评定的细则并进行深入了解，同时使学生意识到品牌升级的努力方向及其对一个景区开发、品牌形象维护和营销等方面的重要作用。

二、启发思考题

（1）汽车露营地等级评定的评价指标有哪些？

（2）桂平西山泉汽车（房车）露营基地在品牌升级方面做了哪些工作？

（3）我国汽车营地生存与发展情况如何？就西山泉而言，下一步发展要在哪些方面取得突破？

三、分析思路

教师可以根据自己的教学目标来灵活使用案例，这里提出的案例分析思路仅供参考：

（1）查阅熟知 2019 年文化和旅游部发布的《自驾车旅居车营地质量等级划分》《广西汽车旅游营地质量等级评定管理办法（2020 年修订）》和《广西汽车旅游营地服务质量与环境质量评分细则（2020 年修订）》的具体指标细则。

（2）根据案例的整体脉络，列出西山泉汽车（房车）露营基地的主要做法和开展的各项重点工作。

（3）查询相关行业的数据分析，分别从旅游目的地资源的开发、品牌与形象定位、产业融合、市场营销策略等角度着手，综合利用 SWOT、PEST、企业战略管理等分析理论进行研究探索。

四、理论依据与分析

理论依据与分析仅供参考，教师可以根据自己的需要进行进一步挖掘。

1. SWOT 分析法、PEST 分析法、波特五力模型

SWOT 分析法（SWOT Analysis，又称强弱危机分析、优劣分析法等）是一种企业竞争态势分析方法，是市场营销的基础分析方法之一。其通过评价自身的优势（Strengths）、劣势（Weaknesses）、外部竞争上的机会（Opportunities）和威胁（Threats），运用这种方法，可以对研究对象所处的情景进行全面、系统、准确的研究，从而根据研究结果制定相应的发展战略、计划以及对策等。

PEST 分析法是指宏观环境的分析，P 是政治（Political Factors），E 是经济（Economic Factors），S 是社会（Social Factors），T 是技术（Technological Factors）。在分析一个企业所处的背景时，通常通过这 4 个因素来分析企业所

面临的状况。进行 PEST 分析需要掌握大量的、充分的相关研究资料，并且对所分析的企业有着深刻的认识，否则，此种分析很难进行下去。经济方面主要内容有经济发展水平、规模、增长率、政府收支、通货膨胀率等。政治方面有政治制度、政府政策、国家的产业政策、相关法律及法规等。社会方面有人口、价值观念、道德水平等。技术方面有高新技术、工艺技术和基础研究的突破性进展。

波特五力模型由迈克尔·波特（Michael Porter）于 20 世纪 80 年代初提出，指将大量不同的因素汇集在一个简便的五因素模型中，包括供应商的议价能力、购买方的议价能力、行业新进入者的威胁、替代产品的威胁、行业内竞争者现在的竞争能力，以此分析一个行业的基本竞争态势。该模型对企业战略制定有深远影响。

2. 品牌价值、品牌资本

品牌价值是品牌管理要素中最为核心的部分，也是品牌区别于同类竞争品牌的重要标志。迈克尔·波特在其品牌竞争优势中曾提到：品牌的资产主要体现在品牌的核心价值上，或者说品牌核心价值也是品牌精髓所在。"品牌价值"一词关键在于"价值"，它源于经济学上的"价值"概念。"品牌价值"概念表明，品牌具有使用价值和价值。仅从价值来看，"品牌价值"的核心内涵是，品牌具有用货币金额表示的"财务价值"，以便商品用于市场交换。

3. 顾客满意度、顾客忠诚度、旅游体验、旅游形象感知

顾客满意是指顾客对其明示的、通常隐含的或必须履行的需求或期望已被满足的程度的感受。满意度是顾客满足情况的反馈，它是对产品或者服务性能，以及产品或者服务本身的评价，给出了（或者正在给出）一个与消费的满足感有关的快乐水平，包括低于或者超过满足感的水平，是一种心理体验。

4. 文旅融合、体旅融合"旅游+"和"+旅游"等产业融合发展形势

旅游高质量发展重在坚持以文塑旅、以旅彰文，推进文化和旅游深度融合发展。广西一直贯彻新发展理念、推动高质量发展，充分运用市场化手段，开发利用好全区文化和旅游资源，加强交流合作，努力打响"秀甲天下　壮美广西"文化和旅游品牌形象，打造"三地两带一中心"升级版，推动文化和旅游深度融合，积极创建国家全域旅游示范区，加快建设桂林世界级旅游

城市，奋力打造文化旅游强区和世界旅游目的地，不断满足人民群众对美好生活的新期待。

5.旅游产品开发、产品创新、旅游业态

旅游产品是旅游开发的重点之一，旅游产品规划需要理解旅游产品的内涵、构成、类型及特点。旅游产品是旅游经营者提供给旅游者购买的完整的旅游经历，它包含吃、住、行、游、娱、购六要素。旅游产品是通过开发、利用旅游资源提供给旅游者的旅游吸引物与服务的组合，包括旅游活动所需要的各种服务的总和。旅游产品与旅游资源都具有旅游吸引力，都是旅游的客体。旅游资源是一种原生状态，是没有为旅游用途而进行开发的状态。从旅游资源到旅游产品，必须根据市场需求加以筛选、加工，甚至再创造，最后成为商品，完成市场交换。

6.市场定位理论、企业战略理论

定位理论最初由美国著名营销专家艾·里斯（Al Ries）与杰克·特劳特（Jack Trout）于20世纪70年代早期提出。里斯和特劳特认为，"定位是你对未来的潜在顾客的心智所下的功夫，也就是把产品定位在你未来潜在顾客的心中"。从中可以看出，市场定位就是对现有产品进行的一种创造性试验。随着市场营销理论的发展，人们对市场定位理论有了更深的认识。菲利普·科特勒对市场定位的定义是：所谓市场定位就是对公司的产品进行设计，从而使其能在目标顾客心目中占有一个独特的、有价值的位置的行动。市场定位的实质是使本企业和其他企业严格区分开来，并且通过市场定位使顾客明显地感觉和认知到这种差别，从而在顾客心目中留下特殊的印象。

企业战略是对企业各种战略的统称，其中既包括竞争战略，也包括营销战略、发展战略、品牌战略、融资战略、技术开发战略、人才开发战略、资源开发战略等。企业战略是指企业根据环境变化，依据本身资源和实力选择适合的经营领域和产品，形成自己的核心竞争力，并通过差异化在竞争中取胜。而现代管理学如MBA及EMBA等认为企业战略是一个自上而下的整体性规划过程，并将其分为公司战略、职能战略、业务战略及产品战略等几个层面的内容。

五、背景信息

1. 全国首批 5C、4C 级自驾车旅居车营地

为促进自驾游行业高质量发展，加强优质度假休闲旅游产品供给，依据《自驾车旅居车营地质量等级划分》行业标准及认定细则，经各省（区、市）文化和旅游行政部门推荐，中国旅游车船协会在全国范围内开展自驾车旅居车营地等级认定工作。经认定和公示，山西云中河自驾车房车露营地等 15 家营地达到相应等级标准要求。

2. 全国第二批 5C、4C 级自驾车旅居车营地

2022 年 1 月，中国旅游车船协会公布，全国第二批 20 家营地通过了 5C、4C 级自驾车旅居车营地质量等级认定。至此，我国高等级自驾车旅居车营地扩大至 35 家。第二批 5C、4C 级自驾车旅居车营地无一家广西营地入选。

本次认定的 5C、4C 级营地涵盖度假休闲、体育运动、亲子户外、红色研学、景区景点、乡村民俗等主题类型，基本为集住宿、餐饮、娱乐、休闲于一体的营地综合体，对全国露营休闲旅游发展具有较强示范性。

车船协会表示，露营旅游作为一种新的休闲度假方式，正在逐步进入大众视野，在疫后旅游业恢复振兴、"十四五"进一步提升度假休闲品质的大背景下，露营旅游越来越成为扩大优质旅游产品供给、创新旅游产品体系的重要内容。

3. 5C 评定标准

根据文化和旅游部发布的《自驾车旅居车营地质量等级划分》行业标准及认定细则，我国对自驾车旅居车营地划分为 3 个质量等级，以大写英文字母 C 为符号来表示，从 3C 到 5C 不等。

"C"分别代表的含义为：Complex（设施），Circular（环保），Considerate（人本），Communication（交流），Character（个性）的首字母。类似于景区评级方式，3 个 C 表示 3C 级，4 个 C 表示 4C 级，5 个 C 表示 5C 级，C 的数量越多代表等级越高，也说明营地的建设越完善。

4. 新增 C6 准驾车型

2022 年 4 月 1 日起实施的《机动车驾驶证申领和使用规定》（公安部令第 162 号）新增"轻型牵引挂车"准驾车型（C6），目前已取得 C6 准驾车型驾驶人数量达 34.6 万人，更好满足群众驾驶小型旅居挂车出行需求，促进房车旅游新业态发展。

六、关键要点

1. 案例分析中的关键知识点

（1）竞争优势与核心竞争力。

（2）汽车露营地等级评定。

（3）旅游产品开发与创新。

2. 案例分析中的能力点

（1）利用 SWOT 和 PEST 分析汽车露营地发展方向。

（2）利用战略管理理论分析产业融合与多元化经营边界。

（3）利用顾客满意与体验理论分析产品和服务质量。

七、建议课堂计划

建议将本案例作为《旅游目的地开发与管理》《旅游市场营销》等相关课程的案例进行讨论，课堂时间为 60 分钟。

（一）时间计划

1. 课前计划

提前 3 天发放案例正文，要求学生在了解和思考我国汽车露营地发展历程、现状及未来前景的基础上，认真预习，了解案例的有关信息，对不理解或者有疑问的地方提前做好记录和提问准备。

2. 课中计划

（1）明确课堂主题。根据案例内容，在课堂上由老师向学生提出启发思考题目，同时明确课程主题内容。（5 分钟）

（2）在教师的指导下，进行思考题的分组讨论。（30 分钟）

根据班级人数，确定好小组数量（3~6 组为佳），让学生自由组队且确定小组序号，明确小组自定发言要求。小组自定发言人员；分组讨论完毕，按照小组顺序依次发言，发言时间根据小组数量确定（5~10 分钟），小组发言时，教师可适当根据分析思路引导小组深入分析探讨。

（3）教师点评与讲解。（25分钟）

教师根据关键知识点，引导全班学生进一步讨论，重点分析汽车露营地建设所需的基本条件、主题定位、产品开发、运营管理等内容，最后进行归纳总结。板书设计以 PPT 形式展示，要求简洁、扼要，便于归纳、总结案例知识点。

3. 课后计划

学生可以查阅其他相关案例，进行更深入的学习。同时，也可以尝试撰写相似的案例分析报告，通过网上教学系统或者教学讨论区与其他同学分享讨论。老师可根据需要，请学生以报告形式给出更加具体的分析方案，并及时向学生反馈意见。此外，教师要就本案例的知识点进行进一步梳理和提炼，完善教学细节，提出教学建议，提升案例的教学作用。

（二）课堂提问逻辑

（1）汽车露营地等级评定的评价指标有哪些？

（2）桂平西山泉汽车（房车）露营基地有哪些资源条件或发展优势？

（3）桂平西山泉汽车（房车）露营基地在发展过程中有哪些困境？

（4）桂平西山泉汽车（房车）露营基地在品牌升级方面做了哪些工作？

（5）我国汽车营地生存与发展情况如何？就西山泉而言，下一步发展要在哪些方面取得突破？

（6）在思考和分析本案例中，你运用和掌握了哪些理论？

（三）课堂板书设计

板书设计以 PPT 形式展示，要求简洁、扼要，便于归纳、总结案例知识点。一是明确列举汽车露营地等级评定的评价指标；二是归纳桂平西山泉汽车（房车）露营基地的发展优势；三是概括桂平西山泉汽车（房车）露营基地的困境；四是总结桂平西山泉汽车（房车）露营基地在品牌升级方面的重点工作；五是教师根据自己的判断，提出对于我国汽车营地生存与发展的基本观点，并就西山泉的下一步发展创新性给出建议；六是强调 SWOT 分析法、PEST 分析法、波特五力模型、品牌价值、文旅融合、企业战略管理等理论和知识点在本案例中的应用，以及今后的学习方向。

八、相关附件

附件1：首批5C、4C级自驾车旅居车营地名单公告如下（按行政区划顺序排列）

5C级自驾车旅居车营地（6家）

1. 山西省　云中河自驾车房车露营地

2. 江苏省　常州太湖湾露营谷

3. 安徽省　黄山途瑞露营地

4. 湖北省　宜昌三峡国际房车露营地

5. 广东省　珠海横琴星乐度·露营小镇

6. 广西壮族自治区　西山泉汽车（房车）露营基地

4C级自驾车旅居车营地（9家）

1. 河北省　花溪谷房车露营地

2. 内蒙古自治区　奈曼旗青龙山自驾车露营地

3. 福建省　武夷山三木自驾游营地

4. 河南省　新县大别山露营公园

5. 湖南省　娄底市自驾车房车体系归古营地

6. 重庆市　冷水风谷休闲度假营地

7. 四川省　南充壮志凌云国际营地公园

8. 云南省　高黎贡山茶博园汽车旅游营地综合体

9. 陕西省　华山房车自驾露营地

附2：第二批5C、4C级自驾车旅居车营地名单（按行政区划顺序排列）

5C级自驾车旅居车营地（7家）

1. 内蒙古自治区　通辽市草甘沙漠汽车自驾运动营地

2. 黑龙江省　黑河市峰悦瑷珲国际汽车营地

3. 江苏省　南京市汤山温泉房车营地

4. 江苏省　南通市途居开沙岛露营地

5. 湖北省　松滋市荆州洈水汽车露营地

6. 广东省　广州市北纬23°8' 森林营地

7. 新疆维吾尔自治区　克拉玛依市乌尔禾国际房车露营公园

4C 级自驾车旅居车营地（13 家）

1. 河北省　承德市雁鸣湖自驾车度假营地

2. 内蒙古自治区　乌兰察布火山草原自驾运动营地

3. 内蒙古自治区　阿拉善右旗巴丹吉林沙漠旅游区地质公园营地

4. 辽宁省　本溪市桓仁枫林谷房车小镇

5. 黑龙江省　伊春市伊春龙建旅游汤旺河汽车营地

6. 黑龙江省　呼玛县大兴安岭呼玛尔自驾营地

7. 浙江省　温州市小松坡自驾车营地

8. 安徽省　芜湖市芜湖红杨山汽车体育公园房车营地

9. 湖北省　孝感市途居孝感双峰山露营地

10. 湖南省　湘潭市途居湘潭昭山露营地

11. 贵州省　安顺市安顺优途丝路天龙谷文化露营地

12. 青海省　海北藏族自治州环青海湖自行车自驾车营地公园

13. 青海省　海南藏族自治州龙羊峡红柳庄园营地

本案例参考文献

［1］中国旅游车船协会 . 关于首批 5C、4C 级自驾车旅居车营地名单的公告［EB/OL］. http://ctaca.com/default.asp.

［2］中国新闻网 . 全国第二批 5C、4C 级自驾车旅居车营地诞生［EB/OL］. http://www.ctnews.com.cn/lyfw/content/202201/17/content_117944.html.

广州莲麻小镇：特色小镇引领乡村旅游高质量发展 ^①

摘　要： 本文基于乡村旅游发展的背景，以广州莲麻小镇为研究对象，回顾其从传统的乡村旅游模式发展，到探索特色小镇模式的创新，以及搭建数字化治理平台，加强乡村旅游产业的推动等升级发展之路。重点描述乡村旅游发展背景下广州莲麻小镇的创新发展战略、业务构成及危机管理等内容。本案例旨在提升学员对乡村旅游发展新模式以及乡村旅游高质量发展的理解，并为同类乡村旅游目的地制定发展战略及危机管理提供一定的借鉴思路。

关键词： 特色小镇；乡村旅游；发展战略；数字化建设；危机管理

Guangzhou Lianma Town：Characteristic Town Leads the High–quality
Development of Rural Tourism

Abstract: Based on the background of rural tourism development, this paper takes Guangzhou Lianma Town as the research object, reviews its development from traditional rural tourism mode to explore the innovation of characteristic town mode, and builds a digital governance platform to strengthen the promotion of rural tourism industry and other upgrading development road. This paper mainly describes the innovative development strategy, business structure and crisis management of Lianma Town in Guangzhou under the background of rural

---

①　1.本案例由广西大学工商管理学院陈文捷、欧春泽撰写。作者拥有著作权中的署名权、修改权、改编权。

2.由于部分信息保密的要求，本案例中对有关名称、人物名称、数据等已做必要的掩饰性处理。

3.本案例只供课堂讨论之用，并无意暗示或说明某种管理行为是否有效。

4.本案例所采用的数据、图片等来源于网上公开资料及实地调研所得，并经作者整理汇总。

tourism development. This case aims to improve students'understanding of the new development mode of rural tourism and high-quality development of rural tourism，and provide certain reference ideas for the development strategy and crisis management of similar rural tourism destinations。

Key words：characteristic town；rural tourism；development strategy；digital construction；crisis management

1 引言

2021 年 7 月的一天清晨，莲麻村党支部书记收到了一个令人欣喜的消息——广州市从化区吕田镇莲麻村党支部被评为"全国先进基层党组织"，作为一名土生土长的莲麻人，看着家乡从一个偏远贫穷的山区小村落慢慢变成现今发展态势良好的小镇，再到如今获得这一来之不易的称号，内心十分激动。

回首过往，在广州打造特色小镇的政策指引下，莲麻村一直贯彻落实"绿水青山就是金山银山"的发展理念，因地制宜制订合适的发展战略计划，且数任村委成员们都大力实施以党建引领乡村振兴的行动，努力建设莲麻小镇，不断发展产业，打造莲麻特色，使一个原本位处大山的小村落得以发生巨变，先后被评为"全国环境整治示范村""全国乡村旅游重点村"等，如今又多了一个荣誉，想到这些，他的内心更是久久不能平息，思绪仿佛回到了数年以前……

2 好风凭借力，送我上青云

莲麻小镇位于素有"广州北大门"之称的广州市从化区吕田镇莲麻村，是广东省广州市首个特色小镇，北与韶关市新丰县接壤，东与惠州市龙门县毗邻。县志记载，该村初形成于清代，主要由客家人迁来，因村内多植莲麻树而获名，历年来多以农耕为主，拥有优越的生态资源和传承悠久的客家文化资源。村内依山傍水，小河潺潺，客家围屋保存完好，特色民居鳞次栉比且四面环山，地理环境优美。

据"中国乡村振兴的广东样本"系列调研报告统计显示，截至 2022 年，莲麻村总面积约 40 平方公里，下辖 11 个经济社，共有 424 户农户，1582 人。它既有流溪河北源、千年古官道、农家乐生活体验中心区、黄沙坑西片生态农业观光区等休闲项目，也是广州从化五大美丽乡村群之一，亦是当地区委区政府重点打造的特色小镇之一。

可谁曾想到，如今这么风光的莲麻村，2013 年人均年收入仅 7000 元，曾经的代名词是贫穷、偏僻、落后，而在这短短几年不到的时间里，让这里发生如此大的变化的原因究竟是什么？

现在回想起来，莲麻村党支部书记还清晰地记得，当年，莲麻村致力于建设成为"干净、整洁、平安、有序"的美丽乡村示范点，主要是根据 2014 年 10 月广州市任学锋书记调研时的指示精神，将莲麻村定位为"流溪河源头生态旅游村"，从而按照"政府引导、村委组织、农户参与、企业运作"的方式，充分利用自身优越的生态资源环境和地理环境，依托地处广州抽水蓄能电厂景区、良口碧水湾度假区、龙门地派温泉、新丰云天海温泉等景区中心点的优势，承接各景点的客源，把莲麻村打造成集观光度假、运动休闲、天然氧吧、农事体验于一体的农家乐式客家文化旅游胜地和可复制、可推广的美丽小镇。

随后，到 2015 年年底，从化区实施特色小镇发展战略，莲麻村把握这一政策的春风，作为第一批特色小镇，于 2016 年启动建设，并在当年国庆节成为从化区第一个建设成功并对外开放迎客的特色小镇。莲麻村以其独特的魅力，在不断发展壮大的同时，还积极发展民宿、酒厂、茶铺等产业，一跃成为远近闻名的美丽乡村旅游胜地。

之后，从 2016 年开始，广东省先后出台一系列的政策，如《关于加快特色小（城）镇建设的指导意见》《广州市实施乡村振兴战略三年行动计划》《广州市进一步促进特色小镇健康发展的实施意见》等，不断助力乡村旅游的发展。至此，莲麻村围绕上述政策，不断实施改革，以"农业强、农村美、农民富"为其发展目标，充分发挥流溪河水源头文化、绿色生态文化、红色历史文化、莲麻头酒文化等优势资源，聚力发展小镇内的各项特色产业。其中包括民宿农家乐产业给村内带来的建筑活化，为村民实现资产性收入就高达数百万元。至今更是开办了酒坊、农家乐、民宿、茶铺等数十家，先后获得"国家美丽宜居村庄示范""广州市第三批市级美丽乡村""广州市名村"
等称号，截至 2022 年，已实现村集体收入比小镇建设前增长 868%，该村的
村民人均收入比小镇建设前增长 179%。一时间，莲麻小镇的发展态势可谓蒸
蒸日上。

3 一花独放不是春，百花齐放春满园

在莲麻小镇的发展建设过程中，村委会团队一直秉持全力打造小镇特色
产业的发展理念，自莲麻小镇启动建设以来，当地发生翻天覆地的变化，不
仅是当地基础设施的不断完善，同时还成功建设了一系列旅游产业，不断完
善旅游产业链，先后带动小镇的酒酿造产业、酒文化产业、民宿酒店产业和
旅游会展业等多产业良好发展，不仅实现了小镇居民增收致富的梦想，也为
莲麻小镇成功探索出一条"绿水青山就是金山银山"的可持续发展道路，成
为从化区乃至广州周边地区同类特色小镇的发展标杆。

3.1 发展前期（2014—2016 年）：特色挖掘，打造亮点

建设前期，为做到与其他特色小镇有所区分，小镇居民秉持弘扬莲麻酒
产业这一理念，致力打造莲麻特色，因此，趁从化区深入开展城镇深化改造
规划之机，在明确了特色小镇的发展方向后，小镇大力推进基础设施建设、
人居环境改造、产业引进和村民增收等工作，小镇以"特色小镇"的精准战
略定位，围绕"吃、住、行、游、购、娱"旅游六要素，按照广州市从化区
政府的战略部署进行打造，大力落实创建"七个一"，即"一条主干道绕村而
过，一座美丽民居连村而过，一条绿色溪水绕村而过，一条特色商业街连村
而过，一片环境整洁，一批旅游配套，一批制度长效化"的发展战略，从而
实现莲麻小镇核心建设的不断推进及未来的蓝图。

一方面，立足莲麻传统酒业的开发利用，结合当地莲麻酒业、酒鬼街、
千年古官道、百年围龙屋、东江纵队革命遗址、莲麻花海等自然及人文景观，
重点培育特色产业，并通过选取极具本土特色的吕田头酒、豆腐加工产业作
为小镇支柱产业项目，从而深入打造极具莲麻特色的绿色生态旅游、红色文
化旅游以及客家民俗文化体验旅游等多个维度的主题产业，在让莲麻小镇得
以展现岭南古村落淳朴古风的同时，实现"一花独秀"的特色产业带头作用。

另一方面，莲麻村坚持进一步完善小镇"公司＋基地＋农户"的发展模式，积极引入专业机构进一步投资及发展小镇的特色农业、现代观光农业和现代生态农业基地，帮助小镇的特色农产品从过往的"自产自销"逐步向"定向销售""预定销售"等方向进行升级，从而推动小镇传统农业向精准化、集约化的现代农业进行转型。此外，为了更好地发挥小镇人才资源的带头作用，小镇鼓励莲麻村内的党员及优秀村民带头站出来，争当莲麻小镇"第一批吃螃蟹"的人，鼓励其带头出资出力搭建小镇的第一批民宿，并带领村内农户效仿，从而发展新的乡土民宿28家。通过莲麻山茶、莲麻头酒等"一村一品"特色品牌建设项目的落实，不仅带动莲麻村300多名村民原地就业，还吸引了过往30%的莲麻村外流人口回乡创业及就业，切实让莲麻村的集体收入和村民人均收入较之过往有了大幅度提升，分别增长868%和179%，打通莲麻小镇将绿水青山变成金山银山的可持续发展的转型道路。

此外，莲麻村还创新创建"党旗引领＋头雁示范＋党员带头＋全民参与"莲麻党群发展模式，发挥村内党员、群众尤其是巾帼的力量，成立相应的服务队，通过采用"每名党员落实一对一、多对一、一对多"等分工模式，直接与莲麻当地的农户保持联系，定期组织村民开展"党旗红乡村美、人居环境整治党员在行动"等系列主题活动和珍爱莲麻家园等系列行动，充分发挥村民主观能动性，因地制宜推进莲麻小镇的慢行绿道、花海竹林、绿化走廊、莲麻水系等亮点工程的建设，聚小镇之力，合力打造现代化的新农村风貌，保持"望得见山、看得见水、记得住乡愁"的乡土情怀，最终不仅为小镇发展现代旅游业提供了良好的周边环境，也获得了"全国环境整治示范村"称号。

3.2 发展现状（2017—2019年）：扶持支柱产业，加强产业融合

然而，随着小镇的不断发展，慢慢出现了酒厂等工作岗位的饱和，也出现游客抱怨小镇配套设施不足，特色项目发展欠缺等问题，小镇总体旅游吸引力显得略微单薄，因此，小镇开始寻求新的发展出路。

一方面，小镇进一步建设及完善镇内旅游道路、桥梁等基础设施，尤其是针对千年古官道、旅游绿道等旅游配套设施开展完善建设；对于镇内的传统民居，采用统一外立面风格进行活化，保持整体的美观；对于传统农产品

的销售，引进光纤进村入户，鼓励村民积极开设网店；对于部分有条件的村民，更是鼓励其开设民宿、酒馆、酒铺等个体产业，为小镇居民进一步解决其就业及收入的问题。同时，还通过积极承接大型户外活动及体育赛事，诸如 2016 年的南粤古驿道全国房车集结赛、2017 全国群众登山健身大会（从化站）等大型活动，为莲麻小镇吸引更多的客源及打响莲麻小镇的名声奠定基础。

另一方面，考虑到单一产业发展潜力不足等问题，莲麻小镇积极探索多产业发展及融合等出路，相继引进了一些特色产业和特色企业，其中比较有代表性的有：莲麻民宿产业、莲麻豆腐作坊产业、莲麻酒产业、莲麻花海和露营基地等。

此外，小镇还积极与周边高校保持联系，获得相应的智力支持，如与广州华夏职业学院进行校村合作，对村中传统民舍进行改造，将地域特色与乡土美感相融合，开设"华夏莲舍"特色民宿；与周边中小学及高校等需求相匹配，充分开发小镇原有的红色旅游资源，打造黄沙坑革命纪念馆红色教育基地等新型产业，为莲麻小镇产业一体化融合发展之路寻求新的方向。

3.2.1 莲麻民宿产业

早在莲麻小镇建设前期，为保留当地极具特色的乡土气息及乡村传统特色，小镇专门请来广东省乡村建设院及国内著名乡村旅游设计师的专家团队，针对莲麻村的原生风情进行极具针对性的规划设计。其中，为了更好地保留莲麻村原有的客家围屋建筑特色风情，小镇在建设的过程中，对其进行合理翻新，保留莲麻村原有民居民舍的"四角楼"风格，展示其"四门归厅"式的传统设计，也使得现今莲麻小镇的民宿虽然不一定如星级酒店的标准化建设大气，但是却让游客更加满意，漫步民宿之中，整体给人一种纯朴的古香古色的风格感受，处处能让人感受到独特的乡土气息（图1、图2）。

图 1　莲麻小镇民宿民居

图 2　莲麻小镇外景

此外，莲麻村还着力打造了一批精品民宿农家乐，把吃、住、购、娱等多要素结合起来，如民宿农家乐——岚坞农庄、北源之家农庄、古寨农庄、莲中三元酒家等。据不完全统计，莲麻小镇每年每户民宿农家乐的营业收入均超过 10 万元，这也给其余村民们极大的信心，纷纷申请参与建设民宿农家乐，一时间，小镇内可谓活力满满。截至目前，莲麻小镇共有 26 家稍具规模的民宿及农家乐，其中大多数都依赖传统民居风格进行改造。在过去的五一小长假，即使受新冠疫情影响，小镇内的民宿仍然能做到几乎全部满房。

3.2.2 莲麻酒产业

一直以来，"莲麻酒文化"都是莲麻小镇的发展重心，其独特的酒文化历史悠久，诸如被称为"土炮"的莲麻头酒、被称为"莲麻五粮液"的五粮酒以及被称为"客家酒娘、女儿红"的黄酒更是莲麻三大特色酒出品的代表，但苦于一直以来缺乏足够好的平台和机会，传统的莲麻酒以村民自酿自销自饮为主，未能形成统一的规模，不成体系。

自莲麻小镇建设之初，小镇根据群众反馈需求，将酒类产业作为支柱产业打造，这为小镇酿酒行业的发展带来新的机会。通过将莲麻酒产业作为支柱性产业进行重点扶持，先后经过多轮的招商引资，成立莲麻酒业公司，采用"分散制作、集中管理、质量监控"的方式，与小镇酒坊酒肆等商家合作经营，通过技术扶持的形式，向村民提供更为科学及规范的酿酒技术，充分发挥莲麻小镇坐拥从化流溪河水源头的生态优势和其过往历史悠久的良好酿酒传统，不仅为村民解决酿酒品质不一的问题，还为其提供回购及销售等渠道，进而先后成立了数十家酒坊酒家，并开始打造相应的莲麻酒文化商业街、斗酒广场等场所，推动莲麻小镇建设百家酒坊，逐步形成莲麻小镇初具规模的莲麻酒产业链。

随后，在此基础上，莲麻小镇斥资打造"酒鬼街"特色景点，景区片区还包括建设完善三大建筑主体，包括莲麻农产品交易中心、莲麻豆腐坊、莲麻头酒类交易中心等。总体建筑面积超过5000平方米，在G105国道莲麻段旁成为一道亮丽的风景线，也是莲麻小镇标志性建筑群落的代表，与流溪河对岸的阡陌花海、千年古道、十里画廊瓜田等示范性观光农业隔岸相对，融多种价值于一体，既有莲麻小镇特色酒文化，也有传统农耕文化，还有客家历史文化等，联合打造莲麻小镇的门面亮点。

此外，在2022年广州直播电商年的政策号召下，莲麻小镇推出"把酒话莲麻"等口号，通过电商、直播等渠道对外推介，将昔日的贫穷小山村打造转变为如今游客纷纷追捧的"网红"小镇，不断推动莲麻小镇的继续发展。

此外，凭借过往吕田头酒深入民心的良好口碑基础，小镇在建设初期，坚定不移地走以"酒"为小镇发展支柱性产业的发展道路，引进莲麻酒业这一典型企业代表。其充分利用当地的闲置防空洞，修建了一个长约 260 米的酒窖，预计可供藏酒约 300 吨，且现已引进 30 家传统酿酒作坊入驻。

通过分散经营与集中管理相结合的模式，在莲麻酒业的带动下，小镇开始形成莲麻酒产业的集聚效应，随后，还吸引了莲麻小镇原有的 4 家旧酒坊入驻，以及 14 家新酒馆酒铺相继开业，这些由村民自发开办、大小不一的莲麻酒肆酒坊，不仅为莲麻酒业的发展"添砖加瓦"，也让莲麻这座以"酒"为特色产业的小镇发展之路显得更为宽敞。

3.2.3 华夏莲舍

2016 年开始，莲麻小镇开始探索与周边高校的合作发展之路，其中与广州华夏职业学院更是就加强校村合作、推进精准扶贫等方面进行深入的探讨及实践，其中"华夏莲舍"便是双方合作的杰出成果。

广州华夏职业学院依托莲麻小镇独特的自然资源及人文历史底蕴，租赁小镇内具有百年历史的客家围龙屋，对这一濒临破损的旧建筑进行深入改造，不仅消除老建筑的安全隐患，而且还尽可能地在保留其传统古风的同时，强调质朴自然，保留传统客家围龙屋的泥砖、灰瓦等亮点，再加以改造现代化的水电等便利设施，致力给游客带来不一样的感觉和住宿体验，最终打造出广州从化首家大学生艺术旅馆——华夏莲舍。

漫步莲舍，只见民宿内修旧如旧，泥砖砌墙、灰瓦砌面等古风古韵的原始风貌得到了完美的保留。此外，原本简朴的泥围龙屋经过现代工艺的重新设计及整饰，散发出古色古香的独特吸引力，而正是凭借独特的民宿特色风格与酒店化的现代服务相融合的亮点，如今华夏莲舍这一民宿品牌已成莲麻小镇的"网红头牌"，每年仅旺季收入都已近百万元。

此外，广州华夏职业学院充分利用自身资源优势和组织号召力，定期组织该校学生到此开展实习实践，打造独特的大学生社会实习实践基地。此举不仅为青年学子们提供了一个充分体验农村生活的场所，同时也为当地农村文化注入了更为浓厚的人文氛围，同时还有助于将新鲜活力定期注入莲麻小镇，使其可持续发展的良好状态得以维持。据悉，该民宿项目总投资约为 600 万元，华夏莲舍的总建筑面积约为 956 平方米。其中，共有 28 间客房，单人间和套房都有，共设有 80 多个床位。此外，莲舍每年预计还能为小镇内 17

户农户带去租金收入超过 5000 元，参与建设及经营的 10 户农户带去平均劳务收入超 3 万元。

3.2.4 黄沙坑革命旧址纪念馆

莲麻小镇所在的广州市从化区吕田镇是广州著名的革命老区之一，也是粤北会战的重要战场以及当时东江纵队的主要活动区域，此外，小镇还是当时从化第一任县委书记的任命地，该地的红色革命纪念意义及价值都十分重要。

其中较具代表性的是黄沙坑革命旧址纪念馆，其位于莲麻村内，是解放战争时期中共革命根据地，后由从化区人民武装部负责组织建设。自 2015 年莲麻小镇建设以来，村委将此地展开修复，建成现今的黄沙坑革命遗址纪念馆。馆内充分展示了过往从化地区的党组织从抗日战争到解放战争的艰苦奋斗历程，将该地打造成为莲麻小镇的革命传统教育基地及红色文化教育基地，从而发展成为如今从化区一个极具重要性的爱国主义教育基地和革命传统教育基地。该纪念馆既通过实景展示回顾了东江纵队在从化和粤北的战斗历程，同时还展示了诸多珍贵革命纪念相关的实物，具有极其重要的纪念意义。

3.3 发展趋势（2020 年至今）：危机还是转机

除了大力发展上述秉承优势发展起来的各大产业项目支柱之外，近年来，莲麻小镇在保持积极培养当地的绿色生态产业发展的同时，还积极挖掘及整合当地的红色资源，打出一张"红绿组合牌"，通过抢抓革命老区振兴战略的发展机遇，深入贯彻实施乡村振兴战略，走乡村旅游可持续发展的道路，以"红色引擎"驱动"绿色发展"，努力将过往的"过路经济"向现今的"过夜经济"进行转变，致力于打造广州"最北门户"目标。

除了建设红色革命教育基地之外，莲麻小镇还有机结合特色小镇的发展建设进度，通过保护和盘活红色革命史迹，打造广州市红色旅游目的地，在 2021 年 5 月，从化区委党校莲麻干部培训中心正式落户莲麻小镇，这对该镇创建穗北红色教育培训基地的目标而言，也具有重要的里程碑意义。

此外，小镇还联合具有重要历史革命意义的塘基村、三村村共同创建现代红色教育培训基地，意图通过开辟新的红色教育场所，承接省市乃至社会各界的党团等红色教育培训活动，从而积极发挥穗北红色革命遗址的社会教育新功效。

未来，从化区还将以莲麻小镇为核心，以流溪河水系生态资源为依托，深入挖掘从化区第一个党支部的成立、从化县委县政府的成立、东江纵队历史活动踪迹、云台山战役遗址、粤北会战历史遗迹等诸多红色革命历史文化资源，打造穗北红色文化产业带，将吕田镇、良口镇、温泉镇三镇的发展串联起来。

随着莲麻小镇的不断发展，小镇从一开始的偏远贫穷小山村摇身一变，成为远近闻名的"先进代表"，越来越多的商家及游客慕名而至，但好景不长，随着小镇常住人口及流动人员的增加，小镇内一些之前潜在的问题，诸如小镇治安问题频发、人手不足导致社会秩序较难维护等状况也不断出现。

此外，伴随游客对高品质、新潮流的旅游消费项目的需求不断提高，一开始小镇单纯的观光型农家乐式服务业难以满足其所需。而与此同时，小镇内越来越多的商家因过于追寻眼前红利，过多开设同类旅游服务项目，出现一定程度的恶性竞争。再者，受疫情影响，小镇游客也出现较大波动，从而导致小镇商家开店热潮受到打击，小镇整体经济收益出现下滑情况。一时间，小镇内从管理团队到商家乃至居民，都感受到了和过往热火朝天的发展热潮有所不同的危机在静悄悄地逼近……

4 山重水复疑无路，柳暗花明又一村

随着上述危机的浮现，为探索如何更好地应对及解决这些日益增多的现实问题，莲麻村委干部团队先后经过多番斟酌，也多次向外请教相关专家学者，最终决定搭建自己的"数字小镇"，借助数字化建设的力量，拉动小镇居民参与自治，充分发挥群众的力量。

4.1 数字治理解困境

"数字小镇"建设战略目标中较具代表性的是创新了小镇的基层治理模式。考虑到小镇未来的可持续发展，村委会干部团队一致认为，要积极鼓励群众主动参与小镇管理及建设。因此，小镇一改过往传统单纯依赖于管理团队来进行基层治理的模式，坚定地以村民"共建共治共享"为目标，借助现代数字信息平台，搭建线上、线下议事平台，鼓励村民积极参与，集思广益，为特色小镇建设获得源源不断的内生动力。

莲麻小镇根据从化区政府的指引，重点打造"仁里集"这一基层治理智能云平台，该平台集党务、政务、村务等各类公开信息、网上办事、公共服务、农村电商等多项功能于一体，能将村民们都转变为村内的管理员。通过将党务、政务、村务等项目信息进行网上公开，不仅有利于现有居民的参与，还有利于在外村民的关注。可以说，"仁里集"在小镇的推广运用正是党员联系群众工作相结合的充分展示。据统计，截至当前，莲麻村在"仁里集"上的注册用户已达 1401 人，基本能实现"家家在网中，户户见干部"的新型乡村治理的全新格局。

此外，"仁里集"数字平台的建设，除了可供村民参与，还可以供游客通过"仁里集"平台享受相应的旅游服务，游客仅需点开"仁里集"中"我要买卖"栏目，就可以找到"农家乐、民宿、餐饮"等相关的消费供给信息，满足游客的旅游消费需求。可以说，"仁里集"的试点使用，不仅能真正做到以农村党建工作为龙头，还坚持以农村基层治理建设为主线，通过基层治理的大数据库作为支撑，以现代互联网信息技术作为新载体，创建一个有利于促进农村基层治理体系和治理能力现代化的工作新平台。

过往莲麻村被列为广州市级重点扶贫村，其存在经济来源单一，村集体收入低下，村民就业困难，贫困人口较多，社会治安问题频发等问题。而自从 2015 年起，借助广州市从化区建设特色小镇的东风，莲麻村开始打造"莲麻特色小镇"，自此，村党支部以高质量党建引领乡村振兴，带领全村党员以身作则、带头参与，奋力推动莲麻村朝着"农业强、农村美、农民富"的目标前行。

其中，"村民的事情，自己讨论，自己决定"这句话在莲麻特色小镇的数字化建设过程中更是得以充分体现，系列相关制度相继出台，如《莲麻村规民约》《莲麻村人居环境治理村民家庭内部卫生评比及奖励办法》等，充分协调当地个体利益和集体利益的矛盾问题，并且通过线上数字平台的作用，村民法治议事的民主议事功能也得到了充分的发挥，小镇的发展得以长治久安。

4.2 数字文旅觅出路

自从莲麻村借助建设特色小镇的东风，成功打造"莲麻特色小镇"旅游品牌，并通过"特色小镇"这一创新的乡村旅游发展模式带动全村成功创业就业，切实促进了莲麻村的振兴、提高了村民的收入、改善了莲麻村的人居环境，然而，随着近年来受到疫情的影响，前往莲麻小镇旅游的游客人数开始出现下降甚至大幅度衰退，而由于缺乏足够的游客市场群体，自然也就缺少了相应的旅游消费需求以及其他消费需求。

这些旅游消费需求的骤降甚至消失，对于莲麻小镇过往已具备一定规模的民宿业、餐饮业、农副产品业等影响较大，入驻商家及莲麻小镇的村民收入都受到了一定的损失。并且，由于疫情的反复，小镇甚至出现了部分民宿、餐饮店、酒坊不堪重负，选择退出市场的情况。为此，小镇的管理团队也纷纷想方设法，企图盘活市场，设法自救。

借助数字信息媒体技术的发展，2021 年 4 月，莲麻小镇开启"云启莲麻小镇，畅游醉美吕田"等系列活动，以酒坊、小镇街里坊间等为直播间，带网友足不出户穿梭在莲麻小镇内，实现多项互动，如逛酒窖、访美丽乡村、引领网民全方位"云品美酒"等，"云感受"莲麻头酒、民宿、人文美景等迷人魅力，并现场展开"云鉴酒"环节，教网友们如何进行品尝，获得大批网友点赞。据统计，本次活动吸引近百万人次在各直播平台进行观看。

除此之外，小镇还拓宽莲麻酒、莲麻农副产品等线上的销售渠道等方面的探索，这些创新举措，不仅打造属于莲麻小镇自己的数字文旅市场，为小镇内的农产品、农副产品打开新的销路，也为今后当地的文旅消费市场回暖创造了良好的消费氛围。

5 欲穷千里目，更上一层楼

在发展小镇特色旅游项目的过程中，"政府引导、市场运作、企业推动"是莲麻小镇在发展过程中始终坚持的原则，通过实行"村集体经济组织＋国有企业"合作共建模式，即由政府、村集体、村民和企业进行"四方共谋、共建、共管、共享"，从而推动"公司＋村集体＋农户"的利益联结一体化机制逐步形成。

此外，随着莲麻小镇建设的推进及经营项目增多，小镇的党员干部率先争当典范，带动村民创业就业增收。如今，该村民宿、农家乐大都发展为"政府＋村集体＋农户"的合作模式，即在原有四方共建思路的指导下进行建设，为避免无序发展及恶性竞争，更是由村集体筹建的公司进行统一规划、统一管理。

莲麻村目前已有 83 家特色店铺开业，包括特色民宿、酒馆酒铺、头酒作坊、手工炒制茶铺、豆腐坊等。在莲麻小镇建设过程中，政府还先后开通了相关的旅游公交专线、小镇内的银行网点、推动光纤网络入村入户，引进相关电商网点、加快建设文化农家、南医第五附属医院卫生站等惠农项目，致力帮助小镇提升公共服务水平，提高小镇的旅游接待服务能力与水平。

一方面禧农业公司的酒企业、四面田农业公司的花海、音乐谷等一系列项目也在陆续引进，莲麻小镇还在不断注入新的生机与活力。另一方面，当地还积极鼓励企业招聘本地村民，为推动莲麻小镇不断向"农业强、农村美、农民富"的目标迈进，积极拓宽村民在当地创业就业的渠道，莲麻小镇的美好前景指日可待。

6 结语

在回忆的过程中，不知不觉，党支部书记已经走进家门，漫步在莲麻小镇内，和早起的小镇居民打着招呼，望着镇内整齐的柏油路，两旁绿树成荫，旁边是潺潺流水的流溪河，两边是绿意盎然的竹海，走在千年古驿道上的居民游客们都显得格外悠然自得，再想到现在旅游公交专线的开设、小镇公共服务水平的提升、越来越多的企业选择落户莲麻小镇，让莲麻小镇朝着"农业强、农村美、农民富"的目标又迈进了一步，为当地村民提供了新的就业机会，拓宽了村民就地创业就业的渠道。这让他不仅对未来莲麻小镇的发展更加充满信心，也更加充满期待……

案例使用说明

一、教学目的与用途

1. 适用课程

本案例适用于《旅游目的地开发与管理》《旅游规划与战略》《旅游企业经营理论与实务》等相关课程的教学，也可作为上述相关课程的延伸阅读案例。

2.适用对象

本案例适用于本科生、研究生、MTA、MBA 及 EMBA 学员。

3.教学目标

走乡村旅游发展之路不仅是顺应国家乡村振兴大背景的号召，同时也是乡村旅游目的地寻求自身发展的一种新途径。乡村旅游要走可持续发展道路，就需要牢牢把握自己的特色，坚持乡村产业发展，提升自身内在动力。广州莲麻小镇作为依赖自身酒产业、民宿产业等多业态融合发展起来的特色小镇典范，其成功之处值得深入研究。本案例基于战略管理、产业融合及危机管理等理论的指导，回顾了广州莲麻小镇在乡村振兴、文旅融合等大背景下，其兴起的战略选择、发展的内在动力及至疫情危机下的应对策略等系列探索性的措施都具备一定的意义。预期达到以下两个方面的教学目标。

教学目标之一：基于广州莲麻小镇依赖独特的乡土文化以及政策等优势，从而制定合适的战略，走出独特的特色小镇发展道路的现实案例剖析，帮助学生深入理解乡村旅游发展的内在核心要素、战略选择、发展要素以及相应影响因素，并有助于进一步探讨同地区乃至不同地区的乡村旅游目的地实现高质量发展的可行性策略。

教学目标之二：帮助学生了解乡村旅游发展的特点并把握乡村旅游行业以及民宿、酒店等旅游产业的特点、现状和发展趋势，结合广州莲麻小镇在疫情影响下的危机管理措施，理解何为乡村旅游的高质量发展以及具体探讨乡村旅游目的地未来发展的可行性路径。

二、启发思考题

（1）广州莲麻小镇的发展可以分为几个阶段？请概括各阶段的核心影响要素并分析其在广州莲麻小镇发展过程中的作用。

（2）在广州莲麻小镇的兴起及发展阶段，其关键的发展核心分别是什么？根据战略管理理论，采用 PEST 模型 / 五力模型 /SWOT 模型等分析方法来解读小镇各阶段的发展情况。

（3）广州莲麻小镇已有的关键产业有哪些？分析每种关键产业的兴起缘由、发展历程和预测其未来动向具体是怎样的。

（4）在疫情影响下，广州莲麻小镇是如何开展危机管理及应对的？其主要策略及成功的关键是什么？是否存在不足之处，提出你的看法。

（5）广州莲麻小镇是乡村旅游目的地走特色小镇发展道路的成功代表，谈谈你对新时代乡村旅游实现高质量发展目标的理解，并结合案例及实际情况，分析广州莲麻小镇未来可行性的发展道路并说出相关依据。

三、分析思路

本案例描述了广州莲麻小镇在乡村振兴、乡村旅游等背景下的发展历程以及其在疫情影响下的危机管理及应对措施，帮助学生了解一定时期内乡村旅游发展的特点、现状和发展趋势，理解乡村产业振兴在乡村旅游发展过程中的重要作用。在此基础上，进一步探索我国未来乡村旅游发展的可行性方向及策略。

教师可以根据教学目的灵活使用本案例，以下分析思路仅供参考。

（1）理论知识：教师预先讲授乡村旅游发展背景、战略管理理论、产业融合理论、危机管理理论等相关知识。

（2）问题导入：教师预先布置案例问题，引领学生带着问题进行案例学习。

（3）案例解读：先由学生进行案例自主阅读及学习，并进行相应的案例问题讨论及解答。

（4）案例分析：由教师点评学生案例解读情况，并引领学生开展深入的案例分析。

四、理论依据与案例分析

1. 理论依据（战略管理理论、产业融合理论、危机管理理论）

战略管理理论：战略管理是指企业在一定时期内，根据企业外部环境和内部经营要素确定企业使命、企业目标、全局发展方向等内容，从而保证企业目标的正确落实并使企业使命最终得以实现的一个动态过程。这一过程具体表现为企业在不同的阶段、不同的时期都会有不同的认知，因此，企业应当根据自身内外部环境和优劣条件，及面临的机遇和挑战来设定当下符合企业发展的战略目标，为保证发展战略目标的实现，根据分析结果决定战略选择，在企业现有能力的基础上，去实施所制定的战略规划，并在整个实施过程中加以控制和调整。因此，企业管理者在制定和实施战略的过程中，要依据当下实际情况做出不同反应，企业的战略管理也随之变化。其中，战略规划是整个战略管理全过程的基础，其分析上多用到 PEST 模型、波特五力模型和 SWOT 分析模型等方法。

PEST 分析模型（图 3）是指对事物发展的外部宏观环境进行剖析的方法。P 指的是政治（Political Factors），E 指的是经济（Economic Factors），S 指的是社会（Social Factors），T 指的是技术（Technological Factors），企业的宏观环境也主要指这 4 个方面，因此，该分析方法目前已经成为重要的战略管理分析工具。通过借助该分析方法，对莲麻小镇建设历程中所面临的外部宏观环境进行分析，能够有效识别影响小镇战略规划及发展的重要影响因素。此外，随着社会的发展，对于宏观环境的分析也越来越细致，部分学者在 PEST 分析的基础上又产生了 SLEPT 分析、STEEPLE 分析等扩展和变形，其主要还是认为企业外部环境的变化会对企业战略管理产生一定的影响。

图 3　PEST 分析模型图

迈克尔·波特于 1985 年提出的五力模型（图 4）是企业战略指导的基本框架，它为行业和企业的战略分析提供了一个较为合适的分析结构，能有效地描绘企业面临的竞争环境、行业结构和战略群组。其提出的五力模型主要包括供应商的议价能力、购买者的议价能力、新进入者的威胁、替代品的威胁以及同业竞争者的竞争程度,这为企业及行业竞争格局的分析奠定了经典的理论框架。

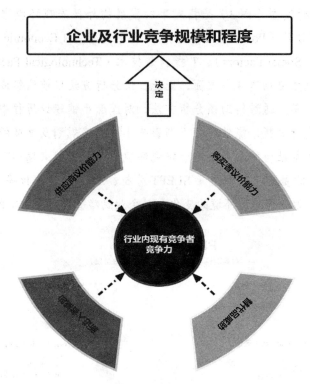

图 4 波特五力模型

SWOT 分析模型又被称为"道斯矩阵"(图 5),是基于组织优势、劣势、机会、威胁 4 个方面所建立的模型,从而分析判断组织所处的外部环境和内部状态,帮助决策者识别组织内部的优势(Strengths)和劣势(Weaknesses)、外部环境的机会(Opportunities)和威胁(Threats),以确定相应的生存和发展战略。

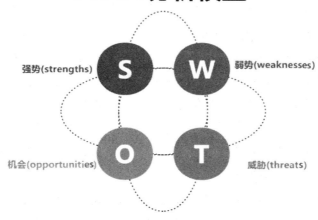

图 5 SWOT 分析模型

产业融合理论：产业融合源自产业发展理论，主要是指多个产业相互引致和扩散，相互渗透和提升，共同发展，最后融合成一个新的产业。该理论在旅游上的应用比较频繁，尤其是近年来"旅游+"的理念盛行，旅游产业与农业、文化产业、康养产业、教育产业等进行了深入融合，为旅游产业的发展持续赋能，成为旅游业新的增长点。

在产业融合发展方面，旅游产业表现出与其他产业的融合力度更强，融合范围更广的趋势。朱晓辉（2018）采用产业融合理论以舟山为例分析了健康旅游产业融合发展的机制，发现产业融合的内在要求是伴生性，根本动力是消费需求的变化，根本原因是利益最大化，提出了医疗康养旅游模式、养老养生度假模式、康体休闲减压旅游模式等融合的基本模式，并针对现存的问题提供了对策。王宏禹（2019）基于产业融合理论阐述了河北省休闲农业和乡村旅游融合发展的必要性，分析当前制约融合发展的主要因素是经管理论、管理机制、管理水平和专业人才等方面的不足，从而在管理体制、市场观念、服务水平、产业协作和营销策略等方面提出对策。段学成（2020）研究了位于浙江舟山的海岛休闲旅游综合体的开发优势和劣势，基于产业融合理论提出了邮轮游艇旅游综合体、海岛农业旅游综合体、海岛文旅综合体、海岛生态运动旅游综合体、海岛健康旅游综合体、海洋主题公园旅游综合体等多种开发思路，并在政策、市场、人才、交通等方面阐述了发展对策。

产业融合在当今经济社会中关联度广，涉及多个方面，而就旅游产业发展而言，全域旅游时代使得旅游业与其他产业之间的关联性、融合性更强，而要更好地结合乡村振兴的大背景，如何在乡村旅游已有基础上与其他产业进行更高质量、更高水平的交互共融仍需要更加深入地探讨。

危机管理理论：危机理论作为一个研究领域被系统研究主要是在 20 世纪 60 年代，由美国率先开始进行探索，时至今日，危机管理融合吸纳了诸如系统科学、信息科学、社会学等学科最新研究成果，使得危机管理理论呈现多样化、跨领域的整合趋势。

根据史蒂文·芬克在《危机管理：对付突发事件的计划》一书中所提出的危机生命周期 F 模型把危机周期划分为"前期症状阶段、急性阶段、慢性阶段和治愈阶段"4 个时期，分别对应"危机预防、危机处理计划、危机识别、危机决策"等 4 个方面，相应地我们可将危机管理分为"事前的危机预警管理、事中的危机应对和危机干预、事后的危机善后处理"3 个阶段。

企业危机作为一个系统，它的形成和发展有着自身的内在规律，客观上表现为动态发展的特征。危机管理过程研究的出发点就是通过对企业危机发展过程不同阶段的分析，来研究企业危机不同阶段的应对策略，从而形成企业危机管理的完整策略。

2. 案例分析

（1）广州莲麻小镇的发展可以分为几个阶段？请概括各阶段的核心影响要素及分析其在广州莲麻小镇发展过程中的作用（本题涉及的知识点是战略管理利用和产业融合理论的综合运用，教师可引导学生对莲麻小镇的发展历程进行阶段性划分，先判断小镇各阶段发展战略的主要制定依据，再判断各阶段相应的核心发展要素）。

参考答案（言之有理即可得分）：广州莲麻小镇的发展可以分为 3 个阶段：建设初期、发展中期、危机应对期。各阶段核心影响要素分别是建设初期——政策推动及正确的战略发展计划；发展中期——产业融合的推动；危机应对期——数字化建设/技术的应对。

（2）在广州莲麻小镇的兴起及发展阶段，其关键的发展核心分别是什么？根据战略管理理论，采用 PEST 模型 / 五力模型 /SWOT 模型等分析方法来解读小镇各阶段的发展情况（本题涉及的知识点是对战略管理理论的把握，教师可在回顾战略管理理论及 PEST 模型 / 五力模型 /SWOT 模型等分析方法的同时，引导学生对莲麻小镇的发展利用不同方法开展相应的探索）。

参考答案（言之有理即可得分）：以 PEST 模型分析为例——在广州莲麻小镇的兴起及发展阶段，通过 PEST 模型分析，其中 P 指的是政治（Political Factors），即莲麻小镇的兴起发展过程中相应的政策制度优势，如乡村振兴、特色小镇发展等相关政策；E 指的是经济（Economic Factors），即外部整体发展良好的经济环境以及小镇自身的产业融合发展对经济的推动等；S 指的是社会（Social Factors），即小镇自身所拥有的客家人文底蕴、红色文化底蕴等所带来的旅游吸引力；T 指的是技术（Technological Factors），即小镇在应对危机时所采用的数字化建设手段及技术。

（3）广州莲麻小镇已有的关键产业有哪些？分析每种关键产业的兴起缘由、发展历程和预测其未来动向具体是怎样的（本题涉及的知识点是产业融合理论，教师可引导学生在思考小镇发展历程中的各关键产业具体是怎样体现"旅游+"的理念，并在此基础上，进一步引导学生思考未来旅游产业与农业、文化产业、康养产业、教育产业等该如何进行深入融合）。

参考答案（言之有理即可得分）：广州莲麻小镇已有的关键产业有酒产业、民宿产业、红色旅游产业等。以酒产业为例，其兴起主要原因有二，一是当地传统的酒文化历史悠久，已有一定的基础；二是现代资本及技术的融入，推动酒产业的不断完善及发展。其发展历程为传统酿酒，个体为主——莲麻酒厂介入，规模提升——产业集聚，集约化发展，形成产业链——打造酒文化景点，与旅游等业态相融合。预测其未来动态，考虑在研学旅行、酒品牌提升等方面的发展。

（4）在疫情影响下，广州莲麻小镇是如何开展危机管理及应对的？其主要策略及成功的关键是什么？是否存在不足之处，提出你的看法（本题涉及的知识点是旅游企业危机管理，教师可结合危机管理理论，引导学生结合小镇危机应对的过程，从"危机预防、危机处理计划、危机识别、危机决策"4个方面进行分析）。

参考答案（言之有理即可得分）：从"危机预防、危机处理计划、危机识别、危机决策"等四个方面入手分析，即认识到疫情所带来的影响并非暂时性的，需要改变传统的发展思路，走旅游数字化发展道路，借助互联网信息技术等手段，拓宽客源及销量等等。不足之处主要在于疫情危机并非短暂性的，因此一次两次的线上活动是不够的，需要再进一步打造相应的线上系列活动，保持良好的旅游吸引力，为小镇旅游市场的复苏做好准备。

（5）广州莲麻小镇是乡村旅游目的地走特色小镇发展道路的成功代表，谈谈你对新时代乡村旅游实现高质量发展目标的理解，并结合案例及实际情况，分析广州莲麻小镇未来可行性的发展道路并说出相关依据（本题涉及的知识点是乡村旅游及特色小镇的内涵、动因、高质量发展定义以及相关发展路径与模式，教师可引导学生根据以上知识点进行分析）。

参考答案（言之有理即可得分）：重点指出新时代乡村旅游高质量发展需要注重经济、生态与人文的协同发展，乡村高质量发展还要做到个性化、多元化，要充分运用现代科学技术（数字化、信息化等）的力量，做好相应的战略规划。

五、关键要点

案例分析的关键点，案例教学中的关键知识点、能力点有以下3点：

（1）了解乡村旅游、特色小镇、高质量发展等核心概念的内涵及动因，掌握乡村旅游发展战略的制定及实践依据，学会为同类乃至不同类的乡村旅游目的地开展因地制宜选择发展战略提供可行性建议；

（2）掌握产业融合理论等知识，把握乡村旅游与特色小镇之间的耦合发展关系，掌握乡村旅游目的地通过特色小镇的创新发展模式，坚持发展核心产业，不断延伸产业链和实现乡村旅游模式创新的发展路径；

（3）掌握危机管理理论知识，掌握乡村旅游目的地应对危机的分解流程及相应举措，为同类乃至不同类的旅游目的地开展危机管理提供科学意见。

六、建议的课堂计划

本案例可以作为专门的案例讨论课来进行。如下是按照时间进度提供的课堂计划建议，仅供参考。整个案例课的课堂时间控制在75~80分钟。

（1）课前计划：提前1~2周发放教学案例，安排学生提前根据启发思考题在课前完成阅读。

（2）课中计划：教师陈述简要的课程前言，建议学生分享其参与乡村旅游或者特色小镇旅游的经历，将学生的注意力引入所要讨论的主题（5分钟）；结合案例引导学生进行思考，并组织学生进行分组讨论相应的思考启发题，最终汇报相应讨论结果（65~70分钟，其中分组讨论20~25分钟）；教师总结点评，进一步深化"乡村旅游与特色小镇相互促进相互发展的创新战略模式、产业融合发展模式及危机管理"等核心知识点的学习及掌握（5分钟）。

（3）课后计划：如有必要，布置学生形成广州莲麻小镇案例的阅读报告，并对乡村旅游目的地如何走高质量发展道路以及相应的发展战略创新提出自己的想法。

七、其他教学支持材料

设备：投影仪、计算机、音响设备等其他多媒体教学设备。

材料：所有学生每人一份案例正文材料及附录、教学用PPT。

本案例参考文献

［1］温剑毅. YG公司战略管理研究［D］. 厦门大学，2019.

［2］王润升. 天宇手机战略决策研究［D］. 天津大学，2015.

［3］刘花香，贾志强. 中国冰雪体育小镇建设PEST分析［J］. 体育文化导刊，2018（8）：103-108.

［4］PORTER M E.Competitive strategy：techniques for analyzing industries and companies［M］.New York：Free Press，1980.

［5］HAMEL G，PRAHALAD C K.Competing for the future［J］.Harvard Business Review，1994，72（4）：122-128.

［6］周至，孙宇祥. 五力模型与OODA环模型相融合的企业战略决策模型［J］. 河海大学学报（哲学社会科学版），2020，22（3）：74-81+107-108.

［7］李万辉，王良熙，陈忆. 基于层次分析—态势分析模型的台湾产业创新发展战略分析及对福建的启示［J］. 科技管理研究，2022，42（18）：60-67.

［8］朱晓辉. 基于产业融合理论的舟山健康旅游发展研究［J］. 江苏商论，

2018,（10）：76-80.

［9］王宏禹. 河北省休闲农业与乡村旅游融合发展研究［J］. 衡水学院学报，2019，21（4）：53-56.

［10］段学成. 基于产业融合理论的舟山海岛休闲旅游综合体开发研究［J］. 商业经济，2020（5）：40-42+160.

［11］胡灿东. 几种危机管理理论之比较及其借鉴意义［J］. 东岳论丛，2015，36（12）：185-188.

［12］FINK S.Crisis Management：Planning for the Invisible［M］.New York：American Management Association，1986.

南宁龙门水都旅游景区如何结合现有资源形象定位①

摘　要：南宁是一座绿水青山、环境优美的城市，这里冬天很短，植物四季常青，空气清新污染小，有非常繁盛的生态旅游资源，有着"绿都"的称誉。对于来自北方那些夏天短暂、绿色植物稀少的外地游客而言，很容易被这里的景观和民俗文化所吸引，并爱上这座绿色的城市。南宁的东南方向有着被誉为"城市之肺"的青秀山景区，客流量很大，深受游客们的喜爱。西北方向坐落着被誉为"原生态氧吧"的龙门水都景区，是一个以休闲娱乐、中草药种植、生态康养等为主题的综合旅游景区，虽不及青秀山的知名度，但其成功演绎了独特的形象塑造战略。本案例介绍南宁龙门水都旅游形象定位，以及建设多年来的形象构建过程及策略。通过对龙门水都网络宣传的现存问题逐步分析，揭示旅游景区在现有旅游资源的前提下，如何进行主题形象定位建构形象，进而引致旅游景区宣传的高端发展。

关键词：旅游景区；形象；定位；龙门水都；南宁

How Nanning Longmen Shuidu Scenic Spot Uses Existing Resources to Carry on the Image Positioning

Abstract：Nanning is a beautiful city with green water，green mountains and beautiful environment. It has a short winter，evergreen plants，clean air and little pollution. It has a very prosperous eco-tourism resources and is also known as the

---

①　1.本案例由广西大学工商管理学院周武生、安汝欣撰写。作者拥有著作权中的署名权、修改权、改编权。

2.由于企业保密的要求，本案例中对有关名称、数据等已做必要的掩饰性处理。

3.本案例只供课堂讨论之用，并无意暗示或说明某种管理行为是否有效。

"Green Capital". For visitors from the north, who have short summer and few Chloroplastida, it is easy to be drawn to the landscape and folk culture and fall in love with the green city. South-east of Nanning lies the Qingxiu mountain scenic spot, known as "The lung of the city", which is popular with tourists because of its high tourist flow. To the northwest lies the Longmen Shuidu Scenic Area, which is known as the "Original ecological oxygen bar". It is a comprehensive scenic area with the theme of recreation, Chinese herbal medicine planting, ecological health and care, etc., although less well-known than Qingxiushan, but its successful interpretation of the unique image of the shaping strategy. This case introduces the positioning of the tourism image of Nanning Longmen Shuidu, the subsequent image-building process, and the construction process and strategy of the image-building over the years. Through the analysis of the existing problems in the network propaganda of Longmen Shuidu, this paper reveals how to locate the theme image and construct the image of the scenic spot under the premise of the existing tourism resources, this in turn leads to the high-end development of tourist attraction publicity.

Keywords: scenic spots; image; orientation; Longmen Shuidu; Nanning

1 引言

长期以来，以绿水青山的主要印象为游客们所熟知的广西，不只有山水甲天下的桂林，广西区内的其他城市也有很多美丽、值得游览的景区。比如广西的首府南宁市，这里的景区不仅有广西绿水青山的秀美景色，同时还保留了自身深厚的文化特色，形成了不一样的美。作为广西的首府城市，南宁市拥有"中国绿城"的美誉，也拥有丰富的"水"资源。在以"水"为主题的城市旅游景区里，龙门水都是一个文化特色突出、旅游产品丰富的典范，闲暇时间来体验龙门水都优美的、独特的水文化也是个不错的选择。

龙门水都旅游区，南宁市的4A级旅游景区，将广西当地的生态资源和地方文化融为一体，以文化、娱乐、农业种植、康养为主题的综合旅游景区，现已被南宁当地政府评选为广西重点旅游景点。该景区平湖面积700多亩，森林覆盖了98%的景区。在南宁所有景区中，龙门水都不是面积最大、生态系统最典型、物种最稀有的，但是却能凭借现有的生态、文化、旅游资源独树一帜，在数量众多的旅游景区中树立独特的旅游形象，发展成景区发展模式的典型工程与研学旅游示范区。

2 龙门水都概况

龙门水都全称广西龙门水都文化生态旅游区，位于广西南宁高新区，距南宁市区15公里，交通自由方便，景区风光旖旎，群山环绕，是南宁规模最大、质量最高的低碳大型生态观光产业园。景区设有八桂状元林、药王谷、玻璃桥、九龙献瑞、游船、水上乐园、客栈等体验项目，还配置会议活动设施，以及温泉、药浴、SPA、泳池等康体娱乐设施，可以说生态资源非常丰富，生活设施、娱乐项目等都十分齐全。景区占地2014.8公顷，森林覆盖面广，湖面宽阔，是集自然景观、人文景观为一体的自然旅游景区，景区内山涧流水，百草丰茂，青山绿水呈现出广西自然景观的特色；山间的水流犹如蛟龙盘旋，景区内空气清新，是不可多得的原生态森林氧吧。建筑格调古香古色，不失宏博气质，充分展现了南宁的本土文化特色。据了解，南宁龙门水都总投资额达11亿元之高，总面积2340.1公顷，分龙门水都景区和龙门生态小镇两部分，其中景区2014.8公顷，小镇325.3公顷，已被列入西乡塘生态农业和文化休闲旅游区。

3 何为龙门仙境

乘坐电瓶车从景区大门口向上驶来，沿途百草丰茂、郁郁葱葱，溪流盘旋山涧，山间烟雾缭绕，景色十分宜人。景区内有家酒店，地理位置优越、视野开阔，而且酒店的名字"养心谷"就给人一种修身养性的直观感受。这里的自然环境特别适合康养健身，来到此地会让人不由自主放松身心，从而变得愉快。因为气候的适宜和水分的充足，景区内的植被枝繁叶茂。景区的建筑都依山傍水而建，建筑风格也保留了南宁的本土文化特色，古朴雄伟，古香古色，中国古典园林的风格在这里一览无遗，容易给游客留下深刻的印象。

经过景区负责人刘总的讲解，得知景区内还设有一些休闲娱乐项目，比如水上乐园，深受年轻人的喜爱。景区内还有一座悬挂在酒店上空的玻璃桥，站在上面俯瞰整个龙门水都，自然园林景观尽收眼底，很值得游客体验。整个景区向我们展示了四季如春，湖岸秀丽的山水景色。漫步园林的途中，一边感受清新淡雅的自然气息，一边欣赏地形雄伟、终年郁郁葱葱的山涧，听着山中潺潺的流水声，让闲散的心境，静如山淡如水，仿佛所有烦恼都悄然退去，与大自然融为一体。

走进龙门水都景区，有一面名为"龙门仙境"的影壁，造型似龙门，还刻有各种字体的"龙"，还刻有仙鹤、火烈鸟等装饰，以人造瀑布为衬托，定时喷水雾，模拟仙气袅袅的仙境，看得出设计者的用心。再向上行还可以看到形象奇石、各种字体的"龙"，还雕有龙和其九子。龙是中华民族历史文化的图腾，龙文化深入中华人民的骨髓，影响中国人生活和文化的方方面面，上下五千年，历史渊远而流长，是中国人的符号。国内盛行的龙雕刻，传统节日的耍龙灯、吃龙须面、赛龙舟等，都是长期流传的民间习俗。景区内头上有龙角，身下翘着龙尾，身态婀娜、手拿宝剑站在温泉门口，迎接八方游客到访的是小龙女。

古人云：水不在深，有龙则灵。龙门水都景区的平湖面积约 46.67 公顷，大面积的湖水给整个景区的山谷带来生气和养分，养活了大片的绿色植物，也为鸟类创造了舒适的生存环境。最为震撼的是九龙浴佛广场的这 9 条威武的巨龙，它们依山势翻腾而下，有序排列，体积十分庞大，形象逼真，再加上喷涌的流水，无论在视觉还是感官上，都让人感触颇深。湖畔有几栋供游客休憩康养的小洋楼，私密性良好，视野视角也很不错。也有供旅游团队住宿的高档宾馆，可以满足不同类型游客的各种团建活动、大型会议等需求。景区内的建筑都依山傍水而建，人文与自然景观十分协调，自然环境十分惬意。龙门水都内设温泉，温泉水中富含多种对人体有益的矿物质，可以让人顿时忘却尘世烦恼，投入大自然的怀抱。

现在景区已成为休闲养生、满足心理和生理需要的场所。在枯燥烦闷的生活中，抽出时间，适当清理负面情绪，欣赏龙门水都的美景，享受不一样的意境，会格外逍遥有趣。据了解，这里的负氧离子在每立方厘米空气中有 3 万~6 万，是纯天然的康养胜地，是环境十分惬意的生态旅游景区。龙门水都景区是一个将自然风景、风土文化、休闲娱乐和修身养性等多种功能相结合的旅游度假区，满足广大民众的精神需求，满足年轻人爱玩的天性，满足上班族和老年人养生的需求，同时也是来南宁游玩的一处打卡胜地。

在现今城市化进程加快的背景下，南宁龙门水都景区也面临重要的选择题，是进一步城市化，还是另辟蹊径决定着下一步的发展命脉，关乎未来的发展前程。城市经济的快速发展，政府对旅游业的重视，催生了南宁旅游业经济的春天。在南宁龙门水都景区建设过程中，应该严格限制人员的进入，更大程度保护景区内动植物的栖息地，为其创造足够适宜的生存空间。同时，优化植被的配置，以原有地形地貌以及植被为基础，进行恢复性建设，加强生态治理。通过对当地生态的恢复与治理，建设观鸟区和水禽栖息地，设置相关设施，为动物提供适宜生境。通过生态建设，龙门水都景区展现其水都风采，生态文化得到建设和恢复，对南宁市的生态旅游作出了一定的贡献。

4 "水不在深，有龙则灵"——龙门仙境诞生

龙门水都从建设规划的初始阶段，其宣传目标就被立为以南宁为中心，扩张至整个广西壮族自治区，甚至影响全国各个城市的休闲旅游景区。景区内提供的产品和服务涉及很多产业，比如餐饮、休闲娱乐、医疗康养、中药种植、会议、民俗文化等行业，是一个多功能的综合旅游区，因而受众范围很广，发展旅游业很容易吸引各种类型的游客前来。南宁的文化旅游产业自从中国—东盟博览会落户，在借助东盟的名气和带来的大量游客之后，发展趋势相当迅猛。为了提升经济效益、增加就业机会，当地政府也重视并不断开发新的旅游景点，有了相应资金之后也在不断维护和修缮原有的旅游景区，弘扬和传承地方文化，实现地方民族文化和旅游产业的有机融合，以东盟为主题不断加强和完善旅游景区的宣传策略和服务管理工作。既然龙门水都被开发成一个大型综合旅游景区，那么也就决定了它的发展路线，以及景区形象定位和方向。

4.1 龙门水都之"水文化"——依山傍水，静心疗养

长期以来，龙门水都的"水文化"给游客留下了非常深刻的印象，景区也以此为特色，打造了很多供游客休憩的旅游项目。龙门水都景区内拥有非常清静的水面、生态茶园和中草药种植地等，以此而打造了一个可以让游客体验茶文化、水文化、养生文化等于一体的生态文化基地。景区内设有许多温泉，这种温泉资源十分丰富，并且富含多种微量元素，其中鲤鱼湾温泉可以容下 2000 人，面积可谓之大。龙门水都景区的"水文化"给予游客和水有关的体验感非常丰富，比如当全身浸泡在温泉之中，仿佛人世间所有的烦恼都抛在了脑后，全身心都得到了宁静和疗养。为了将龙门水都的"水文化"发挥到极致，景区还打造了一个温泉峡谷，全长约 2 公里。河流上设有 10 个岛屿，每个岛上都设有药浴池，有当归药浴、薄荷药浴、咖啡牛奶药浴等，可以满足各类游客的不同需求。同时景区的服务设施齐全、服务人员素养良好，整体服务水平高，因而受到了中老年游客，以及需要调养身体的上班族的青睐，从而达到了吸引新老顾客的目的，使得景区的客流量源源不断。

龙门水都景区内还有不少依山傍水而建的别墅，建筑风格非常具有当地文化特色，并与景区内环境融为一体，毫无违和感，仿佛是树屋，隐藏于茂密的山林之中。泡过温泉后，留宿在这里，欣赏这里的夜景，感受龙门水都的"水文化"，夜晚伴随着这里潺潺的流水声逐渐入眠，翌日清晨仿佛所有的疲乏和烦恼全部都烟消云散，身心别提有多惬意了。景区内，还设有 40 多套漂浮于水上的水云居，可以让游客借此来模拟和体验"山顶洞人"的生活，该项目也具有当地"水文化"的特色，仿佛水上人家一样，游客在水中休憩，十分怡然自得。临湖水畔还有很多栋供游客休养的小洋楼、高档宾馆，可以满足游客的各种需求，这些建筑依山傍水、黛瓦飞檐、曲径通幽，宛若人间仙境。龙门水都内还供应多种特色美食，满足游客的健康养生饮食需求。同时还会针对特定游客的身体情况，准备为其私人定制的养生餐，保留东南亚风情特色的同时，还将餐饮与景区内种植的中草药结合起来，在使游客得到饱腹的同时，还能达到保健、疗养的效果。由于龙门水都景区的水资源十分丰富，景区在建设时还设计了水上游乐设施，满足青少年游客划水、游泳和嬉戏的需求。

由此可见，龙门水都的旅游设施和项目可谓健全，且景区本身生态资源就很丰富，那么以"水文化"的优势和形象来定位，获得游客的好评，再通过游客的口口相传，建立良好的口碑效应，吸引更多的潜在游客，以达到运用"水文化"的形象来宣传的目的。

4.2 龙门水都之"龙文化"——有龙出没，文化共鸣

龙是中华民族的图腾，"龙文化"贯穿于中华上下五千年的历史文化当中，源远流长，是中国文化的象征和符号。由于"龙文化"带给中国人的影响十分深远，以至于涉及了中国人民生活习俗的各个层面，逐渐形成了多彩多姿的民间文化。像龙装饰、龙雕塑，用于建筑设计的龙吻，元宵节舞龙灯、耍龙灯，二月二龙抬头、吃龙须面，端午节赛龙舟，还有龙书法、龙诗词等，都是长期流行于民间的风俗习惯。"龙文化"已经深入中国人生活习俗的各个角落，"龙文化"已经成为一种中国文化的凝聚和积淀。龙门水都景区，也利用"龙文化"来进行形象定位，以此吸引游客前来。

景区门口的小龙女，头上有龙角，身下有龙尾，手持宝剑，站在温泉门口笑迎八方来客，给人一种亲切的感受。走进龙门水都景区，映入眼帘的是一面名为龙门仙境的影壁。影壁被设计成龙门的造型，还刻有各种字体的"龙"，设计者为了凸显景区"龙文化"的主题也是很用心了。影壁的下方雕有仙鹤、火烈鸟、鱼等装饰，这些也都是非常具有灵性的动物，再加上提前设置好的瀑布和造雾，便营造出了以"龙文化"为主题，仿佛有龙出没的仙雾缭绕的意境。这种设计容易令游客眼前一亮，将"龙文化"深入游客的印象当中，迅速引起文化共鸣。

景区内的龙雕刻不仅有龙王，还有龙的九子，他们形态各异，也符合传统文化中人们对龙九子的印象。比如景区内有块石碑，下方雕有长得像乌龟的龙六子赑屃，传说他喜好负重，所以在这里也是由他背着石碑；石碑的上方有龙八子负屃，传说他生性风雅斯文，喜爱阅读文学作品，故将其雕刻在石碑上端，仿佛在品读石碑上的文章。传统文化认为，有龙必有水，更何况这里还有这么多的龙，龙门水都景区内的水资源自然也是极为丰富的。景区将"水文化"和"龙文化"有机结合起来，不仅给景区带来了灵气和滋润，同时也供养了生气勃勃的绿色环境，形成了非常适宜的生态环境和康养胜地。

"龙文化"在我国历史的长河中源远流长，对中华儿女有着深入骨髓的影响，再加上景区充分利用龙雕和周遭环境的配合，营造出一种仿佛有龙出没的意境，使得龙门水都的"龙文化"变得形象生动。以"龙文化"的优势和形象来定位，容易引起游客的文化共鸣，进而获得游客的好评，一些游客甚至会将景区的"龙文化"景观拍照，并传送至网络平台，吸引更多对"龙文化"感兴趣的中外游客前来观赏，以达到运用"龙文化"的形象来宣传的目的。

5 龙门仙境之美中不足

随着旅游市场竞争日趋激烈，景区为了提高自身的竞争力，纷纷开始对其旅游形象进行塑造。南宁的各景区虽然有一定的知名度，但尚未在游客心中形成一个统一且清晰的形象。人们提到桂林，首先想到的是"桂林山水甲天下"；提到柳州，想到的则是"八桂福地"、螺蛳粉等。而对南宁，除了知道是广西的首府城市，和对广西固有的"绿水青山""康养胜地"的印象外，尚未形成具有其特色的统一认知。其实，南宁作为广西的首府，也有非常优美的生态环境和丰富的养生资源。就比如龙门水都景区，在保留广西绿水青山的生态环境的基础上，将其定位成集康养、中草药种植、会议、休闲娱乐等为一体的旅游景区，同时还利用"龙文化"为自身添加神话色彩，以达到吸引游客的目的。旅游口号并不是形象定位的全部，要想充分发挥旅游形象的作用，更重要的是塑造自身的形象，使之尽可能与理念表达相匹配。然而看似完美的龙门水都景区，也存在形象定位工作的不足等问题。

5.1 缺少分形象的支撑

旅游景区形象除了指自身独有的形象外，还包含在当地的整体形象，形象内涵比较复杂，可以说是多层次、多方面的复合体。由不同层次和不同方面定位的形象共同为龙门水都景区打造品牌，增加其形象感召力。龙门水都景区除了"水文化"和"龙文化"的旅游形象比较明确，在"养生文化"和"服务文化"的旅游形象定位上存在定位工作不完善的问题，不能给景区内丰富的养生体验项目提供有力的支撑。

5.2 景区形象维护不足

旅游形象的建设要以旅游地形象为基础，加强其旅游形象维护，并向游客群体传递旅游形象的信息。龙门水都在进行"水文化""龙文化""养生文化"的旅游形象建设和定位后，缺乏对形象的系统维护。具体表现为：第一，养生服务工作方面，目前龙门水都的服务质量还不够优越，网络上游客负面反响还存在不少，不论从服务人员培训还是养生项目的维护方面都需要改善，这在很大程度上影响了景区的形象；第二，旅游活动方面，目前景区对于传统特色的旅游活动的开发力度不足，难以在顾客心中形成清晰的形象。

5.3 形象传播力度不够

旅游景区形象的建设并不是一劳永逸的。形象设计需要以有效的途径传播，否则就达不到形象策划的根本目的。景区若想得到长久的发展，需依赖于有效的传播途径。目前，龙门水都景区在广西旅游网、老友网等当地的网站上，只能查到一些零散的、简短的文字介绍和早几年拍摄的照片，且发布时间很早，明显缺乏后期的更新和维护，不容易引起潜在游客的关注。龙门水都的经营管理者对网络资源的利用效率极为低下，一来没有及时发布和更新网络信息，二来没有开展相应的旅游活动来提高人气，三来没有重视游客的反馈，没有及时整改、消除负面评价，使得原本生态优美、景色宜人的龙门水都流失了一定的客源和经济收益。

5.4 理念形象识别的不足

龙门水都拥有非常丰富的旅游资源，为发展生态旅游、康养旅游、文化旅游、休闲娱乐提供了良好的基础，但是龙门水都在发展中尚未形成统一的理念形象，且宣传力度不足，导致未能很好地突出其特色，未能激发更多潜在游客的旅游动机。

5.5 行为形象识别的不足

服务管理部门的工作人员缺乏强烈的敬业精神及专业素养，在推动服务管理工作方面的举措不够，从业人员缺乏良好的服务意识。同时，在应对游客投诉等问题上缺乏系统、规范的程序，甚至选择"冷处理"。在美团、携程等网站上，不少游客表示服务人员态度不佳，垃圾清理不及时，无法妥善处理售后问题等，给景区造成了不太好的影响。现如今，南宁旅游业正快速发展，而居民形象的提高却是较为滞后的状态。当地居民并没有自觉维护已经树立起来的旅游形象，对待游客时态度冷漠，缺乏主人翁意识，对家乡的归属感和文化自豪感不强，并不具备诚恳待人、及时处理游客的各种需求等基本素养。

5.6 视觉形象识别的不足

龙门水都景区建设投入总资金 11 亿元，为景区的旅游业发展打下了坚实的基础，但目前在景区形象方面仍在一定程度上缺乏科学的旅游视觉规划。比如缺少标志性建筑或标识，虽然"龙文化"非常浓厚，有龙雕、龙文字等景观和装饰，但是却与龙门水都一些旅游资源的关联性不强，整体规划还不够完善。有游客在网络上表示：景区环境较差，部分道路荒凉，往深处走会有种寂静的恐怖感；景观几乎都是人造的，不如市区公园，观赏性较差，很多设施项目都没有对外开放，体验感不好。没有让游客感受到仿佛有龙出没的形象，最有特色的九龙浴佛广场规模不大，活动设施不足，对于来龙门水都旅游的游客而言，并没有很好地感受到理想状态下的"龙文化"。

5.7 景区形象宣传工作的不足

现如今，随着科技的发展，网络逐渐被普及，和传统的旅游宣传方式相比，网络宣传具有及时、便利和互动紧密等特点，打通了传统宣传的地域和时间的限制，可以更好地、生动地将景区的景观环境、设施服务、文化内涵等呈现在观众面前，同时还能远程实现与观众的互动、购买等活动，做到更有效的宣传。目前龙门水都景区的形象定位工作执行尚可，但是在宣传定位工作上，多数采用原始的宣传方式，顺便再增加点节庆活动，在网络平台上的宣传工作相对较少，因此带来的影响力和知名度可想而知。一是没有建立专业的网络宣传团队，缺少网红这样的人才在网络上和观众沟通、互动，缺少专业的宣传团队集体策划旅游事件、节庆等活动来扩大知名度；二是不够重视网络新媒体的宣传方式，龙门水都在自媒体上的宣传次数少之又少，甚至没有注册官方账号，即便有官号但运营也不专业，因而导致官号的粉丝量很少，且宣传的内容也非常少，更新慢；三是没有运行功能完善的官方网站，仅仅通过当地居民"口传口"，或者传统的信息渠道获得的景区信息，又或者是从高德地图、美团等手机软件上获得的只言片语，远道慕名而来的游客几乎没有。

5.8 消费者反馈机制不完善

因为龙门水都景区的经营管理者对于网络宣传不够重视，自然也会一定程度上轻视对游客线上反馈信息的处理，对待游客的反馈和意见，整改不够及时，无法准确地把握旅游市场。同时，景区的经营管理者很少组织线上调查，更别提对调查数据的实时情况做出应对措施，对景区各方面进行改善和加强，目前景区工作很大程度依赖于经营管理人员先前的经验和主观决策。

6 完善措施——画龙点睛

龙门水都在自身现有优势的条件下，还存在很多不足。为了进一步完善龙门水都旅游形象的定位工作，提出如下改进措施。

6.1 完善景区形象建设，形成景区氛围

在"水不在深，有龙则灵"的整体形象下，完善各个景区形象定位，为龙门水都的旅游形象做好支撑。在进行旅游开发时，从当地的历史文化和民风民俗的角度深入挖掘，景区整体如果不能形成统一的形象，容易在游客心中形成违和感，降低满意度，很难让景区形象深入人心。因此，应该将景区内各个景点以及建筑设施等按照整体文化的风格进行设计和装修，使各个细节与整体融为一体，形成景区独特的文化氛围。

6.2 丰富文化旅游产品，加强旅游形象感知

发展旅游业的根本目的是提高景区带给当地的收益，让当地居民对其本土文化产生自豪感和认同感，增加就业机会，增进文化传承和保护的意识。而适度的商业化其实对旅游景区是有益的，会吸引外来游客参观和体验本土的风情和文化，激发游客的文化共鸣。丝毫不发展商业其实也不现实，适度商业化是龙门水都景区可持续发展道路的有效措施，但是商业化的前提是建立在不破坏当地生态、文化资源的基础上，这样才可为居民带来切实利益，降低景区当地的就业竞争压力。防止过度商业化最好的办法是让政府介入，政府的强制干预是调控景区内商业化现象的决定性力量。龙门水都商业化应该有效开发、利用和保护生态、文化资源，设计和创新旅游文创产品，培训一批掌握民族技艺的网络营销团队，维护休闲娱乐项目和养生服务设施，加强游客对景区的旅游形象感知。美食、民俗技艺和历史文化等需要得到外来

游客的欣赏，才能更好地得到弘扬和传承，才能吸引更多的游客前来品尝和体验，以至于提升知名度。景区内所出售的产品和服务，包括建筑、装修风格都应注重摄取广西特有的传统文化元素，形成鲜明的民族文化氛围。如此一来，不仅体现了广西民族文化、生态康养的特色，还能给游客留下深刻的印象。

6.3 提高当地居民和从业者的文化认同意识

龙门水都景区的植物覆盖面广，是以生态环境为主题背景的旅游景区，因此生态环境的好坏对该景区十分重要，如果景区的生态资源管理不善或者遭到破坏，就会严重地影响游客在景区内的康养、娱乐和休闲的体验感受。生态环境遭到破坏的根本原因可能是景区经营者的环境保护意识差，从业者的环保意识培训不到位，或者当地居民的文化素养低等。面对环保问题，需要当地政府干预，对景区从业者进行系统培训和考核，对居民进行宣传教育增强其环保意识。与此同时，还要将龙门水都的文化内涵外显给游客，并得到外界的接受和认可，才能留住游客，给景区从业者和当地居民带来收益，这样景区获得的财力也可以投入景区的保护和宣传上，形成良性循环。因此，景区应联合当地政府，尽快培养和招聘一批满足现代化需求的网络营销人才，创立营销团队，推行营销方案，把龙门水都的旅游品牌打响，给新老游客展示龙门水都景区优美的自然环境，有趣的休闲体验，和惬意的康养意境，做好营销工作促进景区可持续发展。

6.4 发展以文字、图片为主的网络平台宣传

现在备受人们喜爱的社交工具——微博和微信，长期以来用文字、图片等形式向人们传递各种信息，这种方式可以潜移默化地影响旅游者的情感和思维方式，以至于对南宁的本土文化、景区的发展、生态环境等方面，产生一定的认知和主观印象。据调研，龙门水都于2018年开通了官方微博，至今拥有粉丝100余人，但是龙门水都未在微博这个大平台上与粉丝互动，而且关注度极低，明显的原因是没有得到景区工作人员的重视。目前，景区已开通官方微信公众号，但是关注度也不高，推送内容也很单一。因此，龙门水都应重视官方媒体的热度，多推送文章，多宣传景区优良的自然、人文环境，多和网友们互动，这样无形中也是一种对外建立旅游品牌形象的方

式，推动景区发展。同时还要重视携程、美团、驴妈妈等 OTA 平台，因为游客在出游之前，会去网络上搜索景区的照片、游客评价、游玩路线、食宿等信息，这些老顾客发表在网上的评价和游玩攻略等，对潜在游客来说是很值得参考的信息。一个景区的评价好不好，决定了它是否能在竞争激烈的市场中稳步求进，这对龙门水都来说既是机会，也是挑战。龙门水都要维护好景区文化形象，提高从业人员的集体素质和服务质量，赢得好口碑，尽可能多地增加正面评价，减小负面评价对景区潜在收益造成的流失。优质的景区文化体验，舒适的景区服务模式，会让旅游者自主在网络上做出正面评价、分享游览经验，不仅为景区宣传节省了成本，也达到宣传景区的良好效果。

6.5 利用自媒体宣传，在游客心中树立形象

抖音、b 站等视频软件，传播力度大、范围广，比较直观且容易让更多的观众接受。建议龙门水都利用各类短视频平台进行宣传，景区的文化特色很容易吸引观众的眼球，所以宣传效果可想而知。经过调查发现，龙门水都在几个广为人知的自媒体平台上的宣传次数少之又少，甚至有些软件上都没有注册官方账号，即便有官号但运营也不专业，因而导致官号的粉丝量很少，何况官号宣传的内容也非常少，甚至很长时间都不更新，更别说把龙门水都丰富多彩的生态资源、休闲项目和服务状况很好地展现给潜在游客了。龙门水都景区应该多通过短视频等自媒体，推销自己丰富多彩的文化资源，让当地居民和从业者加入进来，利用这些平台进行宣传，向广大观众展示景区的美景、美食、文化、建筑风格等，做吃播，或者线上教学展示当地特色小吃的制作过程和原理，来吸引更多的粉丝，带来更多的潜在游客。同时，可以在比较热门的 ID 号中销售旅游产品，延长其产业链。旅游景区的从业者可通过短视频等，对当地的景色、美食、文化、民俗等进行传播，吸引足够多的粉丝，引起粉丝的关注和共鸣，这将会吸引更多的旅游者来体验和休闲，促进龙门水都景区旅游业经济的长久发展。

6.6 重视游客的线上反馈，及时改善景区的不足

龙门水都景区应注重游客的线上反馈，定期或不定期地收集游客的意见，及时加强和改进。同时加强线上服务，比如在游客网络订票成功后，景区官

方系统向游客自动发送短信，温馨提醒游客旅游需要携带的物件、出游当日的天气、景区的服务设施情况和相关注意事项等，再鼓励游客在游后将自己的旅游经历以文字和图片的方式发布在网络上，并提出自己对景区的意见和建议。在景区的大门口、景点告示牌、游客服务中心等地方也可以适当设置游客反馈信箱、反馈网址或者二维码，鼓励游客在参与旅游体验的同时多对景区发表感言和建议。另外，借助微信公众号、微博等平台定期或不定期发布有奖调查问卷，及时收集游客的需求和意见反馈信息，并及时、精准地纠正，保证营销工作的有序进行。龙门水都一方面要注重提高景区的服务管理水平，让游客满心欢喜而归，另一方面还要加强对网络反馈的关注，及时对顾客的负面情绪进行排解和疏导，并提供有效的补偿和改进措施，再就是对游客发布的网络点评做到及时处理和改善，这样可以维护景区良好的管理形象，增加潜在游客和回头客。

7 结语

南宁龙门水都旅游景区的发展建设，进一步体现了南宁市生态旅游高端景区发展的成功事实，也表现出其形象效应，为南宁生态文化旅游景区的发展建设提出了更高端的要求。因此，南宁龙门水都景区要充分利用中国—东盟博览会带来的优势背景，开发现有生态资源和文化资源，结合当下广大游客的旅游需求，利用有效的形象宣传途径，刺激游客的旅游消费动机，在保护好现有生态、康养和文化资源的情况下，加强网络宣传的专业化，招聘和培养一批专业的网络宣传团队，重视自媒体宣传，利用节庆、事件等提升景区的知名度，重视景区的服务管理质量和游客的反馈系统，安抚游客的负面情绪，对于出现的问题及时改进，将网络上的负面评价降到最低，实现好的口碑效应。坚持努力打造好龙门水都的旅游形象，向着"南宁牌""广西牌"，甚至"中华牌"的形象目标，沿着这一路径一步步发展、一步步实现高定位、高端化的发展。希望南宁龙门水都旅游景区的未来发展会越来越好，知名度和其吸引力也越来越高，为南宁市的旅游业经济作出更大的贡献。

案例使用说明

一、教学目的与用途

1. 适用课程

本案例适用于工商管理、旅游管理等相关课程的教学，也可作为相关课程的延伸阅读案例。

2. 适用对象

本案例适用于MBA、MTA和EMBA学员和企业培训人员，以及经济管理类专业的本科生、研究生。

3. 教学目标

旅游景区形象定位，是指从形象评价的角度，在对一个景区的旅游资源、旅游环境和综合条件等分析的基础上，对今后发展起长期稳定、根本作用的因素进行综合分析和研究，并对该景区的旅游行业进行定位。景区旅游形象定位是建立在景区旅游形象研究基础上的。景区形象定位要做好科学合理的规划，对景区产品科学定位，注重景区的服务质量。通过对景区的规划、执行和控制进行经营和管理，并逐渐提升游客满意度和忠诚度的过程，也是为了满足游客的需求和实现经营目标，而实施的有组织和计划的经营管理活动。本案例讲述了南宁龙门水都景区在现有各项资源的背景下，进行旅游形象定位的方式，以及现存的不足，预期达到两个方面的教学目标。

教学目标之一：知识学习。通过对本案例的学习，加强学生对旅游景区形象定位及其理念的认知和掌握，以及对形象定位的认识与运用。基于南宁龙门水都的旅游文化、资源优势所形成的经营模式，帮助学生深入理解旅游形象定位的概念、内涵、相关流程，进一步探讨旅游景区应如何利用现有资源和条件进行形象定位，来达到宣传和运营管理的目的。

教学目标之二：能力拓展。通过案例学习，提高学生分析与综合概括的能力、批判性思维及解决问题的能力。帮助学生了解旅游景区的特点、现状和发展历程，对如何挖掘景区的文化内涵、如何进行旅游景区形象定位有自己的见解。

二、启发思考题

（1）请简述旅游目的地形象、定位的概念，景区形象定位的概念和原则。

（2）请简述龙门水都景区形象定位的理念和现状。

（3）请简述以"水文化"和"龙文化"定位龙门水都景区的意义。

（4）请简述龙门水都景区的形象定位工作的过程。

三、分析思路

本案例描述了南宁龙门水都景区在现有生态资源和文化资源的背景下，对其进行形象定位的方式以及现存的相关问题进行分析，帮助学生了解旅游景区以及景区定位的特点、内涵和主要途径，理解形象定位在旅游景区运营管理工作中的重要性。在此基础上进一步探讨龙门水都旅游景区可能存在的问题。

四、理论依据

本篇案例的理论依据主要包括如下两个方面。

1.形象定位的内涵和影响因素

旅游景区形象定位是景区发展到一定阶段的产物，景区形象内涵分别是景区物质，包括旅游资源，基础设施和建筑；景区行为，比如旅游制度、公共政策和服务管理质量；景区心理，是旅游的价值观，是所有景区旅游形象感知因素的重心。旅游形象是游客对景区的总体印象，景区的文化底蕴会贯穿整个景区形象。

影响景区旅游形象定位的主要因素，分别是地方文化、资源条件、区位因素和战略管理。不同方面可被分解为众多要素，从而构成景区旅游形象定位的基础。其中，资源条件是影响旅游形象的最重要的因素，是景区定位和宣传旅游形象的起点。根据景区自身旅游形象的影响因素综合情况，景区旅游形象定位还可分为综合定位和特色定位两种。综合定位，是一种把各个方面全都容纳进来，以达到包容万象的效果的抽象定位；特色定位，是以影响景区旅游形象中最具吸引力的因素进行形象定位，这样一来，使得整个景区特色鲜明，让游客耳目一新，迅速形成深刻的印象和文化共鸣。

2.旅游景区形象定位的策划

将策划思想、理论和要求在旅游景区塑造良好形象中的具体运用。具体而言，是策划主体为实现旅游景区的运营管理目标，实现树立良好的旅游景区形象，在充分调研的基础上，对旅游景区形象战略和形象塑造进行谋划、计划和设计的过程。具体含义分为5个层面：第一层，该工作只能由策划专家或者专门从事旅游景区策划工作的人来完成，并非任何人都可以操作；第二层，为实现旅游景区整体战略目标而进行；第三层，建立在旅游景区实地调查的基础上；第四层，分为旅游景区总体形象战略策划和具体塑造形象活动策划；第五层，该过程涉及谋略、计划和设计3个方面。

旅游景区形象定位的策划流程如下。

（1）旅游景区形象调查

对景区的资源名称、类型、数量和分布等基本特征，进行调查并形成数据。从地方地理和文化特征两方面着手，还要着手于调查该景区的知名度，旅游者对景区的一般印象，具体在游客心中有着怎样的形象内容，以及为什么会形成这样的印象，景区本身具有的哪些资源给游客形成这样的印象。

（2）旅游景区形象定位

旅游景区形象定位，是以景区形象调查结果为基本依据，通过科学的流程精心提炼，是形象设计的前提和核心。主要有领先定位，比如被誉为"世界梯田之最"的广西龙脊梯田；比附定位，比如"塞上江南""东方巴黎"。此外，还有逆向定位、导向定位、多头定位法和组合定位法。

（3）旅游景区形象设计

视觉形象设计，是将旅游理念、文化特质、服务内容、企业规范等抽象概念转化为具体符号。一般包括视觉符号识别设计和视觉景观形象设计，涉及的设计要素包括旅游景区名称、旅游景区标志、纪念品、交通情况、广告、视觉形象、象征性卡通形象、人物和视觉形象。本案例中，龙门水都景区关于"水文化"和"龙文化"的形象设计，可以给游客以视觉感官上的冲击。

其他感官形象设计，包括听觉、味觉和嗅觉形象设计。听觉形象有当地语言、歌曲、戏剧、宗教音乐等，有些景区甚至会自创符合该地区文化背景的主题曲，再邀请著名歌手演唱。味觉方面，比如旅游地的特色小吃、特产水果、地方菜系等，可以借助美食来强调景区的形象，比如龙门水都景区针对特定游客的身体情况而私人定制的养生餐，保留了东南亚风格，还将餐饮与治疗疾病结合起来，同时达到饱腹和疗养的效果。嗅觉形象强调景区的自然气息，比如龙门水都景区内水雾缭绕的气息，植物花草的自然香气，以及药浴池浓郁的中草药味道，都容易给游客留下深刻的印象。

五、案例分析

1. 请简述旅游目的地形象、定位的概念，景区形象定位的概念和原则

答：20 世纪 70 年代，国外学者 Hunt 认为，旅游目的地形象是游客对非居住地的印象。现国内学者普遍认为旅游目的地形象是游客对目的地的整体感知，包括认知形象、情感形象和整体形象。目的地形象一定程度上代表了城市甚至国家的形象。

"定位"（positioning）一词，最初源于广告学，强调使产品深入人心的策略。定位不是发明创造，而是操纵已经存在于内心的东西，实质上是一种遵循一定方法的形象进入和占领市场的手段。

景区形象定位，是在游客心中确定自身形象的位置，使景区形象深入人心，形成生动鲜明的形象，树立其独特的风格和文化底蕴。针对景区而言，形象定位的基础源于其现有的旅游资源，其独特的文化内涵，以及优质而全面的服务，这样可以体现其精神风貌，也是区别于其他景区的关键。

景区形象定位的原则：

（1）资源取意

资源是景区的本命，景区具有的旅游资源就决定了形象定位。形象定位的首要原则是立足于景区的资源挖掘，整合资源的显著特征，体现和深化其文化内涵，并实施差别化战略，以艺术形式充分体现景区的特色。

（2）文化点睛

形象是文化的本质和直观的表现，主题形象设计必须契合景区的文化底蕴，提炼和升华景区品质，突出景区文化个性显得尤为重要。主题要有深度和创新，不能千篇一律，也不能仅停留在表层概念上。挖掘特色要体现生态环境的特征，以文化内涵点睛主题，以文化升华景区的个性。

（3）意境营造

旅游的本质是一种体验、一段经历。景区形象可以理解为以景区为舞台，以各旅游资源为道具，为游客创造的一种意境。意境是通过一系列主题形象

单元的组合，形成有内在联系的景观形象，让游客在景区中体会到连续的、过渡自然的体验。

（4）法无定则，实用为度

景区形象定位通常是与同类景区相比较后确定的。旅游者会依据不同的标准建立起对景区的形象和评价。领先定位法是攀登高峰，比附定位法是退而求其次，逆向定位法是反其道而行之，空隙定位法即另辟蹊径，重新定位法即以旧换新。各种定位方法各有千秋，没有优劣之分，关键在于加强对旅游景区形象定位的分析，正确对旅游景区的形象定位进行研究，重视不同景区旅游形象定位时的战略选择，塑造更具个性的旅游景区形象。

2. 请简述龙门水都景区形象定位的理念和现状

答：旅游景区形象定位从对游客具有的核心影响力的角度出发，结合景区未来的经营目标，运用相应的策略，在游客心目中形成一个独特的形象。龙门水都景区将生态与文化建设、康养与休闲旅游相结合，成功塑造了兼具自然与文化内涵的"水文化"和"龙文化"为主题的景区形象。

龙门水都的"水文化"以景区的山水资源、养生体验为核心，以打造的傍水建筑、养生小楼、温泉药浴为辅助，结合"水不在深，有龙则灵"的"龙文化"精髓，赋予龙门水都仿佛置于神话之中的氛围。"龙文化"与"水文化"的有机配合，赋予了这个景区仙气的滋润和仿佛"有龙出没"的神话意境，展示出景区丰厚的文化内涵。龙是中华民族的图腾，中华儿女自古以来都崇拜龙，龙是中华文化的精髓。龙门水都景区在旅游业经济快速发展的背景下，以其独特的资源优势，将中国人对龙的崇拜与景区的山水景观相结合，创造了一个占尽天时地利人和的综合型旅游景区。

龙门水都的水资源丰富，比如鲤鱼湾温泉富含多种矿物质，适合游客修身养性、忘却烦恼；长达2公里的温泉峡谷，小岛上的药浴池，可以满足不同身体状况游客的不同需求；漂浮于水上的水云居，模拟"山顶洞人"的生活，仿佛水上人家，让游客在水中休憩。这些项目实际上都是满足游客休憩养生的需求。总之，以"水文化"为主题定位龙门水都景区，所塑造的形象不仅是生态环境的优美，更是修养身心的绝佳之地。"水文化"在生态和康养旅游的背景下，加之当下人们对康体养生的需求，以及对"龙文化"的崇拜，即能让更多游客接受景区的形象，吸引更多的潜在游客，又丰富了景区的文化内涵。

现如今，南宁龙门水都景区在游客眼中是一个基于优良的生态环境和丰厚的水资源的基础上建造起来，以"水文化"和"龙文化"为核心主题的旅游景区。它不仅起到了保护生态环境和水资源的作用，还蕴藏了中华儿女长久以来对"龙"的崇拜和敬仰，推动"龙文化"的传播并引起共鸣。因此，龙门水都景区在致力于维护景区生态资源的同时，也应该重视文化内涵的建设，从而更好地塑造景区形象。

3. 请简述以"水文化"和"龙文化"定位龙门水都景区的意义

答：龙门水都景区形象塑造的意义，在于体现了对中华文化的认同。

（1）以"水文化"和"龙文化"定位景区形象，增强了景区的吸引力和竞争力。龙门水都景区的生态资源具有鲜明的地域特征，但并不足以成为一个亮点，不足以吸引更多重视文化内涵和体验价值的游客，因此赋予景区文化内涵显得尤为重要。

（2）以"水文化"和"龙文化"定位景区形象，有利于景区的长期发展。龙门水都景区首要的工作是保护生态环境和水资源，此外还肩负普及"龙文化"、引起国人文化共鸣和促进当地旅游经济、文化和生态长期发展的任务。在保护景区生态环境和水资源的基础上，进行文化旅游的开发，将现有资源与康体养生相结合，并使"龙文化"得到传播发扬的同时，也促进了景区经济的长期发展。

（3）以"水文化"定位景区形象，可以带给当地居民归属感和自豪感。南宁是一座历史悠久的城市，拥有得天独厚的自然条件，这里青山绿水，四季常青。广西的山水养育了南宁的人民，长期以来人们与山水和谐共处，再加上对龙的崇拜，也使得人们对当地水土产生了自豪感和归属感。

（4）以"龙文化"定位景区形象，体现了对中华传统文化的认同。在南宁这个多民族和谐共处的现代城市，对"龙文化"的崇拜，不是一个民族的单一信仰，而是整个中华儿女的心声。"龙文化"将不同民族、不同文化紧密联系在一起，引发了同为中华儿女的对中华传统文化的认同。

旅游景区与"旅游＋文化"的发展有很大关系。文化可以提高景区的品位，发掘景区文化、策划文旅融合发展是景区持久发展最直接有效的方式。深挖景区的文化内涵，需要利用文旅融合、文化遗产利用的开发思路，重视挖掘和保护当地的自然资源和非物质文化，保留其原真性，让游客能够感知得到，这样一来，在原汁原味的景区文化的熏染下，景区才会更大程度地吸引游客来访。只有景区产品具备了深厚的文化底蕴，才能维持和获得长久的生命力。

4.请简述龙门水都景区的形象定位工作的过程

答：景区形象是景区的各种资源通过相应的传播方式传递给游客，使人们形成对景区的印象、认知和感情，成功的旅游景区形象塑造有利于增强景区的吸引力，增强竞争力，激发当地居民的归属感，确保长久稳定的发展。

（1）客群定位

随着中国—东盟博览会入驻南宁，为旅游业提供了良好的市场基础。加上游客对广西本土青山绿水的优美环境的长期印象，和本身就具备的丰富的天然养生资源，为龙门水都景区定位客群提供了参考。大众的旅游需求向特色化、多层次的方向发展，现在的游客更多注重旅游过程、体验和收获。经过调研解读龙门水都的顾客群体，来此康体养生和观光游览的游客占多数。比如景区的温泉、药浴项目定位为满足康养游客的需求，这些人一部分是年龄较高、身体亚健康的人群，一部分是上班族、工作生活压力较大的人群，这些人往往更需要调养生息，更向往旅游体验和康体效果。

（2）产品定位

客群定位完成后，接着是产品定位。现在的游客更注重旅游体验的质量，比如景区的养生体验和个性化服务。龙门水都景区拥有十分丰富的水资源和优美的自然环境，以及"有龙出没"的人造意境做支撑，通过对"龙文化"和地方人文的解读，充分利用景区的现有资源优势，打造融入自然的住宿体验、养生产品，实现人与自然的充分融合。

（3）风格定位

产品风格是产品的价值体现，龙门水都景区的环境按照"龙文化"的风格对其进行打造和修饰，营造出一种"水不在深，有龙则灵"的神话意境。景区的房屋也符合当地文化风格，与周边植被相融洽，毫无违和感，在记忆和创新之间找到了融合的桥梁。比如龙门水都景区的别墅依山傍水而建，建筑风格具有当地文化特色，并与景区内环境融为一体，不经意一瞥仿佛是树屋，隐藏于山林之中；漂浮于水上的水云居，可以模拟"山顶洞人"的生活，仿佛水上人家一般；湖畔还有一些小洋楼、高档宾馆，可以满足游客休养的需求。整体视觉形象大都黛瓦飞檐、曲径通幽、云雾缭绕，宛若人间仙境。

（4）传递价值

好的品牌价值，不止通过环境和服务而产生，更需要文化的诠释。拥有独特价值的住宿，一定具有鲜明的符号和好的价值观，产生文化共鸣会远超于价值本身，因而品牌需要良好的价值观。比如泡温泉后，留宿在景区，欣赏夜景，感受"水文化"的熏陶，夜晚伴着潺潺的流水声入眠，翌日清晨仿佛所有的疲乏和烦恼都烟消云散。就是让人抛下日常生活的烦闷，彻底回归自然，夜听流水，品尝养生套餐，身心的释放是缓解压力最有效的方式。

六、关键要点

案例分析的关键知识点主要有以下两点：

（1）了解旅游景区形象定位的概念、内涵，以及原则的内容，掌握景区形象定位工作的有效途径；

（2）了解和掌握旅游景区可以采用的景区形象定位过程，学会分析旅游景区形象定位应如何选择市场。

七、建议的课堂计划

本案例可以作为专门的案例讨论课来进行。整个案例课的课堂时间建议控制在 40~60 分钟。如下是按照时间进度提供的课堂计划建议，仅供参考。

1. 课前计划

提前 1~2 周发放教学案例，请学员们根据启发思考题完成课前阅读。

2. 课中计划

（1）由教师简要陈述课程前言，让学生分享在龙门水都的旅游经历，以及游览过程中印象深刻的场景和体会，将学生的注意力引入话题。（5 分钟）

（2）结合案例，让学生概括旅游景区形象、旅游景区形象定位的概念和原则都是什么，形成对案例的整体认知。（5 分钟）

（3）结合案例，引导学生分析龙门水都景区是如何进行形象定位的，让

学生概括，形成对案例的整体认知。（8分钟）

（4）结合案例，分析龙门水都景区在宣传定位工作上还存在哪些不足？如何做才能改进？（10分钟）

（5）结合案例和调研结果，简述龙门水都景区目前有哪些体验项目？客源类型有哪些？（10分钟）

（6）结合案例和调研结果，组织学生谈谈对形象定位、旅游形象的理解，并分析龙门水都在未来应怎样联合网络进行有效宣传？（12分钟）

（7）教师总结和点评，景区形象、形象定位的相关知识点。（5分钟）

3. 课后计划

如有必要，请学员形成龙门水都案例的分析报告，并对龙门水都如何进行形象定位，以及定位方式的欠缺和提升路径提出自己的意见。

八、其他教学支持材料

设备：投影仪、计算机、音响等其他多媒体教学设备。

材料：所有学生每人一份案例正文及说明材料。

本案例参考文献

［1］Hunt J D. Image as a factor in tourism development［J］. Tourism Recreation Research，2016，13（3）：1–7.

［2］张宏梅，蔡利平. 国家形象与目的地形象：概念的异同和整合的可能［J］.旅游学刊，2011，26（9）：12–18.

［3］蒋佳倩，李艳.国内外旅游"民宿"研究综述［J］.旅游研究，2014，6（4）：16–22.

项目策划：段向民
责任编辑：孙妍峰
责任印制：钱　宬
封面设计：武爱听

图书在版编目（CIP）数据

首届MTA优秀教学案例集 / 林轶，周武生主编 . --
北京：中国旅游出版社，2023.11
　（MTA优秀教学案例系列）
　ISBN 978-7-5032-7229-5

　Ⅰ . ①首… Ⅱ . ①林… ②周… Ⅲ . ①旅游经济－经
济管理－教案（教育）－研究生教育 Ⅳ . ① F590

中国国家版本馆 CIP 数据核字（2023）第 211316 号

书　　名：首届MTA优秀教学案例集

作　　者：林轶　　周武生
出版发行：中国旅游出版社
　　　　　（北京静安东里6号　邮编：100028）
　　　　　http://www.cttp.net.cn　E-mail:cttp@mct.gov.cn
　　　　　营销中心电话：010-57377103，010-57377106
　　　　　读者服务部电话：010-57377107
排　　版：北京旅教文化传播有限公司
经　　销：全国各地新华书店
印　　刷：三河市灵山芝兰印刷有限公司
版　　次：2023年11月第1版　2023年11月第1次印刷
开　　本：720毫米×970毫米　1/16
印　　张：16.25
字　　数：236千
定　　价：49.80元
I S B N　978-7-5032-7229-5